CLAUS KÖHLER · RÜDIGER POHL (Hg.)

Währungspolitische Probleme im integrierten Europa

Veröffentlichungen des
Institutes für Empirische Wirtschaftsforschung

Band 29

Währungspolitische Probleme im integrierten Europa

Herausgegeben von

Claus Köhler und Rüdiger Pohl

Duncker & Humblot · Berlin

Die Deutsche Bibliothek – CIP-Einheitsaufnahme

Währungspolitische Probleme im integrierten Europa / hrsg. von Claus Köhler und Rüdiger Pohl. – Berlin : Duncker und Humblot, 1992
(Veröffentlichungen des Instituts für Empirische Wirtschaftsforschung ; Bd. 29)
ISBN 3-428-07421-1
NE: Köhler, Claus [Hrsg.]; Institut für Empirische Wirtschaftsforschung ⟨Berlin⟩: Veröffentlichungen des Instituts . . .

Fremddatenübernahme: Berliner Buchdruckerei Union GmbH, Berlin 61
Druck: Color-Druck Dorfi GmbH, Berlin 49
Printed in Germany

ISSN 0720-7239
ISBN 3-428-07421-1

Inhaltsverzeichnis

Einführung der Herausgeber

Das Institut für Empirische Wirtschaftsforschung hat im Februar 1991 in Berlin ein Symposion über Aspekte der internationalen Kapitalallokation veranstaltet. Die dort gehaltenen Referate werden in diesem Band publiziert. Schwerpunkte der Referate sind die Perspektiven für eine europäische Währungsunion, die Frage der Abstimmung der Fiskalpolitik in einer Währungsunion, die Konsequenzen der deutsch-deutschen Währungsunion, die Beurteilung von Salden in der Zahlungsbilanz und die Einflüsse zunehmender Kapitalmobilität auf die Geldpolitik.

Zur Frage der europäischen Währungsunion werden kontroverse Standpunkte vertreten. Nach Auffassung von *Matthes / Kröger* ist der Weg zu einer europäischen Währungsunion vorgezeichnet. Schon heute verlangt die zunehmende finanzielle Integration in Europa Überlegungen über die Koordination und Integration in der Wirtschaftspolitik. *Issing / Masuch* betonen dagegen die Probleme einer europäischen Währungsunion, die angesichts erheblicher struktureller Divergenzen verfrüht käme und sich negativ auf die Kapitalallokation in Europa auswirken würde. *Spahn* begründet die These, daß sich die ökonomischen Rahmenbedingungen für ein stabiles, auf der D-Mark basierendes Leitwährungssystem verbessert haben und von daher eine Alternative zu einer europäischen Einheitswährung gegeben ist.

Unterschiedliche Auffassungen werden auch zur Frage vertreten, inwieweit in einer europäischen Währungsunion eine Abstimmung und Koordinierung der Fiskalpolitik, insbesondere Regeln für die Budgetsalden, notwendig sind. *Duwendag* kommt zu dem Ergebnis, daß verbindliche Regeln für Budgetsalden aufgrund unterschiedlicher realwirtschaftlicher Voraussetzungen in den beteiligten Ländern problematisch sind. Auch für *Matthes / Kröger* sind Regeln weder nötig, noch praktikabel; wohl aber müssen Formen für die Koordinierung der Fiskalpolitik gefunden werden, wobei der Haushaltspolitik der großen Länder eine besondere Bedeutung (Ersatzfunktion für den fehlenden Zentralhaushalt) zukommt. *Issing / Masuch* weisen dagegen auf die Gefahr hin, daß schwächere Regionen im Schutze der gemeinsamen Währung exzessive Staatsausgaben über Kreditaufnahme finanzieren werden oder andernfalls ein Ausgleichssystem von Finanztransfers zu einer ineffizienten Kapitalallokation in Europa führen wird.

Die deutsch-deutsche Währungsunion und die Wiedervereinigung bleiben nicht ohne Auswirkungen auf Europa. Nach Auffassung von *Spahn* haben sich dadurch die ökonomischen Voraussetzungen für ein auf der D-Mark basierendes Leitwährungssystem verbessert, weil infolge der deutschen Währungsunion die strukturellen deutschen Leistungsbilanzüberschüsse abgebaut werden. *Issing / Masuch* interpretieren die deutsch-deutsche Währungsunion als einen Angebotsschock, der den anderen europäischen Ländern durch das Beharren auf festen Wechselkursen erhebliche Anpassungslasten aufbürdet und zugleich Forderungen an die deutsche Politik begründet, die mit der Wiedervereinigung verbundenen Folgen angemessen zu bewältigen. *Müller* betrachtet die deutsch-deutsche Währungsunion aus der Perspektive der neuen Bundesländer als einen notwendigen, aber noch keinen hinreichenden Schritt für die strukturelle wirtschaftliche Erneuerung in dieser Region.

Die Einschätzung von anhaltend hohen Salden in der Leistungsbilanz und in der Kapitalbilanz ist unterschiedlich. Nach *Heinemann* sind auch anhaltend hohe Salden für sich genommen kein Beleg für ein wirtschaftliches Ungleichgewicht. Dagegen ist *Spahn* der Auffassung, daß ausgeglichene Leistungsbilanzsalden eine Stabilitätsbedingung für ein Leitwährungssystem sind. *Matthes / Kröger* weisen darauf hin, daß Leistungsbilanzsalden in einem finanziell integrierten Wirtschaftsraum als wichtige Indikatoren für die zukünftige Beschäftigungssituation in den betroffenen Regionen gelten können. *Duwendag* bringt die Leistungsbilanzsalden mit den Spar- und Investitionsentscheidungen in Verbindung und betont dabei die Rolle der Salden in den öffentlichen Budgets.

Die Auswirkungen einer zunehmenden finanziellen Integration auf die Geldpolitik werden modelltheoretisch von *Carlberg* untersucht. Je nach Wechselkurssystem kann eine zunehmende Kapitalmobilität die geldpolitischen Wirkungsmöglichkeiten stärken oder schwächen. Am Beispiel der deutschen Geldpolitik in den achtziger Jahren zeigt *Rohde*, daß von den Fundamentalfaktoren abgelöste Wechselkurserwartungen die geldpolitischen Wirkungsmöglichkeiten erschweren. *Matthes / Kröger* sehen im finanziell zusammenwachsenden Europa die Notwendigkeit von Koordinationsmechanismen, während *Issing / Masuch* als Voraussetzung für eine gemeinsame Geldpolitik hervorheben, daß alle europäischen Notenbanken unabhängig gemacht werden und sich in dieser Position Reputation erwerben.

Nun zu den Beiträgen im einzelnen!

Matthes / Kröger behandeln die Auswirkungen der Kapitalmarktliberalisierung in Europa auf die Allokation des Kapitals auf die Aussagefähigkeit von Konvergenzindikatoren (insbesondere von Leistungsbilanzsalden) und auf die Koordinationsprobleme in der Wirtschaftspolitik.

Die Liberalisierung des Kapitalverkehrs führt zu einer „Regionalisierung der Staatsräume“. Die Kapitalallokation wird effektiver, verstärkt aber auch den Wettbewerb um Kapital. Die funktionale Einkommensverteilung wird zugunsten der Gewinne verändert, was sich auf den Wachstumstrend auswirken kann. Größere Wechselkursstabilität reduziert die Risikoprämien im Zins.

Der Ausgleich der Leistungsbilanzsalden wird weniger dringlich, weil die Finanzierung über den Kapitalverkehr reibungslos funktioniert und daher Leistungsbilanzsalden keine (spekulativen) Wechselkursänderungserwartungen auslösen. Das schwächt den außenwirtschaftlichen Sanktionsmechanismus für stabilitätswidrige Wirtschaftspolitik. Leistungsbilanzsalden sind dann ein Indikator künftiger Beschäftigungsbewegungen. Die Notwendigkeit zu nominaler Konvergenz nimmt eher zu.

Im Bereich der Geldpolitik führt finanzielle Integration zu einer Schwächung der Ankerrolle der D-Mark und zunehmender geldpolitischer Symmetrie. Das läßt Koordinationsmechanismen immer dringlicher erscheinen. Nationale Kreditziele allein können eine stabilitätsorientierte Geldmengenentwicklung nicht garantieren, da die Kreditmultiplikatoren zwischenstaatlich stark variieren. Auch die Interventionspolitik gegenüber Drittländern erfordert ein gemeinschaftliches Entscheidungsgremium.

In der Fiskalpolitik wird die Haushaltsdisziplin weniger bindend. Gleichwohl muß ein Staat Budgetdisziplin üben, weil er anderenfalls Nachteile (überschäumende regionale Konjunktur bei anwachsender Verschuldung und steigender Zinslast) riskiert. Laxe Haushaltspolitik würde begünstigt, wenn mit finanziellen Hilfsmaßnahmen für in Schwierigkeiten geratene Länder gerechnet wird. Starre Regeln für die Höhe der Haushaltsdefizite sind nicht sinnvoll, sofern der Staat makroökonomisch profitable Projekte finanziert und die Salden unterschiedliches regionales Sparverhalten reflektieren. In der EG fehlt ein großer Zentralhaushalt, der die Entwicklung der Budgetsalden im Gesamtraum prägt. Die großen Länder müssen sich zu einer Koordinierung ihrer Haushalte im Sinne eines Quasi-Zentralhaushalts bereitfinden.

Für eine unabhängige Lohnpolitik wird der Spielraum bei finanzieller Integration kleiner. Die „Mobilitätsdiskrepanz“ (relative Verringerung der Arbeitsmobilität durch vergrößerte Kapitalmobilität) verlangt eine größere Lohnflexibilität. Dies gilt insbesondere für kleine Länder wegen der vergleichsweise hohen Abhängigkeit von Auslandsinvestitionen. Wegen der Tarifautonomie sind keine Möglichkeiten für die direkte Koordinierung der Lohnpolitik gegeben. Daher wird der „soziale“ Dialog dringlicher.

Issing / Masuch beschäftigen sich mit den Perspektiven aus der deutsch-deutschen Währungsunion und den Konsequenzen für das europäische Währungssystem.

Die deutsch-deutsche Währungsunion trifft als wirtschaftlicher „Angebotsschock“ Europa in einer Zeit, in der Wechselkursanpassungen weitgehend tabuisiert sind. Da dies die Abhängigkeit der Volkswirtschaften verstärkt, sind die Forderungen der EG-Mitgliedstaaten berechtigt, daß die Bundesrepublik die mit der Wiedervereinigung entstehenden Folgen angemessen bewältigt. Dazu gehört die solide Finanzierung der unvermeidbaren öffentlichen Ausgaben (bevorzugt durch Kürzungen anderer öffentlicher Ausgaben). Problematisch ist, daß die anderen Länder der deutschen Geldpolitik folgen und hohe Zinsen herbeiführen müssen. Weniger Anpassungsdruck und mehr Handlungsspielraum ließe sich durch eine Neuordnung der Wechselkurse gewinnen.

Deutschland verursacht aufgrund seines Mehrbedarfs an Kapital einen Realzinsanstieg und löst auch im Ausland Druck auf Reallöhne und Beschäftigung aus. Dem unterliegt die Einschätzung einer mittelfristig insgesamt dynamischen Wirtschaftsentwicklung in den neuen Bundesländern. Sie setzt eine den wirtschaftlichen Bedingungen gerecht werdende Tarifpolitik voraus.

Eine stabilitätsgerechte Geldpolitik gelingt nur, wenn der Staat das stabilitätsorientierte Notenbankverhalten in seiner intertemporalen Budgetbeschränkung berücksichtigt. Dies setzt die Unabhängigkeit und die Reputation der Zentralbank voraus. Eine europäische Zentralbank kann auf absehbare Zeit diese Reputation nicht vorweisen. Ein Regimewechsel, der den Spielraum für die deutsche Geldpolitik einengt, bringt für ganz Europa Stabilitätsrisiken mit sich. Es erweist sich als Nachteil, daß die übrigen europäischen Notenbanken aufgrund ihrer faktischen Abhängigkeit nicht eine vergleichbare Reputation aufbauen konnten.

Bedenken sind gegen ein bei einer schnellen Währungsunion erforderlich werdendes finanzielles Ausgleichssystem anzumelden. Umfangreiche Transferzahlungen würden sich auf die Kapitalallokation negativ auswirken, insbesondere dann, wenn die Konsequenzen überhöhter Budgetdefizite von den Verursachern nicht zu tragen sind, weil faktisch mit einem bail-out gerechnet wird.

Duwendag untersucht die Rolle der staatlichen Budgetsalden für die Kapitalallokation und entwickelt daraus Überlegungen für die Ausgestaltung der Budgetpolitik in einer künftigen europäischen Wirtschafts- und Währungsunion.

In den achtziger Jahren war weltweit ein Rückgang der Spar- und Investitionsquoten zu verzeichnen. Der Wiederanstieg der Quoten gegen Ende der achtziger Jahre war von zunehmenden Salden zwischen Investitionen und Ersparnissen und damit von steigenden Leistungsbilanzsalden begleitet. Der Rückgang der nationalen Sparquoten reflektiert in vielen Fällen den Rückgang der Sparquote des Staates und hat in der EG zu einer Ersparnislücke geführt. Parallel kam es zu einem Anstieg der (ex post) Realzinsen. Dies kann zu einer Kapitalfehlallokation beigetragen haben, weil die vom Staat absorbierten Mittel vielfach in den Staatskonsum geflossen sind. Innerhalb Europas sind bezogen auf Leistungsbilanzüberschüsse und -defizite zwei nahezu gleich große Ländergruppen identifizierbar. Das Feldstein/Horioka-Puzzle (der Regressionskoeffizient für die Beziehung zwischen Spar- und Investitionsquoten liegt nahe eins, obwohl zwischen beiden Quoten bei zunehmender Kapitalmobilität keine enge Beziehung herrschen sollte) scheint für die achtziger Jahre nicht mehr zuzutreffen.

Bei der Budgetpolitik in einer europäischen Währungsunion geht es um die Frage „Markt oder Regeln?“. Wie man die kontroversen Argumente auch gewichtet, es gibt am Erfordernis der Budgetdisziplin in einer Währungsunion keinen Zweifel. Dies hilft Störungen bei der Kapitalallokation zu vermeiden und unterstützt die Stabilitätspolitik.

Eine pragmatische Regel für die Budgetpolitik besteht darin, eine Budgetposition als „tragbar“ einzustufen, wenn sie die Schuldenquote des Staates stabilisiert. Inwieweit Defizite danach zulässig sind, hängt vom Verhältnis des Realzinses zur Wachstumsrate ab. Das Kriterium setzt eine normative Vorgabe des Niveaus der zu stabilisierenden Schuldenquote voraus.

Verbindliche Regeln für die Budgetpolitik sind abzulehnen. Sie würden einen unerwünschten Eingriff in die Handlungsautonomie darstellen, dem Entwicklungsrückstand einzelner Länder nicht gerecht werden und unrealistischerweise voraussetzen, daß der Realzins stets größer als die Wachstumsrate ist. Es gibt Korrekturmechanismen (vor allem die steigende Zinslast), die von selbst auf eine Begrenzung der Schuldenquoten hinwirken.

Spahn vertritt die These, daß für Europa angesichts der Risiken einer europäischen Einheitswährung nach wie vor die Leitwährungslösung aktuell bleiben wird. Nach dem Beitritt der DDR sind die wirtschaftlichen Voraussetzungen für ein auf der D-Mark beruhendes Leitwährungssystem besser geworden.

Die Risiken einer Einheitswährung bestehen darin, daß ein Weichwährungsraum entsteht. Kommt es jedoch zu einem Hartwährungsraum, bleiben die im gegenwärtigen D-Mark-Leitwährungssystem angelegten Anpassungs- und Umverteilungsprobleme erhalten. Ein Leitwährungsland muß, wenn es seiner Funktion gerecht werden will, Leistungsbilanzüberschüsse und -defizite vermeiden. Defizite würden die auf die Leitwährung lautenden finanziellen Forderungen in den Händen des Auslands fortlaufend erhöhen und damit eine labile Marktkonstellation schaffen. Überschüsse würden – als Zeichen für zunehmenden Stabilitätsvorsprung interpretiert – zu kumulativen Kapitalzuflüssen führen, die nur um den Preis ansteigender Zinsdifferenzen verhindert werden können.

Im Goldstandard konnte die dominierende Nation England mit einem strukturellen Handelsbilanzdefizit – Indiz für ungelöste binnenwirtschaftliche Anpassungen – solange einen stabilen Gold-Pfund-Standard aufrechterhalten, wie die Leistungsbilanz aktiv war und durch zinspolitische Maßnahmen jederzeit ein Geldzufluß zu erreichen war. England spielte die Rolle einer Weltbank, die sich kurzfristig verschuldete und langfristig Mittel auslieh. Sowie die Bankenrolle nicht mehr akzeptiert wurde (wachsende Konkurrenz New Yorks um die Finanzmittel), brach der Gold-Pfund-Standard weg.

Im EWS gewährt anders als in der Goldwährung das Leitwährungsland Deutschland kurzfristigen Kredit, während vom Ausland langfristiges Kapital zufließt. Bei hohen deutschen Handelsüberschüssen kann die notwendige Kapitalversorgung der Defizitländer nur über hohe Zinsspannen realisiert werden. Ausgeprägte reale Zinsdifferenzen müssen in dem Festkurssystem als Ausdruck ungelöster realwirtschaftlicher Anpassungsprobleme gewertet werden. Dieses Funktionsproblem des EWS muß nicht durch Errichtung eines europäischen Währungssystems behoben werden, sondern kann durch Wechselkursänderungen gelöst werden.

Mit dem Beitritt der DDR hat sich für die Leitwährung D-Mark die Zahlungsbilanzsituation insoweit grundlegend geändert, daß auch ohne Wechselkursänderungen der strukturelle deutsche Leistungsbilanzüberschuß verschwunden ist. Damit sind die ökonomischen Rahmenbedingungen für die Leitwährungsrolle der Bundesrepublik günstiger geworden.

Heinemann vertritt die These, daß auch langfristig bestehende Kapitalbilanzsalden kein deutliches Zeichen für ein Ungleichgewicht darstellen.

So können Kapitalbilanzsalden und entgegengerichtete Leistungsbilanzsalden mit wirtschaftlichem Gleichgewicht (interner und externer Stabilität) vereinbar sein. Quantitative Vorgaben für bestimmte Werte der Salden (in Relation zum Bruttosozialprodukt) lassen sich wissenschaftlich nicht belegen. Für die Beurteilung der Salden muß man auch ihre unterschiedlichen Entstehungsursachen beachten.

Es ist nicht zwingend so, daß die Auslandsverschuldung an eine Grenze stoßen muß, bei der privatwirtschaftliche Rentabilität nicht mehr ausreicht, um den Zinsendienst zu begleichen. Ob hier wirklich bindende Grenzen bestehen, hängt von den Werten des Zinssatzes und der Wachstumsrate des Bruttosozialprodukts ab. Anhaltende Schuldner- und Gläubiger-Positionen sind durchaus mit außenwirtschaftlichem Gleichgewicht vereinbar.

Allerdings sind die Verteilungseffekte anhaltender Salden zu beachten. Hierbei spielen jedoch weniger die Salden im Leistungs- und Kapitalverkehr als vielmehr die Bruttoströme beim Handel und beim Kapitalverkehr eine dominierende Rolle.

Rohde zeigt am Beispiel der deutschen Geldpolitik in den achtziger Jahren, daß von den Fundamentalfaktoren losgelöste Wechselkursänderungserwartungen unmittelbar die Wirkungsmöglichkeiten der Zentralbank beeinflussen.

Die zunehmende Verselbständigung des grenzüberschreitenden Kapitalverkehrs gegenüber dem Leistungsverkehr ist ein Grund dafür, daß sich die

Wechselkurse nicht entsprechend den Fundamentalfaktoren der Wirtschaft entwickeln. Entsprechend lösen sich auch die Wechselkurserwartungen von den Fundamentalfaktoren.

In Abwertungsphasen der D-Mark war der Auslandsanteil am Erwerb festverzinslicher Wertpapiere sehr gering, in Aufwertungsphasen dagegen ausgeprägt. Diese Entwicklung wird plausibel, wenn man unterstellt, daß in den Ab(Auf)wertungsphasen auch Ab(Auf)wertungserwartungen bestanden haben. Jedoch zeigte sich beispielsweise an der Aufwertungsphase 1985/87, daß gleichgerichtete Kursänderungserwartungen nicht im ganzen Verlauf der ex post feststellbaren Kursänderungsperiode bestanden haben können.

Phasen, in denen sich Geldmarktzins und Kapitalmarktzins unterschiedlich oder gegenläufig entwickelten, schienen auch von Portfoliodispositionen des Auslands – getragen von entsprechenden Kursänderungserwartungen – geprägt worden zu sein. Hier wurde der Wirkungsmechanismus für die Geldpolitik – über den Geldmarktsatz auf den Kapitalmarktzins zu wirken – abgeschwächt.

Kommt es durch Wechselkursänderungserwartungen zu einer Schwächung der geldpolitischen Steuerungsmöglichkeiten, so verlieren monetäre Zwischenziele ihre Indikatoreigenschaften. In diesem Fall ist eine intensive internationale Koordinierung der Geldpolitik anzuraten.

Carlberg fragt nach den Konsequenzen der Internationalisierung der Kapitalmärkte für die nationale Geldpolitik und liefert eine synoptische Aufarbeitung des Problemkreises im Rahmen eines makroökonomischen Modells vom (erweiterten) Mundell-Fleming-Typ.

Dabei werden zahlreiche Modellvarianten betrachtet: „kleines Land", Zwei-Länder Fall, Leitwährungsland. Daneben werden spezielle Aspekte einbezogen: Ziele der Geldpolitik, Time-lags, Wechselkurserwartungen, Overshooting, Bubbles, Abwertungsspekulation.

Zunehmende Kapitalmobilität erhöht die Wirksamkeit der Geldpolitik, sofern ein flexibles Kurssystem herrscht oder die Geldpolitik eines Leitwährungslandes bei Flexibilität gegenüber Drittländern betrachtet wird. Bei festen Wechselkursen verringert zunehmende Kapitalmobilität die Wirksamkeit der Geldpolitik.

Müller beschreibt aus der Sicht eines Ökonomen aus den neuen Bundesländern die Hemmnisse für eine verstärkte Investitionstätigkeit in den neuen Bundesländern und untersucht mögliche Investitionsanreize.

Es besteht die Sorge, daß die neuen Bundesländer wirtschaftlich rückständig bleiben könnten, daß vornehmlich Investitionen in Vertrieb und Service vorgenommen werden, aber mit dem Umland vernetzte industrielle Strukturen nicht entstehen. Die Investitionen blieben 1990 noch enttäuschend gering.

Die Analyse der Standortbedingungen in den neuen Bundesländern (Arbeitskräfte, Infrastruktur, Kostenfaktoren, Eigentum, Bewertung, Verwaltung, Lebensqualität) offenbart ein „multikausales Standortdilemma". Vieles, was das Investieren behindert, kann nur durch Investieren selbst beseitigt werden. Wirtschaftspolitische Konsequenzen müßten in Form einer großzügigen Investitionsförderung gezogen werden. Für die weitere Entwicklung in den neuen Bundesländern scheinen ein pessimistisches Szenario und ein optimistisches Szenario gleichermaßen möglich zu sein.

Claus Köhler und Rüdiger Pohl

Konsequenzen der finanziellen Integration für die Wirtschaftspolitik in Europa

Von Heinrich Matthes und Jürgen Kröger, Brüssel[1]

Die finanzielle Integration Europas ist weit fortgeschritten; sie ist die Voraussetzung, daß sich die vom Binnenmarkt erwarteten wirtschaftlichen Vorteile auch einstellen. Die Pläne gehen jedoch weiter und reichen bis zu der Einführung einer einheitlichen Währung in der Europäischen Gemeinschaft. Damit würde nicht nur die faktische, sondern auch die juristische nationale Kompetenz im Bereich der Geld- und Währungspolitik aufgegeben. Aufgrund der höchst unterschiedlichen politischen Gegebenheiten in den einzelnen Mitgliedstaaten, von denen nur wenige über eine unabhängige Zentralbank verfügen, mag die praktische Umsetzung einer europäischen Geldpolitik noch schwierig werden. Gleichwohl existieren bereits konkrete Pläne für die institutionelle Ausgestaltung eines unabhängigen europäischen Zentralbanksystems. Freilich gibt es unterschiedliche Meinungen wie die Übergangsphase zur gemeinsamen Geldpolitik gestaltet werden soll. Der Dreistufen-Plan des Delors-Berichtes fußt im wesentlichen auf einer Fortführung des graduellen Integrationsprozesses; der britische Vorschlag eines harten ECU setzt darauf, daß sich im Wettbewerb der Währungen letztendlich die stabilste Währung durchsetzen wird. Beide Konzepte gehen davon aus, daß einheitliche Geldpolitik ein anzustrebendes Ziel ist.

Unabhängig davon, wie sich die Fortschritte bei der finanziellen Integration letztendlich darstellen werden, sind bereits jetzt erhebliche Auswirkungen auf die Koordinierungsmechanismen der nationalen Volkswirtschaften zu beobachten. Probleme ergeben sich vor allem aus der „Mobilitätsdiskrepanz“ der Produktionsfaktoren Arbeit und Kapital.[2] Erhöht die Kapitalmarktliberalisierung die internationale Mobilität des Kapitals, was zu seiner effizienteren Allokation beiträgt, so bleibt die (grenzüberschreitende) Mobilität des Fak-

[1] Dr. Heinrich Matthes ist stellvertretender Generaldirektor für Wirtschaft und Finanzen der Kommission der Europäischen Gemeinschaften; Dr. Jürgen Kröger ist Referatsleiter in derselben Generaldirektion. Die von den Autoren vertretenen Ansichten entsprechen nicht notwendigerweise der Meinung der Kommission der Europäischen Gemeinschaften.

[2] Vgl. z. B. Wyplosz, Ch. (1987): Capital flow liberalization and the EMS, European Economy No. 36, May 1988, pp. 85 - 103, S. 100.

tors Arbeit nach wie vor sehr gering. Das nachfolgende Kapitel 1 berührt diese Problematik. Darüber hinaus muß der Konvergenzbegriff und die damit zusammenhängende Problematik neu überdacht werden. Bei weitgehend festen Wechselkursen gibt es kaum noch signifikante Inflationsdifferenzen, und Leistungsbilanzungleichgewichte müssen differenzierter beurteilt werden als im Umfeld von Kapitalverkehrsbeschränkungen (Kapitel 2). Für die Koordinierung der Wirtschaftspolitiken stellen sich damit neue Probleme. Im Bereich der Geldpolitik ist dies die Formulierung von gemeinsamen Zielvorgaben sowie die operative Umsetzung einer gemeinsamen Geldpolitik. Die Fiskalpolitik darf einerseits einen stabilitätsgerechten policy-mix nicht gefährden und steht andererseits bei weitgehend festen Wechselkursen vor dem Dilemma, größere kurzfristige Stabilisierungsaufgaben übernehmen zu sollen, da die Geldpolitik hierfür weitgehend ausfällt. Schließlich muß sich auch die (nationale) Lohnpolitik viel stärker nach den Gegebenheiten der gesamten Union richten. Bei festen Wechselkursen bedeuten nämlich zu hohe Löhne nicht nur eine Verschlechterung der Wettbewerbsfähigkeit, sondern – falls sich die Ertragserwartungen relativ zu anderen Ländern verschlechtern – auch einen Kapitalabfluß. Das abschließende Kapitel behandelt diesen Komplex.

1. Liberalisierung des Kapitalverkehrs und Faktorallokation

Die Liberalisierung des Kapitalverkehrs hat in den vergangenen Jahren deutliche Fortschritte gemacht. In der Gemeinschaft bestehen auf diesem Gebiet kaum noch wesentliche Beschränkungen; soweit es sie noch gibt, zielen sie zudem primär auf die privaten Haushalte. Ausländische Unternehmer können nahezu unbeschränkt investieren. Insgesamt sichert ein freier Kapitalmarkt den freien Austausch von Waren und Dienstleistungen; für die Realisierung des Binnenmarktprogramms ist er somit ein Schlüsselelement.

Die Liberalisierung des Kapitalverkehrs führt zu einer effektiveren Allokation des Kapitals, sowohl in einem einzelnen Land als auch für die Gemeinschaft insgesamt. Was die Öffnung der Finanzmärkte für die heimische Wirtschaft bedeutet, wird am Beispiel Frankreichs besonders deutlich. Im Zeichen der weitgehend reglementierten und national abgeschotteten Finanzmärkte kam es dort in Verbindung mit negativen realen Zinssätzen phasenweise zu einer Kreditrationierung. Infolgedessen maximierten die Unternehmer die Inanspruchnahme des rationierten, künstlich verbilligten Gutes, was eine hohe Verschuldungsneigung nach sich zog. Gewinne wurden nicht so sehr in der Produktion selbst, als vielmehr – bei negativen realen Zinssätzen – durch Abschreibungsgewinne auf die hohe Verschuldung erzielt. So wurden zu Beginn der 80er Jahre die Ersparnisse der französischen Unternehmen zu mehr als der Hälfte aus Abschreibungen auf die Bruttoverschuldung gespeist (inzwischen ist dieser Anteil wieder auf unter 10% gesunken). Investitionen fanden daher nicht ihre produktivste Verwendungsmöglichkeit, was wesentlich zum chronischen Wettbewerbsproblem der französischen Wirtschaft beitrug.

Damit erweist sich die innere Liberalisierung der französischen Geld- und Finanzmärkte als unerläßliche Voraussetzung für eine erfolgreiche außenwirtschaftliche Liberalisierung. Der zu beobachtende starke Anstieg der Zinsen stürzte freilich viele Unternehmen zeitweise in erhebliche Liquiditätsprobleme. Mittlerweile ist die Gewinnlage jedoch wieder auf den Stand von vor 10 Jahren; nun jedoch bei hohen, der relativen Knappheit des Kapitals besser entsprechenden realen Zinssätzen, einer erhöhten Effizienz der Investitionen und einer besseren Eigenkapitalausstattung und Selbstfinanzierungsquote. Die nachfolgende Graphik verdeutlicht, daß die Eigenkapitalrentabilität in Frankreich noch bis Mitte der 80er Jahre durch die negativen realen Zinssätze gestützt worden ist. Inzwischen hat sich dies geändert. Nunmehr werden die Erträge primär aus den eigentlichen Unternehmensaktivitäten gespeist und nicht so sehr aus einer Kombination von hohem Verschuldungsstand und negativen realen Zinssätzen.

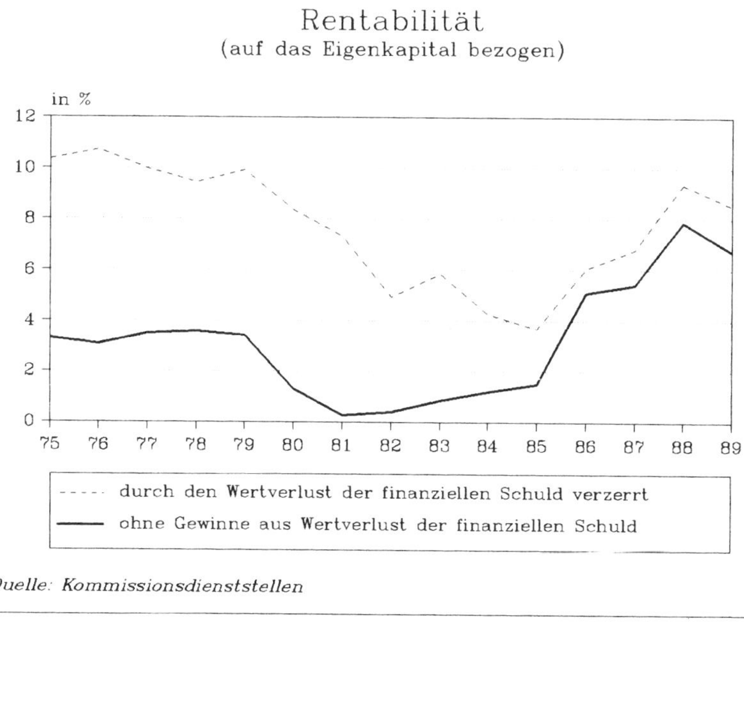

Quelle: Kommissionsdienststellen

International bedeutet die Liberalisierung des Kapitalverkehrs, daß – sofern entsprechende Voraussetzungen vorliegen – mehr Investitionskapital zufließt. Für die wirtschaftlich zurückgebliebenen Länder der Gemeinschaft verbessert dies die Aufholmöglichkeiten – lockert sich doch der Zwang der Zahlungsbilanz. Eine hohe interne Ertragsrate läßt per Saldo Kapital zufließen. Hohe Investitionen verursachen – als Gegenposten – ein Defizit in der Leistungsbilanz; so schließt sich die Lücke zwischen inländischer privater Investitionsnachfrage und nationaler Ersparnisbildung.

Andererseits intensiviert die Liberalisierung des Kapitalverkehrs nunmehr auch den Wettbewerb um Kapital auf europäischer ja sogar auf Weltebene. Mehr als in der Vergangenheit sind also die Länder dazu gezwungen, ähnliche Angebotsbedingungen zu schaffen. Dies gilt vor allem in Europa, wo nun im Zuge des gemeinsamen Binnenmarktes die mit der Liberalisierung des Kapitalverkehrs verbundene potentielle Umlenkung des Investitionskapitals kaum noch durch protektionistische Maßnahmen unterlaufen werden kann. Stark divergierende Unterschiede im Ertrag des Realkapitals würden mittelfristig die Beschäftigungsmöglichkeiten beeinflussen. Insbesondere die Lohnpolitik erhält damit eine noch größere Verantwortung, gilt es doch tendenziell, die mit der größeren Kapitalmobilität einhergehende relative Verringerung der Arbeitsmobilität durch eine höhere Lohnflexibilität zu kompensieren. Denn nicht nur würden höhere Lohnkostensteigerungen bei festen Wechselkursen kurzfristig die Wettbewerbsfähigkeit belasten, sie könnten auch, wenn sie die Ertragsrate nachhaltig unter das Niveau in anderen Ländern senken, mittelfristig zu Arbeitsplatzverlusten führen.

Darüber hinaus beeinflußt die Liberalisierung des Kapitalverkehrs die funktionale Einkommensverteilung; dies gilt insbesondere in Phasen der Unterbeschäftigung. Da das Kapital nunmehr verstärkt produktiv investiert wird, steigt mittelfristig die Gewinnquote, und zwar in allen Ländern. Da sich die Ertragsraten angleichen, muß sich die funktionale Einkommensverteilung auch in anderen Ländern zugunsten der Gewinne verändern, entweder durch eine relative Absenkung des Reallohnniveaus oder durch eine höhere Arbeitslosigkeit. Insgesamt verbessert sich aber der Wachstumstrend, was den allgemeinen Lebensstandard positiv beeinflußt – zumindest in der Zone freien Kapitalverkehrs.

Die Liberalisierung des Kapitalverkehrs verstärkt auch die Glaubwürdigkeit der Wirtschaftspolitik. Im Zeichen der zunehmenden finanziellen Integration verbessert sich die Konvergenz, was langfristig eine größere Wechselkursstabilität erwarten läßt. Dies reduziert die langfristige Risikoprämie und damit die internationalen Zinsunterschiede im langfristigen Bereich. Nicht zuletzt in Frankreich ist dies deutlich zu beobachten.

Freilich gibt es auch Schwierigkeiten in umgekehrter Richtung.[3] So sieht sich Spanien oder auch Italien einem Konflikt gegenüber, der eine angemessene binnenorientierte Politik erschwert. Die vom EG-Beitritt ausgelösten positiven Erwartungen lassen insbesondere in Spanien erhebliches Kapital zufließen, was von binnenwirtschaftlich notwendigen hohen Zinsdifferenzen noch unterstützt wurde.

Angesichts stabilisierter Wechselkurserwartungen förderte dies eine weitere Aufwertung der Peseta, was das Leistungsbilanzdefizit noch vergrösserte. Der Nachfrageüberhang erforderte also eine Änderung im policy-mix: die Geldpolitik war zu entlasten und die Fiskalpolitik verstärkt als kurzfristiges Stabilisierungsinstrument einzusetzen. Der Beitritt Spaniens zum EWS hat also die „Assignment-Möglichkeiten" weiter eingeschränkt, da nominale Wechselkursänderungen erschwert sind. Im Falle Italiens führte die kurzfristig größere Glaubwürdigkeit der Wechselkursverpflichtung zu einer Angleichung der Zinsen mit den Partnerländern, und zwar insbesondere im kurzfristigen Laufzeitbereich.

Die Liberalisierung des Kapitalverkehrs war und ist der weitreichendste Schritt zur finanziellen Integration Europas. Zusammen mit einem erheblich verringerten Wechselkursrisiko werden wirtschaftliche Aktivitäten nun zunehmend im Gemeinschaftskontext getätigt, wie es dem Ziel des Binnenmarktprogramms entspricht. Somit führt die Kapitalmarktintegration zur „Regionalisierung" der Staatsräume. Insgesamt wird die Möglichkeit eigenständiger Wirtschaftspolitik reduziert, die Angebotsbedingungen stehen in einem intensiveren internationalen Wettbewerb und die Konvergenzproblematik stellt sich in einem anderen Licht dar.

2. Nominale Konvergenz und finanzielle Integration

Für den Zusammenhalt des EWS war die wachsende nominale Konvergenz entscheidend, und zwar insbesondere die Konvergenz von Kosten und Preisen sowie der Leistungsbilanzen. Für eine weitere Stärkung des EWS muß sich die Preiskonvergenz auf niedrigem Inflationsniveau weiterhin verbessern; eine effektive Koordination der Geldpolitik und weitere Fortschritte in Richtung auf die europäische Währungsunion können nur auf ihrer Grundlage stattfinden.[4] Die Liberalisierung des Kapitalverkehrs macht eine bessere Preiskonvergenz sogar noch notwendiger: nur so lassen sich die Vorteile einer optimalen Faktorallokation voll ausschöpfen.

---

[3] Siehe hierzu auch Matthes, H. „Aufweichung des EG-Stabilitätsstandards" in Wirtschaftsdienst 1990/VII, S. 411 - 413.

[4] Vgl. auch Matthes, H. / Italianer, A.: Ist die Gemeinschaft ein optimaler Währungsraum? Beitrag zu „Auf dem Weg zur Europäischen Währungsunion", Wiss. Buchgesellschaft, Darmstadt 1991.

Bei hoher Preiskonvergenz divergieren die Kosten langfristig im Trend nicht mehr voneinander. Die Lohnstückkosten sind hierfür der geeignete Indikator. Trotz Kostenkonvergenz können allerdings Nominallohnsteigerungen bei unterschiedlicher Produktivitätsentwicklung voneinander abweichen, womit sich auch die nominalen und realen Löhne recht unterschiedlich entwickeln können. Bei schnell steigender Produktivität kann damit der Lebensstandard in gegenwärtig noch zurückgebliebenen Ländern rasch aufholen.

Freilich erforderte der reale Aufholprozeß in der Vergangenheit oftmals eine Flexibilität der realen Wechselkurse. Stützt sich die Investitionsrate auf positive Erwartungen des privaten Sektors, so führt dies bei positiven Einkommenserwartungen meist auch zu einem relativ hohen privaten Konsumniveau. Die sich damit öffnende Lücke zwischen gesamtwirtschaftlicher Nachfrage und Produktionsmöglichkeiten erfordert in jedem Fall eine reale Aufwertung. Eine restriktivere Fiskalpolitik oder Maßnahmen der Konsumdämpfung könnten dazu beitragen, das Problem zu mildern. Jedoch mag dies den Aufholprozeß verzögern und die intertemporale Optimierung der Staatsausgaben und des Konsums beeinträchtigen.

Im Zuge der stärkeren Integration der Finanzmärkte in der Gemeinschaft brauchen allerdings die Leistungsbilanzen nicht mehr so stark zu konvergieren. Bei Kapitalmarktbeschränkungen waren Leistungsbilanzungleichgewichte oft Quellen von Wechselkursspekulationen. Leistungsbilanzüberschüsse produzierten Aufwertungserwartungen und vice versa, und zwar unabhängig von den Ursachen für solche „Ungleichgewichte“.

Für die enge Interdependenz zwischen Leistungsbilanzsalden und Wechselkurserwartungen gab es zwei Gründe. Kapitalverkehrsbeschränkungen implizierten eine niedrige Zinselastizität der Kapitalströme. Insofern bedeutete ein Leistungsbilanzungleichgewicht immer auch, daß die Geldpolitik eingreifen mußte, entweder in Form von Zinsänderungen, Wechselkursänderungen oder von Devisenmarktinterventionen. Daß die Interventionen im EWS nach der Liberalisierung – bei größerer Zinselastizität der Kapitalströme – eher abgenommen haben und auch die von vielen erwartete größere Volatilität[5] der kurzfristigen Zinssätze nicht eingetreten ist, kann daher nur wenig überraschen.

In einigen Ländern fungierte die Leistungsbilanz zudem, solange eine Wechselkursänderung als Instrument der Wiederherstellung des außenwirtschaftlichen Gleichgewichts nicht auszuschließen war, als wichtige wirtschaftspolitische Zielgröße, was die Erwartungen des privaten Sektors beeinflußt.

Die Liberalisierung des Kapitalverkehrs und die erzielten Stabilitätserfolge haben jedoch die Notwendigkeit von ausgeglichenen Leistungsbilanzen erheb-

---

[5] Vgl. z.B. de Boissieu, C. (1987): Financial liberalization and the evolution of the EMS, European Economy no. 36, May 1988, pp. 53 - 70.

lich reduziert. In dem Maße wie Leistungsbilanzungleichgewichte private, intertemporale Entscheidungen über Sparen und Investieren widerspiegeln, könnte ein Leistungsbilanzdefizit lediglich auf hohe Investitionen zurückzuführen sein. Somit hat die Liberalisierung des Kapitalverkehrs den Aufholprozeß ertragsstarker ärmerer Länder tatsächlich erleichtert. In einem solchen Falle sind Leistungsbilanzdefizite sogar zu begrüßen, wären sie doch konsistent mit einer optimalen Faktorallokation in der Gemeinschaft. Ob ein Leistungsbilanzungleichgewicht angemessen ist, muß also jeweils im Einzelfall beurteilt werden; ein undifferenziertes Konvergenzkonzept für die Leistungsbilanz ist weniger denn je zu vertreten.

Gleichwohl macht der Prozeß zur Schaffung einer Währungsunion für bestimmte Sachverhalte die nominale Konvergenz sogar noch dringlicher; sie liegt jedoch nun verstärkt im Interesse der individuellen Staaten. Denn auseinanderlaufende wirtschaftliche Entwicklungen und Politiken gefährden nicht nur den Zusammenhalt der Union, sondern sie haben wahrscheinlich gesamtwirtschaftlich wichtige negative Auswirkungen auf das Land selbst. Es darf nicht vergessen werden, daß die Währungsunion weiterhin von einer dezentralen Fiskalpolitik, regional unabhängigen Lohnentwicklungen, einer vergleichsweise geringen Integration des Arbeitsmarktes und unterschiedlichen Produktivitätsentwicklungen gekennzeichnet sein wird.

Die finanzielle und wirtschaftliche Integration von Volkswirtschaften mit stark unterschiedlichem Pro-Kopf-Einkommen sowie divergierenden Güter- und Faktorpreisen konfrontiert sowohl die Wirtschaftspolitik als auch die Sozialpartner mit einem Dilemma. Es resultiert aus den unterschiedlichen Erfordernissen für eine effiziente Allokations-, Distributions- und Stabilisierungspolitik. Denn während eine effiziente Faktor- und Güterallokation regionale Preis*niveaus* konvergieren läßt, erfordert eine effiziente Stabilisierungspolitik eine Konvergenz der regionalen Preis*veränderungen*. Schließlich verlangt das Postulat der Einheitlichkeit bzw. Annäherung der Lebensverhältnisse auch eine Konvergenz der Pro-Kopf-Einkommen.

Die Konvergenz der Inflationsraten läßt sich in der Währungsunion über den internationalen Preis-Wettbewerb und eine wachsende Integration der Gütermärkte relativ leicht erreichen. Bis sich die Sozialpartner an den neuen internationalen Rahmen gewöhnen, haben freilich unterschiedliche Kostentrends nachteilige Auswirkungen auf den Wettbewerb und die Gewinnlage, was die Beschäftigung in den früheren Inflationsländern negativ berühren kann. In dieser Hinsicht erhöht der weniger fühlbare außenwirtschaftliche „constraint" die Gefahr regionaler Unterbeschäftigung.

Mittelfristig droht sogar strukturelle Arbeitslosigkeit, wenn die erwartete Ertragsrate dauerhaft absinkt, da bei finanzieller Integration die Investitionen viel eher in anderen Regionen mit höheren Gewinnaussichten stattfinden können. Obwohl Leistungsbilanzungleichgewichte in der Währungsunion unter dem Gesichtspunkt ihrer Finanzierung weitgehend bedeutungslos werden, bleiben sie gleichwohl wichtige Indikatoren für die zukünftige Beschäftigungssituation. Nach wie vor muß also die Leistungsbilanz länderspezifisch vor dem Hintergrund des Spar- und Investitionsverhaltens in der jeweiligen Wirtschaft beurteilt werden.

Damit wächst die Verantwortung der Tarifparteien für ein hohes Beschäftigungsniveau. Nicht nur unter Wettbewerbsgesichtspunkten (Nachfrageaspekt) ist ein angemessenes Lohnniveau gefordert. Die finanzielle Integration verlangt auch nach einer angemessenen Ertragsrate (Angebotsaspekt); sie bestimmt letztendlich die langfristigen Beschäftigungsmöglichkeiten.

Im Hinblick auf die Fiskalpolitik stellt sich ein ähnliches Dilemma. Die Fortschritte in Richtung auf feste Wechselkurse fördern eine zunehmende Glaubwürdigkeit des festen Wechselkurses, eine konvergente Preisentwicklung und eine Angleichung der langfristigen Zinssätze. Deshalb wird die öffentliche Haushaltsdisziplin in zwei Aspekten weniger bindend: Erstens reduzieren sich in Ländern mit höheren Inflationsraten bei verminderten Inflationserwartungen (und Zinsniveaus) die Finanzierungskosten und zweitens erleichtern zusätzliche Kapitalimporte die Defizitfinanzierung (hohe Zinselastizität). Deshalb erscheint die Konvergenz der Budgetdefizite weniger dringend als ohne finanzielle Integration.

Hohe öffentliche Budgetdefizite könnten jedoch ernste nachteilige Auswirkungen für das betreffende Land selbst auslösen. Eine mit Preisstabilität nicht vereinbare zu expansive Fiskalpolitik kann nicht mehr durch die Geldpolitik kompensiert werden, die nunmehr durch die Wechselkursverpflichtung bzw. durch die gemeinsame Geldpolitik gebunden ist. Die Akkommodierung einer potentiell unangebrachten Fiskalpolitik wird zwar zunächst durch die hohe Glaubwürdigkeit der Wechselkursverpflichtung oder später durch eine einheitliche Währung erleichtert. Über kurz oder lang käme es allerdings zu einer überschäumenden Konjunkturentwicklung in der Region und zu Wettbewerbsverlusten über steigende Löhne und eine mittelfristige Aushöhlung der Ertragsrate.

Da ein effektiver Finanzausgleich auf europäischer Ebene fehlt, führt ein zu hohes Budgetdefizit bei stabiler Inflation zu einem Anstieg der öffentlichen Verschuldung. Darüber hinaus sinkt die interne Ersparnisbildung, so daß auch die Außenverschuldung zunimmt. Dies bedeutet, daß in Zukunft ein größerer Teil des Nationalprodukts für den Schuldendienst und für Zinszahlungen an das Ausland benötigt werden. Die zwangsläufig höhere Steuerlast droht die Ertragsrate weiter zu reduzieren, bzw. sie vergrößert die Notwendigkeit einer zukünftigen Korrektur der funktionalen Einkommensverteilung.

Trotz dieser Sanktionsmechanismen soll die Gefahr einer „free-rider" Position von Ländern in der Währungsunion – zumindest auf etwas kürzere Frist –

nicht gering geschätzt werden.[6] Eine zu laxe Fiskalpolitik und sich anschließende wirtschaftliche Schwierigkeiten werden zwangsläufig den Ruf nach finanziellen Hilfsmaßnahmen nach sich ziehen. Von daher ist zu fordern, daß die fiskalische Situation eines Landes vor Eintritt in die Währungsunion mit einer stabilitätsorientierten Politik konform ist, daß also zumindest die Verschuldungsquote in Richtung auf den europäischen Durchschnitt konvergiert. Hierbei mag die „goldene Haushaltsregel", wonach sich die Gebietskörperschaften nur für „werbende Zwecke" verschulden dürfen, einen nützlichen normativen Bezugspunkt darstellen. Um sich abzeichnende Fehlentwicklungen früh zu erkennen und ihnen zu begegnen, wird allerdings ein umfassendes Monitoring der Haushalte der beteiligten Länder notwendig sein.

Alles in allem mag folgendes deutlich geworden sein: Mit der wachsenden finanziellen Integration verändert sich die Forderung nach Konvergenz der wirtschaftlichen Entwicklungen und Politiken; die nominale Konvergenz wird immer mehr zu einem Eigeninteresse der teilnehmenden Länder. Eine optimale ex-ante Koordination der Wirtschaftspolitiken bleibt deshalb gerade in einer Währungsunion eine wichtige Aufgabe.

3. Koordinationsprobleme der Wirtschaftspolitik bei zunehmender finanzieller Integration

3.1 Geldpolitik

3.1.1 Die Ankerrolle der DM

Bei der geldpolitischen Koordination geht es insbesondere darum, die europäische Geldpolitik in Zukunft „symmetrischer" zu gestalten. Dies ist ein gradueller Prozeß. Schon heute verändert sich die Ankerrolle der DM im EWS, nicht zuletzt auch wegen innerdeutscher Entwicklungen.[7]

Die Ankerrolle der DM beruht auf dem raumwirtschaftlichen Potential der DM und auf ihrem Stabilitätsvorsprung. Beides machte die DM jeweils zur potentiell stärksten Währung. Sofern die anderen Währungen eine Abwertung vermeiden wollten, mußten sie der restriktiven deutschen Geldpolitik folgen. Dies erleichterte den Disinflationsprozeß. Mit wachsender Konvergenz wurden freilich die periodisch stattfindenen Realignments immer seltener und die Wechselkursänderungen immer geringer.

Die Glaubwürdigkeit der Wechselkursverpflichtung wurde auch mehr und mehr als ein politisches Ziel internalisiert. Indem die Ziele der Politik der

[6] Auf solche Gefahren einer unsoliden Fiskalpolitik weist insbesondere der Beitrag von Otmar Issing in diesem Band hin.

[7] Siehe hierzu auch Heinrich Matthes in Wirtschaftsdienst, 1990/VII.

Bundesbank anerkannt wurden, bekamen die Zentralbanken der Partnerländer eine de-facto Unabhängigkeit.

Eine von den „exchange rate fundamentals" abgekoppelte und damit politisch begründete größere Glaubwürdigkeit der Wechselkursverpflichtung ändert freilich zugleich auch die Ankerfunktion der DM. Hohe öffentliche Defizite und hohe Leistungsbilanzdefizite beeinflussen die Wechselkurserwartungen nunmehr weit weniger als zuvor. Da die binnenwirtschaftliche Geldpolitik nicht mehr in gleichem Maße eingreifen kann, besteht damit die Gefahr, daß das EWS nunmehr in einigen Ländern (so z. B. in Italien und Spanien) inflationär wirkt. Daß die DM in letzter Zeit häufig nicht die stärkste Währung im EWS war, ist hierfür ein Indiz.

Exkurs: Interaktionen zwischen deutscher und europäischer Währungsunion

Die deutsche Währungsunion dürfte die Ankerfunktion der DM ebenfalls tangieren. Kurzfristig führt die deutsche Währungsunion innerhalb Deutschlands zu gravierenden makroökonomischen Ungleichgewichten; sie äußern sich in einem beträchtlichen Auseinanderklaffen von gesamtwirtschaftlichem Angebot und Nachfrage, einer kurzfristig sehr hohen Arbeitslosigkeit in Ostdeutschland und einer deutlich expansiven Ausrichtung der Fiskalpolitik. In der Tat ist die deutsche Währungsunion bei Vollbeschäftigung der Kapazitäten im Westen und enormen Strukturanpassungsproblemen im Osten von einer das Angebot übersteigenden expansiven Fiskalpolitik gekennzeichnet. Im Ankerland Deutschland änderte sich damit der policy-mix signifikant.

Für die zunehmende Stabilität des EWS war es wichtig, daß das geldpolitische Instrumentarium immer weniger zur kurzfristigen Stabilisierung bzw. zur Reduzierung von binnen- oder außenwirtschaftlichen Schocks eingesetzt wurde. Länder, deren Währungen im Zuge eines Realignments abgewertet wurden, hatten begleitende strukturelle Anstrengungen zu unternehmen, um die Konvergenz voranzutreiben. In der gegenwärtigen Situation konzentriert sich der Schock freilich einseitig auf die deutsche Wirtschaft.

Die große Lücke zwischen gesamtwirtschaftlichem Angebot und Nachfrage, erfordert eine reale Aufwertung der DM, sei es im Wege einer höheren Inflationsrate in Deutschland oder im Wege einer nominalen Aufwertung der DM, wie sie mit der Dollarschwäche einherging. Eine eventuell notwendig werdende weitere Verhärtung der monetären Bedingungen in Deutschland stünde unter Umständen im Widerspruch zu den Erfordernissen des EWS. Dem zu expansiven policy-mix in Deutschland sollte daher eher mit nicht-monetären, d. h. fiskalischen oder strukturellen Mitteln begegnet werden.

Die Spannungen innerhalb Deutschlands und damit der Gegensatz zwischen binnenwirtschaftlichen Notwendigkeiten und außenwirtschaftlicher Rücksichtnahme könnten insbesondere in einem positiven Szenario stark zunehmen. In einem solchen Rahmen träfe ein Investitionsboom in Ostdeutschland auf eine hohe Auslastung der Kapazitäten in Westdeutschland; positive Einkommenserwartungen würden – bei relativ niedriger Ersparnis – zu relativ hohen Verbrauchsausgaben führen. Damit glichen die Stabilisierungsprobleme in Deutschland denen anderer Aufhol-Länder oder denen Dänemarks, wo eine starke Verbesserung der Erwartungen des privaten Sektors in der ersten Hälfte der 80er Jahre einen starken wirtschaftlichen Aufschwung auslösten, dem anschließend gravierende Stabilisierungsprobleme folgten.

Eine eventuell notwendig werdende noch restriktivere Geldpolitik in Deutschland könnte aber unter Umständen in den Partnerländern zu Zinsen führen, die mit deren binnenwirtschaftlichen Erfordernissen nicht mehr vereinbar wären. Dann wäre eventuell eine zu restriktive Geldpolitik im EWS nicht mehr auszuschließen, obwohl die mit einer starken deutschen Expansion einhergehenden direkten positiven Nachfrageeffekte bis zu einem gewissen Grade eine restriktivere Geldpolitik rechtfertigen würde. Insgesamt wäre es jedoch im Interesse einer Stabilität der Wechselkurse im EWS wünschenswert, in Deutschland verstärkt andere Politikbereiche (z.B. Fiskalpolitik, Strukturpolitik, Importförderung) heranzuziehen, um die Angebotslücke zu schließen. Geschähe dies nicht, so könnte möglicherweise die deutsche Vereinigung die europäische Währungsintegration – zumindest kurzfristig – eher belasten.

3.1.2 Symmetrische Ausgestaltung einer gemeinsamen Geldpolitik

Krönungsweg und Vorschläge des Delors-Berichts

Der Krönungsweg und die Strategie des Delors-Berichts sind grundsätzlich miteinander vergleichbar. Beide Strategien wollen erst die Voraussetzungen für eine gemeinsame Geldpolitik schaffen und eine hohe Konvergenz der wirtschaftlichen Entwicklung erreichen. Der Übergang von anpassungsfähigen Wechselkursen zu festen Wechselkursen und dann zur Einheitswährung ist fließend. Unterschiede bestehen im Hinblick auf den Zeitpunkt der Einführung von europäischen Institutionen. Die Anhänger der Krönungstheorie vertrauen auf den Erfolg einer intensiven Koordination und, wenn notwendig, auf ein diskretionär vereinbartes Vorgehen, z.B. bei außenwirtschaftlichen Schocks. Dagegen zielen die Vorschläge des Delors-Berichtes auf eine frühere Institutionalisierung des geldpolitischen Entscheidungsprozesses auf europäischer Ebene ab.

Keine Unterschiede ergeben sich in der Zielsetzung der Geldpolitik, nämlich ein hohes Stabilitätsniveau zu erreichen. Auch erkennen beide Wege die Notwendigkeit einer Unabhängigkeit der Geldpolitik an.

Beide Ansätze beruhen letztendlich auf der Vorstellung, daß über die Ankerrolle der DM das gesamte System quasi automatisch auf eine höhere Ebene gehoben wird, indem sich die anderen Länder den gleichen Anpassungszwängen unterwerfen. Wie gezeigt, wird jedoch das System nach Einführung der vollen Kapitalmarktliberalisierung automatisch symmetrischer, da sich die Kausalbeziehung zwischen Wechselkurs und Inflation ändert und finanzielle Ungleichgewichte leichter finanziert werden können. Insoweit wie nunmehr die Stabilitätsverpflichtung weniger bindend wäre, könnte dies die „Ankerleine“ zumindest verlängern.

Insbesondere die Vertreter der Krönungstheorie übersehen also, daß sich das System seit voller Kapitalmarktliberalisierung quasi automatisch in Richtung auf mehr Symmetrie bewegt. Entsprechende Koordinationsmechanismen werden damit immer dringender.

Interne Kreditziele

Der Übergang zu mehr Symmetrie muß also entsprechend geldpolitisch beantwortet werden. Zumindest theoretisch gibt es den Weg der europäischen Geldmengenpolitik über interne Kreditziele, die von einer allmählich in die Rolle einer europäischen Zentralbank hineinwachsenden Institution überwacht würden.

Dieser Vorschlag entspringt einem klaren theoretischen Konzept, wonach sich die inländischen Komponenten der Kreditschöpfung zur Geldmenge der Union addieren, wenn man von nicht sterilisierten Interventionen gegenüber Drittwährungen absieht (womit also der außenwirtschaftliche Gegenposten zur Geldmenge Null wäre). Leitet man also von einer gemeinsamen beschlossenen stabilitätskonformen europäischen Geldmengenausweitung jeweilige nationale interne Kreditziele ab, so wäre letztendlich – so der Vorschlag – die Stabilität über die strikte Geldmengenregel auf europäischer Ebene gewahrt.

Schocks in einzelnen Ländern, die eine höhere Kreditnachfrage nach sich zögen, führten freilich zu Kapitalbewegungen innerhalb der Union. Würde man diese Kapitalbewegungen nicht sterilisieren, so entspräche einer zusätzlichen Geldmengenausweitung in einem Land – bei positivem Außen-Gegenposten – eine entsprechende Geldmengenverringerung in einem anderen Land. Die „europäische“ Geldmenge würde also – so das Konzept – unverändert bleiben; jedenfalls gälte dies bei „reinem“ Außenfloat gegenüber Drittländern.

So attraktiv dieser Vorschlag theoretisch auch sein mag, so groß wären die Probleme seiner geldpolitischen Umsetzung. Nach diesem Konzept geht nämlich eine Änderung der monetären Basis immer mit der gleichen Geldmengenwirkung einher, und zwar sowohl in expansiver bzw. in restriktiver Richtung (wo die Pferde nicht saufen mögen!), als auch zwischen den „Ländern“ – und dies trotz höchst unterschiedlicher Ausgestaltung der Kreditmärkte und des geldpolitischen Instrumentariums. So variieren die marginalen Kreditmultiplikatoren denn auch zeitlich und zwischenstaatlich sehr stark; eine mechanische Umsetzung dieses Konzepts erscheint daher kaum möglich, wie denn überhaupt zwischen der Geldmenge und ihrer Basis die ganzen höchst komplizierten Wirkungszusammenhänge des praktischen „Central Bankings" stehen, für die der monetarische Geldmengenmultiplikator nur ein abstraktes Kürzel darstellt.

Ein weiteres Problem ergibt sich daraus, daß Interventionen gegenüber Drittländern ausgeschlossen werden, was reines Floaten bedeuten würde. Sofern derartige Interventionen als notwendig erachtet werden, bedarf es eines gemeinsamen Entscheidungsforums.

3.2 Fiskalpolitik

3.2.1 Regelgebundene Fiskalpolitik

Neben der Ausgestaltung einer engeren Koordination der Geldpolitik bzw. einer gemeinsamen Geldpolitik werden immer häufiger die Auswirkungen einer Währungsunion auf die Fiskalpolitik der Gemeinschaftsländer diskutiert.[8]

Der Delors-Bericht ging noch von der Notwendigkeit einer regelgebundenen Fiskalpolitik aus. Er forderte verbindliche Regeln für die Haushaltspolitik so z. B.,

- wirksame Obergrenzen für die Haushaltsdefizite der einzelnen Mitgliedsländer,
- keinen direkten Zugang zu Zentralbankkrediten und zu anderen Formen der monetären Finanzierung,
- die Begrenzung von externen Kreditaufnahmen in außergemeinschaftlichen Währungen.[9]

Die gegenwärtige Diskussion in der Kommission und in den EG-Ausschüssen baut auf den Vorschlägen des Delors-Berichtes auf. Der derzeitige Stand der Debatte beinhaltet aber eher normative Elemente.

So schlägt die Kommission vor, lediglich zwei bindende Regeln in den WWU-Vertrag aufzunehmen. Danach ist erstens die monetäre Finanzierung von Defiziten durch die Europäische Zentralbank völlig zu unterlassen (es sei

---

[8] Vgl. auch Duwendag, D.: Nationale Budgetpolitik und Kapitalallokation: Implikation für die WWU, in diesem Band.

[9] Siehe Ausschuß zur Prüfung der Wirtschafts- und Währungsunion, Bericht zur Wirtschafts- und Währungsunion (Delors-Bericht), 1989.

denn sie sei geldpolitisch erwünscht), und zweitens sollen weder die Gemeinschaft noch andere Mitgliedstaaten automatisch für die Schulden eines Mitgliedstaates bürgen.

Der Vertrag sollte auch eine generelle Regelung enthalten, wonach übermäßige Defizite zu vermeiden sind. Dies sei notwendig, da überhöhte Defizite (z.B. höher als die Investitionsausgaben) ein reibungsloses Funktionieren der Währungsunion gefährden können. Private Investitionen würden verdrängt; Wechselkurs und Zinssatz des ECU würden negativ betroffen.

Allerdings unterstützt die Kommission nicht die Idee, bindende Regeln für die Höhe des Haushaltsdefizits einzuführen, wie sie noch im Bericht des Delors-Ausschusses gefordert wurden. Solche Regeln sind nach Ansicht der Kommission weder notwendig, noch wären sie praktikabel.

Sie sind unnötig, weil die Haushaltspolitiken im Rahmen einer regelmäßigen multilateralen Überwachung koordiniert werden sollten. Dies würde mehrjährige wirtschaftspolitische Leitlinien beinhalten, welche vom Europäischen Rat formell gebilligt würden. Die Wirkung von Gruppendruck und die disziplinierende Wirkung der Märkte sollten dabei nicht unterschätzt werden.

Solche Regeln wären aber wohl auch nicht praktikabel, erfordern sie doch in jedem Einzelfall eine subtile wirtschaftliche und politische Bewertung, um zu entscheiden, ob ein bestimmtes Defizit überhöht ist oder nicht. Feste, für alle gültige Regeln sind nach Ansicht der Kommission nicht zu finden.

So geben die einzelnen Staaten mit der Währungsunion das Wechselkursinstrument als Stabilisierungsinstrument aus der Hand. Muß dann aber nicht auch gefordert werden, daß anderen Instrumenten (also auch der Fiskalpolitik) eine größere makroökonomische Stabilisierungsfunktion, d.h. eine höhere Flexibilität zugeordnet wird? Wäre dies dann aber noch mit strikten und möglicherweise gleichen Obergrenzen oder gleichen Regeln für die Haushaltsdefizite der einzelnen Mitgliedsländer vereinbar? Auch tragen mechanistisch definierte Obergrenzen für die Haushaltsdefizite nicht der Qualität der Ausgabenstruktur Rechnung. Führen z.B. investive Ausgaben zu einer Defizitausweitung, so ist dies sicherlich anders zu bewerten als ein konsumbedingter Anstieg. Damit wäre eine Defizit- oder Ausgabenausweitung in den „peripheren" Ländern als Folge zusätzlicher Ausgaben im Rahmen der EG-Strukturfondspolitik anders zu bewerten als beispielsweise der Swing im deutschen Haushaltssaldo im Zeichen der enormen Transfers an die privaten Haushalte in Ostdeutschland. Zudem würden gleiche Obergrenzen (in % des BIP) für Haushaltsdefizite nicht dem unterschiedlichen Sparverhalten der einzelnen Länder Rechnung tragen. Ein gleich hohes Defizit könnte deshalb entweder bei geringer privater Ersparnis zu expansiv oder bei hoher privater Ersparnis zu restriktiv sein. Auch würden starre Defizitregeln außenwirtschaftliche Ungleichgewichte eher festschreiben.

Mögen also auch letztlich weniger strikte fiskalpolitische Regeln genügen als dies vielfach noch heute gefordert wird, so lassen sich doch an derartigen strikten Regeln die ihnen innewohnenden Probleme aufzeigen.

So ist die im Delors-Bericht aufgestellte Forderung einer nicht-monetären Finanzierung von Haushaltsdefiziten äußerst wichtig, jedoch bedarf auch sie einer qualitativen Bewertung. Es kann beispielsweise aufgrund der geldpolitischen Kontrolle notwendig sein, Haushaltsdefizite monetär zu finanzieren. So mußte die Bundesbank im Zuge der Kapitalabflüsse der vergangenen Jahre ihren Bestand an öffentlichen Titeln erheblich ausweiten. Der Anstieg der im Offenmarktgeschäft mit Rücknahmevereinbarung angekauften Wertpapiere betrug in Jahre 1988 beispielsweise 50 Mrd DM. Daß die Bundesbank damit jedoch keineswegs die Defizite der öffentlichen Haushalte monetär finanzierte, zeigt eine genauere Analyse des Prozesses der Geldschöpfung. Der positive öffentliche Gegenposten der Geldmengenentstehung diente größtenteils einer Kompensation der hohen außenwirtschaftlichen Kapitalzuflüsse.

Eigentlich geht es hier, zumindest bei entwickelten Geld- und Kapitalmärkten, um die Forderung nach der Unabhängigkeit der Geldpolitik. Sollten dann aufgrund der Notwendigkeiten der geldpolitischen Kontrolle Haushaltsdefizite monetär finanziert werden, so ist dies unerheblich. Viel mehr als irgendwelche mechanistische Finanzierungsregeln zu konzipieren, kommt es darauf an, die Unabhängigkeit der Geldpolitik im Hinblick auf das prioritäre Stabilitätsziel in den Vordergrund zu stellen.

Auch die Begrenzung von externen Kreditaufnahmen in ausländischen Währungen ist nicht ganz unproblematisch. Die externe Finanzierung von Haushaltsdefiziten sollte nicht per se als gefährlich angesehen werden, und sie bedroht nicht notwendigerweise eine stabilitätsorientierte Geldpolitik. Um das gesamte Wachstumspotential der Gemeinschaft auszuschöpfen, ist es notwendig, daß das Kapital dorthin fließt, wo die Rendite am höchsten ist. Sollte der Staat der Empfänger dieses Kapitals sein, mit dem makroökonomisch profitable Projekte finanziert werden, so wäre es unerheblich, ob dies inländisches oder ausländisches Kapital ist. Quantitative Begrenzungen für die externe Finanzierung wären also inkonsistent mit einem freien Kapitalverkehr und autonomen Kapitalbewegungen.

3.2.2 Koordinationsprobleme der Fiskalpolitik

Viele der noch offenen Fragen einer sinnvollen Koordination der Fiskalpolitik in einer Währungsunion resultieren wohl vor allem daraus, daß die Fiskalpolitik der Gemeinschaft auf absehbare Zeit fast ausschließlich dezentral organisiert wäre, womit sie im Verantwortungsbereich der nationalen oder dann föderalen Behörden verbleibt. Andererseits fehlt es an einem im Vergleich zu den regionalen (einzelstaatlichen) Haushalten quantitativ genügend großen

Zentralhaushalt, der in einer Währungsunion bestimmte regionale Ausgleichsfunktionen wahrnehmen könnte. So ist beispielsweise in bestehenden Föderationen die Arbeitslosenversicherung i.d.R. national organisiert, womit sie automatisch zu einem Ausgleich von regionaler Finanzkraft und regionalen Finanzbedarf beiträgt.

Eine Gegenüberstellung mit anderen Föderationen macht den Unterschied deutlich. Im Vergleich zu den gesamten Staatsausgaben der Gemeinschaft einschließlich Sozialversicherungen, die sich auf etwas weniger als 50% des gemeinschaftlichen Bruttosozialproduktes belaufen, ist der EG-Haushalt mit etwa 1% des BSP von verschwindend geringer Bedeutung. Demgegenüber spielt beispielsweise der Zentralhaushalt in der Bundesrepublik Deutschland eine wesentlich größere Rolle. Im Jahre 1988 wurden 40% der gesamten Staatsausgaben in Höhe von 35% des BSP vom Bund getätigt, gut ein Drittel (35%) von den Ländern und ein Viertel (25%) von den Gemeinden. In den Vereinigten Staaten ist das Verhältnis von Ausgaben des Zentralstaates verglichen mit den Einzelstaaten sogar noch ausgeprägter nämlich 2 : 1. Im Vergleich zur geplanten Währungsunion „Europäische Gemeinschaft" spielen die Haushalte des Zentralstaates in diesen Ländern somit eine erheblich größere Rolle.

Hinzu kommt, daß die Zentralhaushalte anderer Föderationen nicht so sehr diskretionär als vielmehr mit Hilfe automatischer Stabilisatoren (z.B. Arbeitslosenunterstützung) stabilisierend wirken, während der EG-Haushalt eine solche Funktion nicht besitzt. Zwar könnten in diesem Zusammenhang die Strukturfonds wohl als strukturell ausgleichendes Instrument eingestuft werden, nicht jedoch als zyklische Stabilisatoren. Dies gilt insbesondere im Hinblick auf eine regionale Einkommensumverteilung. Der EG-Haushalt selbst kann somit insgesamt keine wesentliche Ausgleichsfunktion übernehmen.

Unter stabilitätspolitischen Gesichtspunkten ist allerdings zu bedenken, daß es in einer Währungsunion geldpolitisch nicht so sehr von Bedeutung ist wie hoch die einzelstaatlichen Defizite sind, sondern wie die Fiskalpolitik *insgesamt* ausgerichtet ist. Ein Blick auf andere föderative Staaten macht dies wiederum deutlich. In der Bundesrepublik sind die Defizite und Verschuldungsgrade der einzelnen Länder höchst unterschiedlich. Ländern mit hohen Defiziten, wie z.B. das Saarland (Defizit 1988: 2,6% des BIP) stehen Länder mit wesentlich günstigeren Budgetpositionen gegenüber, so z.B. Bayern (Defizit 1988: 0,4% des BIP). Die Bandbreite der Verschuldungsstände reicht von 31% des BIP im Saarland bis 8,5% des BIP in Bayern. In den Vereinigten Staaten ist die Pro-Kopf-Verschuldung in Arkansas mit 22000 Dollar 17mal höher als in Indiana (1 300 Dollar). Entscheidend für eine stabilitätsorientierte Geldpolitik ist also die Situation des öffentlichen Sektors insgesamt. Aufgrund der quantitativen Bedeutung des Bundes liegt eine relativ größere Verantwortung für eine solide Finanzpolitik bei ihm und nicht so sehr bei den einzelnen Ländern.

Was bedeutet dies für die Fiskalpolitik in einer Währungsunion, in der ein quantitativ bedeutender Zentralhaushalt fehlt, der überall in anderen großen Ländern von besonderer Bedeutung ist. Die gesamten staatlichen Ausgaben der 4 größten EG-Länder machen etwa 80% der Staatsausgaben in der Gemeinschaft aus, während die 5 kleineren EG-Länder lediglich etwa 10% aller Staatsausgaben bestreiten. Ein Anstieg des Defizits des Bundes in der Bundesrepublik um 1% des BSP schlägt sich also auf EG-Niveau mit 0,2% des EG-BSP nieder, während sich eine 10mal so große Defiziterhöhung in Griechenland (um 10% des BSP) auf EG Niveau lediglich mit 0,01% auswirkt. Das italienische Haushaltsdefizit bestritt bisher rund die Hälfte des gesamten Gemeinschaftsdefizits.

Die großen Ländern haben damit für die Ausrichtung der Fiskalpolitik der Gemeinschaft eine besondere Verantwortung. Dies erfordert zumindest eine enge Koordinierung dieser Haushalte im Sinne eines quasi-Zentralhaushaltes.

Warum, so ist zu fragen, ist die Situation kleinerer Länder in einer möglichen Währungsunion anders ? Mit der Währungsunion geben zwar alle Länder ein wichtiges wirtschaftspolitisches Instrument aus der Hand. Für die kleineren Länder ist jedoch der Verzicht auf den Wechselkurshebel aus zweierlei Gründen gravierender als für größere Länder.[10] Zum einen können die größeren Länder davon ausgehen, daß sie ohnehin einen größeren direkten Einfluß auf die Geldpolitik behalten. Bei Schocks, die diese Länder treffen, dürfte die Geldpolitik dem alleine schon deshalb viel mehr Rechnung tragen, weil die wirtschaftliche Entwicklung in einem großen Land aufgrund der starken Verflechtungen immer erhebliche Rückwirkungen auf die wirtschafliche Entwicklung in den anderen Ländern haben wird. Dieser Einfluß dürfte jedoch bei kleinen Ländern marginal sein. Zum anderen existieren aufgrund der Größe dieser Länder Anpassungsmechanismen, die regionale und sektorspezifische Strukturprobleme innerhalb des großen Landes lösen helfen. Derartige ausgleichende Mechanismen sind z.B. die Arbeitslosenunterstützung, Strukturanpassungshilfen, Länderfinanzausgleich. Ist ein großes Land mit regionalen Problemen konfrontiert, so gibt es also interne Ausgleichsmechanismen, die Friktionen abfedern helfen.

In einem kleinen Land gibt es ein derartiges System nicht. In der Währungsunion wird es als Region betrachtet; staatenübergreifende Ausgleichsmechanismen existieren, wenn überhaupt, so nur rudimentär. Die Aufgabe des Wechselkurses als potentielles Ausgleichsinstrument zur Abfederung negativer Beschäftigungseffekte ist somit für kleinere Länder gravierender als für die größeren. Um trotzdem stabilisierend eingreifen zu können, müssen andere wirtschaftspolitische Instrumente verstärkt eingesetzt werden. Da die

---

[10] Vgl. z.B. Steinherr, A. and de Schreml, G. (1987): Liberalization of financial transactions in the Community with particular reference to Belgium, Denmark and the Netherlands, European Economy No. 36, May 1988, pp. 115 - 148.

Geldpolitik der Währungsunion naturgemäß weniger auf ein kleines Land ausgerichtet sein kann, muß ein solches Land in der Gestaltung anderer Politikbereiche flexibler sein. Dies trifft besonders für das Lohnverhalten zu, das nunmehr verstärkt gesamtwirtschaftlichen Erfordernissen entsprechen muß.

Zwischen der Forderung nach einer Koordinierung der Fiskalpolitik anhand starrer Regeln und ihrer größeren Stabilisierungsfunktion besteht also offensichtlich im Falle der kleineren Länder ein gewisser Widerspruch. Kleinere Länder müssen kurzfristig mit ihrem Haushalt mehr stabilisieren. Daher müßte man sich dann bei ihnen wohl zumindest mit einer stärkeren Volatilität der Defizite abfinden. Wie bereits erwähnt, ist dies für die Währungsunion insgesamt unerheblich, da die Defizite der kleineren Länder auf die Fiskalpolitik der Gemeinschaft viel weniger durchschlagen.

So haben denn auch die öffentlichen Defizite der am EWS beteiligten kleineren EWS-Länder bereits in der Vergangenheit stärker geschwankt als die Defizite der größeren Länder. Beispielsweise wurde das Defizit Dänemarks von 9% des BIP im Jahre 1982 innerhalb von 4 Jahren in einen Überschuß von 3 1/2% des BIP umgewandelt. Irland wies 1986 ein Defizit von 11% des BIP auf; für 1991 wird ein Defizit von unter 2% erwartet. Auch in Belgien und in den Niederlanden haben die Staatsdefizite mehr fluktuiert als in den großen EWS-Ländern.[11]

Bedeutet nun die Notwendigkeit einer größeren fiskalpolitischen Flexibilität in den kleineren Ländern, daß ihre Konsolidierungsbemühungen weniger wichtig sind? Eher gilt wohl das Umgekehrte. Kleinere Länder können ohne nachteilige Wirkungen auf die Erwartungsbildung ihre Haushalte nur dann flexibler gestalten, wenn sie sich einen ausreichenden fiskalpolitischen Manövrierspielraum erhalten. Deshalb bleibt zu fordern, daß Haushaltsdisziplin für die Dauer eines Konjunkturzyklus erreicht werden muß.

Das Eigeninteresse an einer soliden Haushaltspolitik ist also in kleinen Ländern im Falle einer Währungsunion eher höher zu veranschlagen als in großen Ländern. Es beruht auf den negativen Rückwirkungen, die zu hohe öffentliche Defizite letztendlich auslösen. Nur wenn diese Rückwirkungen abgemildert werden, z.B. durch finanzielle Maßnahmen des Zentralhaushaltes, aber auch bei einer vom Durchschnitt wesentlich nach unten abweichenden Verschuldungsquote, wäre das Eigeninteresse eines kleineren Landes als Korrekturmechanismus nicht so wirksam. Dann könnte es in einer Währungsunion zu gravierenden Konflikten kommen, die eine einzelstaatliche unabhängige Fiskalpolitik in Widerspruch setzten zu den Stabilitätserfordernissen in der Währungsunion.

---

[11] Vgl. z.B. EG-Kommission: Germany and the Netherlands: the case of a de facto monetary union in: One market one money, European Economy, no. 44, October 1990, pp. 269 - 280.

Ein einfaches Konzept zur fiskalpolitischen Koordinierung in Form einer strikten Regelbindung kann also auf dem Wege zur Währungsunion nicht voll befriedigen. Zu starre Regeln oder eine von den Notwendigkeiten einer stabilitätsorientierten Geldpolitik losgelöste Fiskalpolitik erscheinen gleichermaßen unangemessen. Obwohl die Hauptverantwortung für eine stabilitätskonforme Politik in der Währungsunion eher bei den großen Ländern liegt, darf kleineren Ländern zwar eine größere Flexibilität, aber keinesfalls Unsolidität zugebilligt werden. Sie dürfen insbesondere nicht zu „Trittbrettfahrern der Stabilitätspolitik" werden. Diese Gefahr besteht insbesondere, wenn staatenübergreifende Ausgleichsmechanismen das Eigeninteresse an einer soliden Haushaltspolitik schmälern. Zumindest dann erhält die Forderung nach bindenden Regeln eine neue Dimension.

Auf keinen Fall bedeutet jedoch Koordinierung der Fiskalpolitik die Konvergenz *aller* fiskalpolitischen Parameter. Es gibt bestimmte Freiheitsgrade im Hinblick auf den Staatsanteil, das Ausgabenwachstum sowie der Ausgaben – und Einnahmenstrukturen. Optimale Fiskalstrukturen sollten sich vor allem im Wettbewerb zwischen den Mitgliedstaaten herausbilden.

3.3 Lohnpolitik

Der Raum für eine unabhängige Lohnpolitik wird durch die finanzielle Integration ebenfalls deutlich eingeschränkt. Fester werdende Wechselkurse begrenzen nominale Lohngestaltung und wegen der Liberalisierung des Kapitalverkehrs muß das regionale Reallohnniveau eine befriedigende Ertragsrate gewährleisten, sonst droht – vor allem bei geringer Arbeitsmobilität – regionale Unterbeschäftigung.

Müssen sich nun kleinere Länder in dieser Beziehung einer größeren Disziplin unterwerfen als größere, beispielsweise deshalb, weil sie viel stärker in den internationalen Kapitalmarkt eingebunden sind und damit auch viel stärker von ausländischen Direktinvestitionen abhängen ? Beispielsweise machen die ausländischen Direktinvestitionen in Frankreich lediglich 10% der Gesamtinvestitionen aus, während dieser Anteil in Belgien dreimal so hoch ist. Noch mehr als in größeren Ländern wäre daher die Lohnpolitik in kleineren Ländern gefordert, über adäquate Lohnabschlüsse eine mit Vollbeschäftigung und Preisniveaustabilität vereinbare Lohnhöhe zu vereinbaren. Die starke Abhängigkeit von Auslandsinvestitionen erzwänge damit in kleineren Ländern eine stärkere außenwirtschaftliche Rücksichtnahme im Lohnfindungsprozeß.

In großen Ländern dürften die Anpassungslags länger sein, und die Direktinvestitionen sind im Vergleich zum gesamten Investitionsvolumen hier viel geringer. Große Länder könnten auch eine Lohnführerschaft ausüben und somit Einfluß auf die nominale Lohnhöhe insgesamt ausüben. Allerdings kann sich auch ein großes Land nicht völlig den ökonomischen Zwängen entziehen, sonst verlagern sich bei ungünstigen Rahmenbedingungen im Zeichen der zunehmenden Integration heimische Investitionen ins Ausland.

Grundsätzlich läßt die wachsende finanzielle Integration der Lohnpolitik noch weniger Möglichkeiten, wenn auch nur kurzfristige Beschäftigungsgewinne zu erzielen. Die nur kurzfristig ableitbare Phillipskurve wird also noch steiler. Darüber hinaus vermindern sich auch die verteilungspolitischen Spielräume. Versucht ein Land über eine aggressive Lohnpolitik, die Einkommensverteilung so zu verändern, daß die Gewinnerwartungen deutlich unter die des Auslands fallen, so werden sich arbeitsplatzschaffende Investitionen verstärkt ins Ausland verlagern mit der Folge einer höheren strukturellen Arbeitslosigkeit.

Die Lohnentwicklung läßt sich – da entsprechende wirtschaftspolitische Instrumente fehlen – nicht direkt koordinieren. Der Preisbildungsprozeß ist im bilateralen Monopol des Arbeitsmarktes praktisch voll den Tarifpartnern überlassen und der Staat kann lediglich als öffentlicher Arbeitgeber für seine Bediensteten gewisse Rahmendaten setzen.

Allerdings sind die Tarifpartner in den Mitgliedsländern sehr unterschiedlich organisiert. Besonders hoch ist der Organisationsgrad in Deutschland: in anderen Länderen, z.B. in Frankreich oder dem Vereinigten Königreich ist dies auf beiden Seiten des Arbeitsmarktes viel geringer. Ein hoher Organisationsgrad dürfte die gesamtwirtschaftlichen Zwänge in einer Währungsunion in den Lohnbildungsprozeß leichter integrieren.

Aber auch kleinere Länder können offenbar mit den (für sie stärkeren) außenwirtschaftlichen Wirkungen inadäquater Tarifabschlüsse im Lohnbildungsprozeß leichter fertig werden. So lagen die Lohnabschlüsse in den Niederlanden in den letzten 5 Jahren systematisch unter denen in Deutschland; auch Dänemark gelingt es gegenwärtig erfolgreich, seine Wettbewerbsfähigkeit durch zurückhaltende Lohnabschlüsse zu stärken.

Obwohl der Lohnentwicklung in der Währungsunion eine Schlüsselrolle zukommt, fehlt es aber nach wie vor an einem effizienten Koordinationsmechanismus. Dies macht neue Anstrengungen im Wege des „sozialen Dialoges" um so notwendiger.

4. Fazit

Die finanzielle Integration ist weit fortgeschritten; sie wird sich weiter vertiefen. Die Auswirkungen sind heute schon erkennbar. Die Liberalisierung des Kapitalverkehrs ermöglicht eine bessere Faktorallokation. Auf europäischer Ebene steigt die Kapitalproduktivität, was zu einem höheren Wachstumspfad führt. Offensichtliches Beispiel ist das beschleunigte Wachstum in den sogenannten peripheren Regionen.

Die finanzielle Integration muß im Zusammenhang mit den Bemühungen auf dem Wege zur Währungsunion gesehen werden. Bei höherer Kapitalmobilität erleichtern fester werdende Wechselkurse die Finanzierung, sowohl von außenwirtschaftlichen Ungleichgewichten als auch von öffentlichen Finanzierungsdefiziten. Dies macht jedoch das Bemühen um verstärkte Konvergenz nicht weniger dringlich. Konvergenz im Bereich der Kostenentwicklung und ein angemessener policy-mix sind notwendig, um strukturelle Verwerfungen zu vermeiden. Eine solche Disziplin liegt wegen der hohen Kapitalmobilität und einer vergleichsweise geringen Mobilität des Faktors Arbeit im Eigeninteresse des jeweiligen Staates; damit wird sie sogar dringender als ohne finanzielle Integration.

Obwohl die Konsequenzen der Kapitalmarktintegration relativ klar zu Tage treten, ist die Frage nach der Ausgestaltung einer adäquaten Politik schwierig zu beantworten. Der private Sektor reagiert in Zukunft immer mehr gemeinschaftsweit, die Wirtschaftspolitik bleibt dagegen im wesentlichen dezentral organisiert. Dies betrifft vor allem die Fiskalpolitik. Bei der Geldpolitik gibt es zwar konkrete Integrationsansätze; in der Praxis werden sie sich jedoch nicht einfach umsetzen lassen. Am stärksten verengt sich der Rahmen für eine eigenständige nationale Lohnpolitik. Soll die Währungsunion gelingen, so ist die Einsicht der Tarifpartner besonders gefordert.

Literatur

Claassen, E. M. und *Wyplosz,* Ch. (1982): „Capital controls: Some principles and the French experience“, Annales de l'Insee, no. 47 und 48. – *De Boissieu,* C. (1988): „Financial liberalization and the evolution of the EMS“, European Economy no. 36, pp. 453 - 70. – *Delors,* J. (1989): „Bericht zur Wirtschafts- und Währungsunion“ (Delors-Bericht), Ausschuß zur Prüfung der Wirtschafts- und Währungunion. – *Duwendag,* D. (1992): Budgetpolitik, Kapitalmärkte und Kapitalallokation: Implikationen für die Europäische Wirtschafts- und Währungsunion in diesem Band. – EG-Kommission (1990): Germany and the Netherlands: the case of a de facto monetary union in: One market one money, European Economy no. 44, pp. 269 - 280. – *Issing,* O. und *Masuch,* K. (1991): „Währungsunion und Kapitalallokation“ in diesem Band. – *Matthes,* H. (1990): „Aufweichung des EG-Stabilitätsstandards“, Wirtschaftsdienst VII, pp. 411 - 413. – *Matthes,* H. und *Italianer,* A. (1991): „Ist die Gemeinschaft ein optimaler Währungsraum?“ Beitrag zu „Auf dem Weg zur Europäischen Währungsunion“, Wiss. Buchgesellschaft, Darmstadt (im Erscheinen). – *Steinherr,* A. und *De Schreml,* G. (1988): „Liberalization of financial transactions in the Community with particular reference to Belgium, Denmark and the Netherlands“, European Economy no. 36, pp. 115 - 148. – *Wyplosz,* Ch. (1988): „Capital flow liberalization and the EMS“, European Economy no. 36, pp. 85 - 103.

EWS, Währungsunion und Kapitalallokation

Neue Perspektiven durch die deutsche Wiedervereinigung

Von Otmar Issing und Klaus Masuch, Frankfurt am Main

1. Das EWS auf dem Wege zur Währungsunion

Der Gipfel von Den Haag im Dezember 1969 hatte den ersten Anlauf der EG zur Währungsunion zur Folge; schon wenige Jahre später scheiterte das Bemühen in den Turbulenzen, denen das Weltwährungssystem Anfang der siebziger Jahre ausgesetzt war – ob ohne diese von außen kommenden Störungen tatsächlich Chancen auf einen Erfolg bestanden hätten, sei dahingestellt.

Bei der zweiten ernsthaften Initiative zur Währungsintegration waren die äußeren Umstände wesentlich günstiger, dem EWS war lange Zeit überwiegend Rückenwind beschieden. Unter dem Eindruck des Zwillingsübels hoher Inflationsraten und stagnierender, teilweise sogar rückläufiger Produktion und dem Versagen des demand management gab es Anfang der achtziger Jahre zur Priorität der Inflationsbekämpfung kaum eine Alternative. In diesem Umfeld mußte sich die D-Mark fast zwangsläufig zum Anker des Systems entwickeln, die Bindung an die deutsche Währung bildete für andere Mitgliedstaaten die Basis ihrer eigenen Stabilitätspolitik.

Allmählich stellten sich positive Ergebnisse ein, und in der zweiten Hälfte der achtziger Jahre konnte das EWS auf beachtliche Erfolge verweisen:

- Alle Mitgliedstaaten (des Wechselkursmechanismus) hatten ihre Inflationsraten deutlich reduziert; als Folge davon war nicht nur eine erheblich niedrigere Rate der Geldentwertung im Durchschnitt zu verzeichnen, sondern auch die Divergenzen in den nationalen Inflationsraten waren stark zurückgegangen.
- Die Entwicklung der Zinsen spiegelt diesen Befund wider. Die kurzfristigen, mit einiger Verzögerung dann auch die langfristigen (nominellen) Zinssätze sind deutlich zurückgegangen. Nach einer anfänglich gegenläufigen Entwicklung haben auch die Divergenzen in den nationalen Zinssätzen deutlich abgenommen. Frankreich z. B. konnte den Zinsabstand zur Bundesrepublik beim langfristigen Zins, der in der Spitze 1982 schon einmal fast acht Prozentpunkte betragen hatte, auf etwa einen Prozentpunkt verringern.

- Die Stabilität der Wechselkurse – trotz der 11 (bzw. 12) Realignments – kann in einem Umfeld stark schwankender Wechselkurse zwischen den wichtigsten Währungen in der Welt ebenfalls als Ausweis für den Erfolg des EWS gelten.

Mit der zeitlichen Übereinstimmung dieser Entwicklung wichtiger makroökonomischer Variablen und der Existenz des EWS ist per se gewiß noch nichts über die Kausalität der Ereignisse gesagt. Den „Beitrag" des EWS mag man höher oder niedriger einschätzen, ihn zu bestreiten, dürfte andererseits kaum gelingen. Allerdings kann der Befund der Konvergenz in einigen Bereichen gravierende Defizite in anderen nicht verdecken. Diese liegen vor allem in den nach wie vor beträchtlichen Unterschieden der Fiskalpolitik in den einzelnen Mitgliedstaaten; die realen Wechselkurse zeigen in der Entwicklung ebenfalls ein Resultat, das zumindest für einzelne Konstellationen alles andere als einen optimalen Währungsraum anzeigt.

Ohne Zweifel hat aber die allgemeine Überzeugung vom Erfolg des EWS eine wesentliche Rolle bei der politischen Entscheidung gespielt, den Prozeß der Währungsintegration in raschen Schritten bis hin zur Währungsunion zu führen. Mit dem 1. Juli 1990 ist die Gemeinschaft in die erste Phase dieses Prozesses eingetreten, die zweite Stufe soll am 1. Januar 1994 beginnen. Der vom Ausschuß der Zentralbankpräsidenten vorgelegte Entwurf eines Statuts eines Europäischen Zentralbanksystems hat weithin Zustimmung gefunden. In den beiden Regierungskonferenzen sind die Verhandlungen über die Wirtschafts- und Währungsunion sowie die politische Union in vollem Gange.

2. Der „Schock deutsche Wiedervereinigung" als Herausforderung für die Stabilitätspolitik

2.1 Die deutsche Wiedervereinigung als wirtschaftlicher Schock

Ausgerechnet zu dem Zeitpunkt, da die Gemeinschaft ihren Willen, eine Währungsunion anzustreben, in konkrete Beschlüsse umsetzte, zeigten sich Risse in der als solide vermuteten Basis, von der aus der neue Anlauf unternommen werden soll. Der keineswegs schon als abgeschlossen geltende Abbau der Divergenzen in der Preisentwicklung war zum Stillstand gekommen, die Unterschiede in den nationalen Inflationsraten nahmen teilweise sogar wieder zu, und in der Konvergenz der staatlichen Haushaltspolitik war man im Grunde keinen Schritt weitergekommen (siehe Tab. 1). Da dieses Auseinanderdriften einerseits keineswegs für alle Mitglieder des Wechselkursverbundes galt, der Beschluß, eine Währungsunion anzugehen andererseits jedoch als endgültig verstanden wird, konnten Überlegungen zu einem Europa der (mindestens) zwei Geschwindigkeiten nicht ausbleiben.

Tabelle 1

Konvergenzindikatoren in der Europäischen Gemeinschaft (in %)

Zeitraum	Bundesrepublik Deutschland	Belgien	Dänemark	Frankreich	Irland	Italien	Niederlande	Großbritannien	Spanien	Griechenland	Portugal
	Entwicklung der Verbraucherpreise (Veränderung gegen Vorjahr)										
1974–78	4,7	9,2	11,0	10,7	15,3	16,7	7,9	16,1	18,9	15,5	23,8
1979–83	4,9	7,0	10,1	11,8	15,9	17,3	5,2	11,2	14,5	21,9	21,6
1984–88	1,2	3,0	4,6	4,4	4,6	7,1	1,1	4,7	7,8	18,1	15,6
1989	2,8	3,1	4,8	3,5	4,0	6,3	1,1	7,8	6,8	13,8	12,6
1990	2,7	3,5	2,6	3,4	3,3	6,5	2,5	9,5	6,7	20,4	13,4
	Leistungsbilanzsalden 1) (Anteil am BSP/BIP)										
1974–78	1,4	0,1	– 3,1	– 0,1	– 5,6	– 0,5	1,5	– 1,1	– 2,3	– 4,4	– 5,6
1979–83	– 0,3	– 2,9	– 3,5	– 0,7	– 11,4	– 0,8	0,9	1,3	– 1,7	– 5,4	– 6,4
1984–88	3,4	1,5	– 3,5	– 0,2	– 2,0	– 0,4	2,9	– 0,5	0,7	– 5,0	0,7
1989	4,8	2,2	– 0,8	– 0,4	1,5	– 1,2	3,4	– 3,8	– 2,9	– 4,8	– 1,2
1990 **p)**	3,0	2,1	1,2	– 0,7	1,0	– 1,1	3,5	– 2,3	– 3,4	– 5,4	– 2,0
	Finanzierungssalden der öffentlichen Haushalte 2) (Anteil am BSP/BIP)										
1974–78	– 3,0	– 5,4	0,1	– 1,1	– 8,1	– 9,9	– 2,1	– 4,1	– 1,2	– 2,4	–
1979–83	– 3,0	– 10,5	– 5,6	– 1,7	– 12,5	– 10,5	– 5,3	– 3,0	– 3,8	– 6,4	–
1984–88	– 1,7	– 8,0	– 0,0	– 2,4	– 9,6	– 11,6	– 5,8	– 1,8	– 5,0	– 12,3	– 9,2
1989	0,2	– 6,3	– 0,6	– 1,5	– 3,0	– 10,2	– 5,2	0,9	– 2,6	– 18,4	– 4,3
1990 **p)**	– 3,1	– 5,9	– 1,3	– 1,2	– 1,7	– 10,0	– 5,5	0,1	– 3,2	– 18,3	– 7,5
	Entwicklung der Geldmenge in weiter Abgrenzung 3) (Veränderung gegen Vorjahr)										
1974–78	9,0	12,4	12,4	–	–	22,0	13,0	–	19,7	23,5	–
1979–83	6,8	7,9	11,8	11,7	17,5	18,5	6,7	–	17,5	25,3	–
1984–88	5,6	8,6	12,2	7,7	6,3	12,1	7,2	14,8	13,4	24,8	22,9
1989	5,7	8,7	4,2	7,5	5,4	13,6	12,8	18,3	13,0	23,2	11,9
1990 **p)**	4,6	**4)** 10,0	9,3	5,3	11,1	11,0	11,1	16,5	9,4	**4)** 19,3	12,6
	Entwicklung der Lohnstückkosten 1) 5) (Veränderung gegen Vorjahr)										
1974–78	4,7	10,6	11,3	12,7	14,1	17,7	8,2	16,1	19,4	18,2	23,7
1979–83	3,5	4,8	8,1	11,2	14,6	17,4	3,4	10,8	12,9	22,2	18,7
1984–88	1,4	2,3	4,8	3,1	3,0	7,1	0,2	4,8	6,0	15,9	15,1
1989	0,9	1,2	1,7	2,4	– 2,3	6,0	1,9	9,4	5,0	16,3	9,1
1990 **p)**	2,8	3,6	2,2	4,1	1,4	7,1	2,9	10,9	7,3	17,3	12,9

1 Belgien einschl. Luxemburg. – **2** Auf Basis der Volkswirtschaftlichen Gesamtrechnungen. – **3** M2 für Belgien, Dänemark und die Niederlande; M3 für Frankreich, die Bundesrepublik Deutschland, Griechenland, Irland und Italien. Für Großbritannien M4, Spanien ALP, Portugal L–. Im Falle Belgiens beziehen sich die ersten Angaben auf den Zeitraum 1976–1978. – **4** Durchschnitt Jan./Nov. 1990 gegen Vorjahr. – **5** Aus Indexzahlen auf der Basis nationaler Währungen berechnet. – **p** Vorläufige Angaben.
Quellen: OECD, BIZ, EG und nationale Statistiken. BBk

Quelle: Geschäftsbericht der Deutschen Bundesbank für das Jahr 1990, S. 7.

Mit dem Jahre 1990 zeichnete sich erstmals seit den Jahren des gemeinsamen wirtschaftlichen Aufschwungs in einzelnen Mitgliedstaaten eine konjunkturelle Abschwächung ab, die ernste Zweifel an der Zweckmäßigkeit der Restriktionen aufkommen ließ, die ein Festkurssystem nun einmal zwangsläufig für die nationale Politik mit sich bringt.

In diese Phase hinein traf die Gemeinschaft die deutsche Wiedervereinigung wie ein „Schock". Die Rede ist hier nicht von Befürchtungen über mögliche

Veränderungen in der Verteilung der politischen Gewichte, sondern von den ökonomischen Folgen, die mit dem Prozeß der Herstellung der deutschen Einheit verbunden sind. Im Sinne der Theorie handelt es sich dabei um ein exogenes, nicht durch die eigene Wirtschaftspolitik erzeugtes Ereignis, das die gegebene Ausgangssituation (im Modell als Gleichgewicht charakterisiert) stört und Anpassungsprozesse auslöst, eben um einen Schock.

Mit dem völligen Zusammenbruch des alten Regimes der sozialistischen Planwirtschaft und der abrupten Einführung der Marktwirtschaft, der D-Mark-Währung sowie des westdeutschen Rechts- und Sozialsystems haben die Menschen in Ostdeutschland die Folgen dieses Schocks mit ihren positiven und – in Form der Anpassungslasten – negativen Auswirkungen unmittelbar erfahren. Die Bürger der alten Bundesrepublik wurden ebenfalls mehr und mehr mit den von der Wiedervereinigung ausgehenden Problemen, nicht zuletzt in Form finanzieller Transfers konfrontiert.

Erst allmählich, dann aber in einer Vielzahl von überwiegend kritischen Kommentaren äußerte sich in den anderen Mitgliedstaaten der EG die Erkenntnis, daß der Schock der deutschen Wiedervereinigung (im ökonomischen Sinne) auch die eigenen Volkswirtschaften nicht unberührt läßt und möglicherweise unerwünschte Anpassungsvorgänge verlangt.

Befürchtungen dieser Art konzentrieren sich auf den Zins als die ökonomische Variable, in deren Veränderung sich die von der deutschen Wiedervereinigung ausgehenden wirtschaftlichen Konsequenzen gewissermaßen gebündelt widerspiegeln. Im Vordergrund der Kritik stehen dabei das hohe Budgetdefizit der Bundesrepublik bzw. die Kreditfinanzierung der zusätzlichen Ausgaben und die davon ausgehende Belastung des Kapitalmarktes; über den dadurch bedingten Zinsanstieg hätten die anderen Mitgliedstaaten die – negativen – Konsequenzen der deutschen Einheit wesentlich mitzutragen. Gleichzeitig sind sorgenvolle und kritische Stimmen zur deutschen Geldpolitik zu hören. Auf der einen Seite wird aus den hohen Budgetdefiziten eine Gefahr für die Stabilität der D-Mark abgeleitet – verbunden mit dem Hinweis, damit sei auch die Ankerfunktion im EWS nicht länger gewährleistet –, auf der anderen Seite wird gleichzeitig die Befürchtung geäußert, ein straffer Kurs der Bundesbank könne den durch die expansive Fiskalpolitik erzeugten Zinsauftrieb verstärken und die Partner in der EG in noch größere Schwierigkeiten bringen.

Insgesamt kann man sich des Eindrucks nicht erwehren, daß die Entwicklungen in Deutschland von vielen Beobachtern in erster Linie als ein Nachfragephänomen gesehen werden. In dieser, vor allem in der öffentlichen Meinung dominierenden Betrachtung ist der Akzent jedoch falsch gesetzt. Die Beseitigung der politischen und wirtschaftlichen Grenze, die Einführung von Marktwirtschaft und D-Mark-Währung, die (weitgehende) Vereinheitlichung des Rechts- und Sozialsystems verlangen zuerst und vor allem realwirtschaftliche Anpassungsprozesse. Auf einen kurzen Nenner gebracht heißt dies: Die deutsche Wiedervereinigung ist primär als *angebotsseitiger* Schock zu verstehen. Die Maßnahmen der Fiskalpolitik, insbesondere in Form des riesigen Haushaltsdefizits, hinter dem wiederum ganz wesentlich der sozialpolitisch motivierte Transfer finanzieller Mittel in die neuen Länder steht, sind aus dieser Sicht eine mehr oder minder zwangsläufige Folge, aber nicht der eigentliche Ausgangspunkt der „Störung des Ausgangsgleichgewichts". Der erhöhte Kapitalbedarf und die damit verbundene Tendenz zu höheren Zinsen sind folglich auch schon mit dem (primären) Angebotsschock angelegt.

2.2 Wechselkursregime und Schockverarbeitung – Implikationen für das EWS

In der Diskussion feste versus flexible Wechselkurse und damit auch in der Frage des optimalen Währungsraumes spielt das Argument der Möglichkeit bzw. Wahrscheinlichkeit unterschiedlicher Schocks eine wichtige Rolle. Um dieses Kriterium unmittelbar auf die EG anzuwenden: Werden die Mitgliedstaaten in unterschiedlichem Maße von exogenen Schocks getroffen, dann müßten sie den Verzicht auf das Instrument der Wechselkurspolitik unter Umständen mit gravierenden Nachteilen bezahlen.

Die völlige Umstrukturierung und der Neuaufbau der Wirtschaft der ehemaligen DDR erzeugen einen immensen Kapitalbedarf. Die Fiskalpolitik hat diesen Kapitalbedarf nicht exogen verursacht, sondern sie reagiert (endogen) auf die Folgen der deutschen Einheit, indem sie über – freilich besorgniserregend hohe – Haushaltsdefizite bzw. öffentliche Kreditaufnahme zusätzliche, „einigungsbedingte" Ausgaben finanziert, sei es für investive, sei es für konsumtive Zwecke. Im übrigen bliebe auch bei einer Aufbringung der zusätzlichen Mittel via Steuererhöhung eine Auswirkung auf die Ersparnis nicht aus – in welchem Umfange, hängt nicht zuletzt auch von der Art der Steuern ab. Aus diesen Überlegungen geht unmittelbar hervor, daß der Staat die gesamtwirtschaftliche Ersparnis nur insoweit „schont", als dem durch die deutsche Einigung bedingten Anstieg der Ausgaben Kürzungen an anderer Stelle gegenüberstehen. Dieses Argument gilt in erhöhtem Maße für solche Ausgaben, die als öffentlicher Konsum anzusehen sind.

Unterstellt man für die kurz- bis mittelfristige Perspektive einmal ein Standard-Wechselkursmodell in der Tradition von Mundell / Fleming und flexible Wechselkurse zwischen den EG-Währungen, dann hätte man mit folgenden Auswirkungen des „Schocks deutsche Wiedervereinigung" zu rechnen. Bei freiem Kapitalverkehr hat der tendenzielle Zinsanstieg in Deutschland einen Kapitalimport und damit verbunden eine Aufwertung der D-Mark zur Folge. Die Aufwertung der deutschen Währung hat in solchen Modellen nicht zuletzt auch die Funktion, die Leistungs- bzw. Handelsbilanz der Bundesrepublik zu

„verschlechtern", damit die Umlenkung der Netto-Kapitalströme in das Land mit dem erhöhten Kapitalbedarf auch tatsächlich zustandekommt. (Die Parallele zu entsprechenden Interpretationen der Aufwertung des US-Dollars zu Beginn der Reaganjahre liegt auf der Hand.)

Die anderen Mitgliedstaaten der EG erfahren analog eine Abwertung ihrer Währungen und tendenziell eine Verbesserung ihrer Handels- und Leistungsbilanz. Der Mechanismus des flexiblen Wechselkurses kann also nicht verhindern, daß auch die übrigen Mitgliedstaaten von den Auswirkungen der deutschen Einheit erfaßt werden. Die Abwertung der Währung bewirkt einen entsprechenden Druck auf den realen Wert von Einkommen und Vermögen. Zur Sicherung des Beschäftigungsniveaus ist es also prinzipiell nicht erforderlich, daß der Nominallohn kurzfristig gesenkt wird, es genügt, daß die Arbeitsmarktparteien die wechselkursbedingte Reallohnsenkung hinnehmen. Mit diesem Prozeß verbunden ist eine Veränderung der relativen Preise der Art, daß der Güterexport begünstigt und der Güterimport tendenziell zurückgedrängt wird.

Feste Wechselkurse schalten diesen, über die wechselkursbedingte Veränderung der relativen Preise wirkenden Mechanismus aus. Der zinsbedingte Kapitalzufluß nach Deutschland findet seinen Niederschlag in den realen Strömen, d.h. in dem vom Einkommensanstieg und der relativen Kapitalknappheit in Deutschland ausgelösten zusätzlichen Güterimport.[1] Der Zinsanstieg in den anderen Mitgliedstaaten wirkt restriktiv über das crowding out privater Investitionen. Soweit der vom Einkommensanstieg in Deutschland induzierte Anstieg der Exporte dieser Länder die zinsbedingte Abschwächung der Wirtschaftstätigkeit nicht kompensiert, ist im Regime fester Wechselkurse eine Veränderung der nominellen Güterpreise und eine Senkung des Nominallohns erforderlich, wenn ein Rückgang der Beschäftigung vermieden werden soll.

Trotz teilweise erheblicher Änderungen der realen Wechselkurse wurde das Thema „Realignment im Rahmen des EWS" in den letzten Jahren tabuisiert. Da gleichzeitig die Kontrollen des Kapitalverkehrs zwischen den wichtigsten Währungen beseitigt wurden, praktizieren die Mitgliedstaaten des Wechselkursmechanismus damit schon eine Art Vorstufe der Währungsunion. Die Finanzmärkte haben diesen Status insofern „honoriert", als größere spekulative, von Erwartungen auf Wechselkursänderungen ausgelöste Kapitalbewegungen nicht mehr festzustellen waren.

Die für den Fall fester Wechselkurse dargelegten Modellimplikationen treffen damit bei starren Nominallöhnen in vollem Umfange zu. Es ist zwar inzwi-

---

[1] Das Verhältnis von Preis- und Einkommenswirkungen wurde schon in der berühmten Debatte zwischen Keynes und Ohlin zum Transferproblem im Zuge der deutschen Reparationen diskutiert.

schen eine unbestrittene Erkenntnis, daß auch ein flexibler Wechselkurs ein Land nicht vollständig gegenüber realen exogenen Schocks abschotten kann. Ebenso unstreitig erhöht aber die Starrheit der Wechselkurse die gegenseitige Abhängigkeit. Dies gilt gerade für eine wirtschaftlich derart eng verflochtene Gruppe von Ländern, wie sie die Mitgliedstaaten der EG verkörpern, die zudem mit dem Binnenmarktprogramm dabei sind, die restlichen wirtschaftlichen Grenzen niederzureißen.

Mit der gegenseitigen Abhängigkeit wächst das gemeinsame Interesse daran, daß jedes Land „sein Haus in Ordnung" hält und vor allem alles unterläßt, was seinen Partnern schadet. Insofern ist es ein berechtigtes Anliegen der übrigen EG-Mitgliedstaaten und insbesondere der Teilnehmer am Wechselkursmechanismus des EWS, daß die Bundesrepublik alles unternimmt, um die mit der Wiedervereinigung verbundenen Folgen angemessen zu bewältigen. In diesem Zusammenhang kann man freilich nicht die „segensreiche" Wirkung der starken wirtschaftlichen Expansion in Deutschland für die Partnerländer übersehen.

In den letzten Jahren fand der Überschuß der deutschen Handelsbilanz (und Leistungsbilanz) seinen Niederschlag mehr und mehr in den Exportüberschüssen im Rahmen der EG, was bei den Partnern nicht selten auf Kritik stieß. Die im Zuge der deutschen Wiedervereinigung ausgelöste Zunahme der Importe richtet sich zu einem erheblichen Teil auf die EG-Partnerländer; deren bilaterale Handelsbilanz gegenüber der Bundesrepublik hat sich teilweise deutlich verbessert. Aufgrund der hohen wirtschaftlichen Interdependenz ist die damit verbundene gesamtwirtschaftliche Nachfragewirkung in einigen Ländern durchaus beachtlich (siehe Tab. 2). Ohne daß dies als Verdienst der deutschen Seite zu werten wäre, trat dieser Importsog genau zu dem Zeitpunkt ein, in dem die Zeichen einer konjunkturellen Abschwächung in anderen EG-Ländern nicht mehr zu übersehen waren. Damit führte ein glücklicher zeitlicher Zufall dazu, daß die Bundesrepublik im timing eines nicht geplanten „europäischen Konjunkturprogramms" außerordentlich erfolgreich war.

Solche Argumente mögen ihre Wirkung in politischen Diskussionen nicht verfehlen, sie sind jedoch noch lange kein hinreichender Beleg für einen richtigen Kurs der deutschen Wirtschaftspolitik, oder anders formuliert: Mit der gewünschten Wirkung auf die eigenen Exporte nach Deutschland ist dem Interesse der europäischen Partner nach einer angemessenen Bewältigung der mit der deutschen Wiedervereinigung verbundenen ökonomischen Probleme durchaus noch nicht vollständig Rechnung getragen. Es geht mit anderen Worten auch aus gesamteuropäischer Sicht um eine solide Finanzierung der unvermeidbaren zusätzlichen öffentlichen Ausgaben in Deutschland.

Steuererhöhungen, die Stabilität und Wachstum schaden müßten, zudem die gesamtwirtschaftliche Ersparnis ebenfalls beeinträchtigen würden und

Tabelle 2

Zunahme der deutschen Importe 1990 bezogen auf das Sozialprodukt der EG-Länder

	Gewicht der deutschen Importe in %		Zunahme der deutschen Importe in %	
	im jeweiligen Export	für das jeweilige BSP	gegenüber Vorjahr	bezogen auf das jeweilige BSP
Belgien/Lux.	19.0	12.1	+ 13.7	+ 1.6
Dänemark	17.5	4.7	+ 18.9	+ 0.9
Frankreich	15.4	2.9	+ 10.4	+ 0.3
Griechenland	21.0	2.7	+ 3.1	+ 0.1
Großbritann.	11.9	2.2	+ 6.8	+ 0.2
Irland	11.0	6.7	+ 8.1	+ 0.5
Italien	16.9	2.8	+ 14.7	+ 0.4
Niederlande	26.0	12.5	+ 7.8	+ 1.0
Portugal	15.7	4.5	+ 18.4	+ 0.8
Spanien	11.9	1.4	+ 23.4	+ 0.3
EG-Länder insgesamt	16.6	3.6	+ 10.8	) + 0.4
desgl. real	...	...	+ 11.4	

Quelle: Deutsche Bundesbank.

damit den von der deutschen Einheit ausgehenden „Zinsschock“ allenfalls abschwächen könnten, sind auch aus gesamteuropäischer Sicht grundsätzlich nur als ultima ratio anzusehen. Kürzungen anderer öffentlicher Ausgaben, die mit der Wiedervereinigung in der Priorität zurückgefallen sind, wären auch aus dieser Perspektive ausdrücklich vorzuziehen.

Soweit die Bundesrepublik solchen „europäischen Forderungen“ nicht oder zumindest nicht hinreichend entspricht, belegt sie nur selbst, was andere Mitgliedstaaten im Wechsel immer wieder und einige fast permanent vorführen, daß nämlich die EG noch keineswegs reif ist für den Schritt zu unwiderruflichen Festlegungen in Richtung Währungsunion. Dies gilt nicht zuletzt für das Instrument der Wechselkurspolitik, auf das die Gemeinschaft noch längst nicht endgültig verzichten kann.

Gerade eine unsolide Fiskalpolitik hat negative Rückwirkungen auf die Gemeinschaft als Ganzes. In einer Quasi-Währungsunion kann ein Land sehr viel leichter via Haushaltsdefizite auf die Ersparnisse der anderen zugreifen; weil der Sanktionsmechanismus von Wechselkurserwartungen (weitgehend) entfällt, muß das Land mit dem hohen Budgetdefizit auf dem gemeinsamen Kapitalmarkt keine aus Abwertungserwartungen resultierende Risikoprämie bezahlen.[2] Soweit die Starrheit der Wechselkursrelationen schon als endgültig angesehen wird, bleibt lediglich das Bonitätsrisiko, und auch hier schafft die „Gemeinschaft" Sonderbedingungen, indem die Märkte wohl nur schwer von der Meinung abzubringen sind, im Ernstfalle könnten alle anderen einen Schuldnerstaat wohl kaum bankrott gehen lassen, und folglich ein „bail out" als die wahrscheinlichere Lösung unterstellen.

Mit einer derartigen Situation rechnet gewiß – zumindest auf absehbare Zeit – niemand für die Bundesrepublik, die Kritik oder Sorge gilt vielmehr der Ankerrolle der D-Mark. In diesem Zusammenhang wird der falsche „policy mix" beklagt, d.h. die in der Entwicklung angelegte „Mischung" aus expansiver Fiskalpolitik und restriktiver Geldpolitik. Hinter diesen Befürchtungen steht die Überlegung der anderen Mitgliedstaaten, sie müßten der deutschen Geldpolitik folgen und insbesondere hohe Zinsen herbeiführen.

Richtig daran ist zunächst einmal die Tatsache, daß es bei festen Wechselkursen keinen nennenswerten „autonomen Spielraum" der Geldpolitik geben kann; mit der Tabuisierung der Wechselkursrelationen wird willentlich auf die Option verzichtet, sich wenigstens teilweise von der Entwicklung in Deutschland abkoppeln zu können. Die Inferiorität des Regimes der fallweisen Paritätsänderungen – des adjustable peg, wie es bis 1973 weltweit herrschte – gegenüber flexiblen Wechselkursen ist hinreichend bekannt, doch ließe sich mit einer Neuordnung der Wechselkurse vorübergehend Spielraum schaffen. Verzichtet man darauf, begibt man sich also quasi endgültig in den Vorhof der Währungsunion, lassen sich die damit verbundenen Konsequenzen eben nicht vermeiden, auch nicht die, die davon ausgehen, daß die einzelnen Staaten über ihre Haushaltspolitik unbeschränkt selbst bestimmen.

Das Beharren auf starren Wechselkursen unter allen Umständen, also auch im Falle eines exogenen Schocks von der Dimension, wie sie die deutsche Wiedervereinigung darstellt, wirkt sich für die anderen Mitgliedstaaten im

---

[2] Dieses Argument ist aus folgendem Grund ambivalent: Solange die Märkte damit rechnen können, daß in dem betreffenden Land grundsätzlich ein stabilitätsorientierter Kurs verfolgt wird - der Geldpolitik fällt dabei eine zentrale Rolle zu – wäre bei flexiblem Kurs eher mit einer Aufwertung zu rechnen. Die Wahrscheinlichkeit einer Abwertung wächst tendenziell mit Dauer und Höhe des Budgetdefizits, d.h. mit der Erwartung der Märkte, das betreffende Land müsse bei Fortsetzung der bisherigen Politik zunehmend in wirtschaftliche und politische Schwierigkeiten geraten. Das Auf und Ab des Dollars in den achtziger Jahren, aber auch die Entwicklung des DM-Kurses seit der Währungsunion Mitte 1990, könnten als Beleg für diese These herangezogen werden.

übrigen nicht nur im Wirtschaftsverkehr miteinander, sondern ebenso im Verhältnis zu Drittländern aus.

Bleibt das Problem, welche Rolle der D-Mark als „Anker" des EWS in diesem Zusammenhang zukommt. Um es vorwegzunehmen: Eine laxere Geldpolitik der Deutschen Bundesbank, quasi als „Entgegenkommen" gegenüber den anderen Mitgliedstaaten, würde nur Schaden anrichten und niemandem helfen. Ein Anstieg der deutschen Inflationsrate – von den negativen Wirkungen auf die deutsche Volkswirtschaft ganz abgesehen – würde nämlich nach allen Erfahrungen keineswegs die Konvergenz der Preissteigerungsraten im Rahmen des EWS stärken, sondern im Endeffekt nur den Stabilitätsdruck verringern. Es ist zu erwarten, daß ohne den „Stabilitätskern" die Divergenz der Inflationsraten erheblich zunehmen würde, die Spannungen im EWS müßten steigen und nicht abnehmen. So sehr man sich also einen besseren policy mix in Deutschland für die nächste Zeit vorstellen kann, so wenig stellt eine weniger straffe Geldpolitik der Bundesbank die richtige Antwort auf eine hohe Kreditaufnahme der öffentlichen Hand dar. Dies gilt nicht zuletzt auch aus weltwirtschaftlicher Perspektive. Würden die Anleger nämlich mit einer Abschwächung der D-Mark – und in ihrem Gefolge der übrigen europäischen Währungen – gegenüber Drittwährungen rechnen, müßte dies sehr rasch zu einem Ansteigen des Kapitalmarktzinses in Europa führen. Höhere und nicht niedrigere langfristige Zinsen wären also das Ergebnis einer Politik, die den Versuch unternähme, eine erhöhte Knappheit des Kapitals durch eine reichlichere Geldversorgung kompensieren zu wollen.

Der durch die deutsche Einheit ausgelöste Schock und die daraus resultierenden Spannungen im EWS sind ein besonders drastisches Beispiel für das grundlegende Dilemma verfrühter Wechselkursstarrheit in Europa. Die Tatsache, daß es sich dabei ursprünglich in erster Linie um einen Angebotsschock handelt, spielt hierbei eine besondere Rolle.

2.3 Realwirtschaftliche Anpassungsprozesse und Kapitalallokation

Ohne Zweifel haben zwar die immensen staatlichen Transfers von West nach Ost die Nachfrage nach Waren aus westdeutscher Produktion erheblich gestärkt und somit vielen Unternehmen und Arbeitnehmern in den alten Bundesländern kurzfristig zu teilweise deutlichen Einkommensverbesserungen verholfen. Dieser Nachfrageeffekt überdeckt jedoch (und verändert auch teilweise) den primär angebotsseitigen und realwirtschaftlichen Charakter der wirtschaftlichen Veränderungen, die grundsätzlich von den Marktprozessen im Gefolge der deutschen Einheit ausgehen. Die Bundesrepublik, bzw. genauer die Wirtschaftsordnung und die Wirtschaftsinstitutionen der alten Bundesrepublik, wurden ausgedehnt auf ein Gebiet mit etwa 16 Millionen

Menschen mit vielfach unterentwickeltem Humankapital und einem völlig veralteten und weithin wertlosen Realkapitalstock. Mit der für die Umstrukturierung nicht nur unvermeidlichen, sondern auch notwendigen Stillegung vieler Betriebe geht eine erhebliche Freisetzung von Arbeitskräften einher; durch die rasche Abfolge starker Lohnerhöhungen wird dieser Prozeß noch verschärft.

Trotz der zunächst dominierenden schlechten Nachrichten über Entlassungen und Kurzarbeit gibt es jedoch keinen Grund, daran zu zweifeln, daß die Folgen der deutschen Einheit auch für die wirtschaftliche Entwicklung und damit für die ökonomischen Grundlagen der Lebensperspektiven der Menschen in den neuen Ländern positiv sein werden.[3] Die Wirtschaft in den fünf neuen Ländern wird in den nächsten Jahren einen gewaltigen Produktivitätsschub erleben. Die erwartete Grenzproduktivität der Investitionen in diesem Gebiet ist quasi über Nacht extrem gestiegen. Die darin liegenden Investitionsmöglichkeiten bringen insbesondere für die Wirtschaft in den alten Bundesländern große Chancen.

Auch auf dem Arbeitsmarkt im Westen sind positive Wirkungen zu sehen. Der Mangel an geeigneten und mobilen Arbeitskräften, zum Teil bedingt und verstärkt durch eine ungenügend differenzierte Lohnpolitik der Tarifparteien und vielen häufig regulierungsbedingten Immobilitätsgründen, hat schon seit Jahren die Effizienz und die Produktivität der westdeutschen Wirtschaft stark beeinträchtigt. Diese Hemmnisse konnten nun teilweise aufgrund der großen Mobilität[4] vieler Menschen aus den neuen Ländern beseitigt werden. Der dadurch erzeugte Produktivitätsschock ist ebenfalls eindeutig ein Angebotsphänomen.

Der im Vergleich zur Arbeitsmobilität und den Transferwirkungen jedoch langfristig noch weitaus wichtigere wirtschaftliche Aspekt der deutschen Einheit hat den maroden und desolaten Kapitalstock in der ehemaligen DDR zum Ausgangspunkt. Es liegt auf der Hand, daß das Netto-Humanvermögen der alten Bundesbürger durch die Einheit *insoweit* reduziert wurde, als diese die Finanzierungslasten der den Menschen in den neuen Ländern zugute kommenden öffentlichen Transfers und Investitionen weitgehend werden tragen

[3] Sicherlich sind die langfristigen ökonomischen Auswirkungen der Einheit in Gesamtdeutschland alles andere als gleichmäßig verteilt. Relativ zur Situation davor liegen die Vorteile schwergewichtig bei den Einwohnern der ehemaligen DDR.

[4] „Nach überschlägiger Rechnung konnten vom Herbst 1989 bis zum Herbst 1990 im alten Bundesgebiet 300 000 Arbeitsplätze mit Erwerbspersonen aus der ehemaligen DDR besetzt werden, das entsprach reichlich 1% aller Erwerbstätigen in Westdeutschland." (Geschäftsbericht der Deutschen Bundesbank für das Jahr 1990, S. 18). Auch seit dem Herbst 1990 sind noch viele Arbeitskräfte von Ost- nach Westdeutschland umgezogen. Hinzu kommen die Pendler aus den neuen Ländern, deren Zahl derzeit nach Informationen der Bundesanstalt für Arbeit in einer Größenordnung von 300000 Personen liegen dürfte.

müssen. Dies gilt in erster Linie für die personenbezogenen Transfers, die schließlich auch weitgehend eine Folge des heruntergewirtschafteten Kapitalstocks in der ehemaligen DDR sind, da dieser gegenwärtig wohl in vielen Fällen nur Löhne zuließe, die offensichtlich deutlich unter dem politisch nach der Einheit noch akzeptablen Niveau lägen.[5] Es gilt aber auch für alle öffentlich finanzierten Maßnahmen zur Verbesserung der regionalen Infrastruktur und in vielen Fällen auch für die Umweltschutzinvestitionen.

Soweit könnte man versucht sein, *aus der Sicht der Bürger in den alten Bundesländern* von einem negativen Angebotsschock zu sprechen, der in etwa mit der Situation vergleichbar wäre, in der eine Naturkatastrophe einen merklichen Teil der Infrastruktur und der Produktionsanlagen eines Landes zerstört. Doch auch hier liegen die Dinge nicht so einfach. Die Leidtragenden einer solchen Katastrophe sind nämlich zunächst die Eigner des Kapitalstocks, und das sind (in historischer Sicht) im übertragenen Sinne die Bürger der ehemaligen DDR, denen durch das sozialistische Wirtschaftssystem die Möglichkeit vorenthalten wurde, einen ähnlich hochwertigen Kapitalstock und damit Individualvermögen aufzubauen, wie das im westlichen Teil Deutschlands der Fall war. Durch die umfangreichen Unterstützungen aus den alten Bundesländern haben die neuen Bundesbürger jedoch die einmalige Chance, daß sie den Aufholprozeß wesentlich schneller bewerkstelligen können, als das angesichts ihres geringwertigen Kapitalstocks allein aus eigener Kraft möglich wäre.

In Zukunft ist Deutschland als Einheit zu betrachten, und in dieser Sichtweise stellen die Belastungen der „Altbürger" Umverteilungsgewinne der neuen Bundesbürger dar, die mit der Herstellung der deutschen Einheit einhergehen.

Gesamtwirtschaftliche Nachfragewirkungen gibt es insoweit, als die marginale Konsumneigung der Empfänger dieser Transfers höher ist als die der Steuerzahler, oder als Transfers zu konsumtiven Zwecken kreditfinanziert werden und keine Ricardoäquivalenz vorliegt. Diese Faktoren dürften jedoch nur eine untergeordnete Rolle beim Zinsanstieg spielen.[6] Der Realzinsanstieg ist zunächst vor allem eine Folge des relativ geringwertigen Kapitalstocks und der sich daraus ergebenden Investitionsnotwendigkeiten und -chancen in Ostdeutschland, denn es handelt sich dort um Investitionsprojekte, die vielfach Durchschnittsrenditen erwarten lassen, die weit über dem Kapitalmarktzins und auch deutlich über den in einer normal laufenden Wirtschaft liegenden Durchschnittsrenditen für Investitionsprojekte liegen dürften.

Die in den neuen Ländern beschäftigten Arbeitnehmer werden aufgrund der mit dem Kapitalstock steigenden Grenzproduktivität der Arbeit im Zeitablauf

---

[5] Auf die Folgen der Tarifpolitik wird weiter unten eingegangen.

[6] Das heißt nicht, daß eine starke Kürzung der Staatsausgaben für andere Zwecke nicht dringend erforderlich ist oder keine Realzinssenkung bewirkt.

zunehmend höhere Marktlöhne erhalten und so die Einkommenslücke zum Westen schließen können.

Alles das reflektiert einen außergewöhnlichen Angebotsschock, nämlich eine Erhöhung der Kapitalproduktivität bzw. genauer der erwarteten Grenzproduktivität von Investitionen in den neuen fünf Ländern aus der Sicht der Unternehmen und der Kapitalgeber. Dieser Schock erhöht per se unmittelbar die Grenzproduktivität solcher Arbeitskräfte, die auf die Planung und Durchführung von Erweiterungen und Neuinvestitionen spezialisiert bzw. dafür qualifiziert sind. Diese Arbeitskräfte werden naturgemäß überwiegend aus den alten Bundesländern kommen. In diesem Bereich wird es zu vermehrten Neueinstellungen und steigenden Reallöhnen kommen. Die damit verbundenen Ausgaben der Unternehmen zählen genau genommen vielfach – auch wenn das bilanziell nicht so gehandhabt wird – zu den Investitionen.[7]

Es gibt jedoch auch einen nicht unwichtigen gegenläufigen Effekt vor allem bei weniger gut qualifizierten westdeutschen Arbeitskräften. Hier führt die gestiegene Kapitalknappheit und die hohe Arbeitsmobilität über die ehemalige innerdeutsche Grenze hinweg tendenziell zu sinkenden bzw. weniger stark steigenden Reallöhnen im Westen der Bundesrepublik oder – falls die Tarifparteien dies verhindern – zu erhöhter Arbeitslosigkeit.

Die günstigen Renditeaussichten für Investitionen in Ostdeutschland erhöhen die Kapitalnachfrage insbesondere westdeutscher Unternehmen, denn diese sind aufgrund der einheitlichen Gesetzgebung, Verwaltung und nicht zuletzt der gemeinsamen Kultur und Sprache gegenüber potentiellen ausländischen Direktinvestoren bei den mit den Investitionen zusammenhängenden Informations-, Transaktions- und Kommunikationskosten eindeutig im Vorteil. Dazu kommen die in vielen Fällen nicht unwichtigen entfernungsbedingten Kosten, wie Reise- und Transportkosten, und sicher nicht zuletzt die im Vergleich zu anderen Europäern höhere Bereitschaft westdeutscher Fachleute und Spezialisten für einen Aufenthalt in Ostdeutschland. Ebenso wie umgekehrt ostdeutsche Arbeitnehmer eher bereit und in der Lage sind, sich in westdeutschen Betrieben umschulen und an neuen Techniken ausbilden zu lassen, als nach Frankreich, Spanien oder gar Japan zu gehen.

Aufgrund dieser Kostenvorteile und der Tatsache, daß das technische und das organisatorische Wissen für solche Neuinvestitionen in den neuen Bundesländern bei den westdeutschen Unternehmen vielfach schon zu einem großen Teil vorhanden ist, kann man in nicht wenigen Fällen positive Skaleneffekte bzw. sinkende totale Durchschnittskosten erwarten.[8]

---

[7] Insoweit solche Löhne und dazugehörende Kosten statistisch nicht als Investitionen erfaßt werden, werden das Sozialprodukt und die Arbeitsproduktivität zu niedrig ausgewiesen. Dies dürfte gerade derzeit bedeutende Ausmaße annehmen.

[8] Das technische und organisatorische Wissen, das für die Durchführung solcher Investitionen nötig ist, ist also mehrfach verwendbar, ohne daß es jedesmal neu mit

Alles in allem wird wohl der ganz überwiegende Teil der größeren Investitionsvorhaben in den fünf neuen Bundesländern von westdeutschen Unternehmen geplant und durchgeführt werden. Die Finanzierung wird allerdings zunehmend auch durch Auslandskapital erfolgen. Im Bereich der lokalen Dienstleistungen und der kleineren und mittleren Unternehmen werden nach Beseitigung der rechtlichen und administrativen Hemmnisse, insbesondere bei den Eigentumsverhältnissen, zunehmend auch selbständige ostdeutsche Betriebe Investitionen in eigener Regie – wenn auch häufig mit Hilfe eines Partners aus dem „Westen“ – planen und durchführen. Dies wird vor allem für das Handwerk und die freien Berufe gelten.

Der rapide gestiegene Kreditbedarf für öffentliche und private Investitionen in den neuen Ländern sowie für die massiven Transfers zugunsten der dort lebenden Menschen hat gravierende Konsequenzen für die internationale Kapitalallokation. Da die gestiegene Kreditnachfrage für die nächsten Jahre weit über jede denkbare Zunahme des Sparvolumens hinausgeht, werden die Leistungsbilanzüberschüsse der Bundesrepublik deutlich abnehmen. Deutschland wandelt sich aller Wahrscheinlichkeit nach – zumindest vorübergehend – vom Nettoexporteur zum Nettoimporteur von Kapital. Der Realzinsanstieg überträgt sich auf das Ausland und löst dort einen Druck auf die Reallöhne und die Beschäftigung aus.[9] Die Lage der Arbeitnehmer in den übrigen EG-Ländern ist in dieser Hinsicht tendenziell vergleichbar mit derjenigen der weniger qualifizierten Arbeitskräfte im Westen der Bundesrepublik. Wichtige Unterschiede zwischen beiden Gruppen bestehen allerdings darin, daß die westdeutschen Arbeitnehmer zwar einerseits kurzfristig stärker von der deutlich expansiven Fiskalpolitik in Deutschland profitieren als ihre Kollegen in den übrigen EG-Ländern, andererseits aber sowohl kurz- als auch mittelfristig mit merklich höheren zusätzlichen Steuern und Abgaben und sinkenden Staatsausgaben für den Westen der Bundesrepublik rechnen müssen.

2.4 Die Reaktionen der Tarifpolitik und der Fiskalpolitik

Die optimistischen Überlegungen hinsichtlich der hohen Rentabilität der Investitionen in den neuen Ländern und des daraus resultierenden schnellen Aufbaus eines modernen Kapitalstocks mit entsprechend positiven Wirkungen für die Entwicklung der Arbeitsproduktivität stehen jedoch u. a. unter der

---

hohen Forschungs- und Planungskosten produziert werden müßte; es handelt sich insofern um einen „nonrival input“ (vgl. Romer, P. M., Are Nonconvexities Important for Understanding Growth?, in: American Economic Review, Papers and Proceedings, 1990, S. 97 - 103). Die deutsche Einheit hat den Wert dieses „nicht-rivalisierenden Inputfaktors“ quasi schlagartig erhöht.

[9] Dies kann weder durch fiskalpolitische und noch viel weniger durch geldpolitische Maßnahmen der Bundesrepublik maßgeblich beeinflußt werden. Es handelt sich eben um einen real determinierten Schock.

(impliziten) Annahme eines einigermaßen funktionierenden Arbeitsmarktes in Ostdeutschland: Die Löhne, so die Voraussetzung, entwickeln sich in etwa entsprechend der lokalen Angebots- und Nachfragestruktur. Die Angebotsseite wird maßgeblich von der Qualifikation und der Mobilität der Arbeitskräfte bestimmt, die Nachfrageseite von der Grenzproduktivität der Arbeit in den bestehenden örtlichen Unternehmen, die vielfach zunächst noch deutlich unter den entsprechenden Werten im Westen der Bundesrepublik liegen wird.

Die tatsächliche Tariflohnentwicklung hat jedoch diesen regionalen Aspekten nicht oder nur sehr unzureichend Rechnung getragen; gemessen an der Produktivität der alten Betriebe muß man die bereits erreichten und die geplanten schnellen Tariflohnfortschritte als deutlich überhöht[10] bezeichnen. Dies bedeutet eine zusätzliche Erschwernis des Anpassungsprozesses, eine schwere Hypothek für den Bundeshaushalt und eine Belastung neuer Investitionen.[11]

Zum einen haben die höheren Löhne und die damit zusammenhängenden Steigerungen der Transfers zur Finanzierung der Kurzarbeit, Arbeitslosigkeit und Rentenversicherung die Nachfrageverschiebung hin zu den qualitativ besseren, aber auch vielfach teureren Westprodukten verstärkt, zum anderen sind die bestehenden Betriebe zusätzlich von der Kostenseite unter Druck geraten. Insgesamt ist kaum daran zu zweifeln, daß das Ausmaß der Kurzarbeit und der Arbeitslosigkeit zu einem nicht unwesentlichen Teil auch auf die starken Lohnerhöhungen zurückzuführen ist. Zumindest für eine Übergangszeit, bis die Neuinvestitionen eine deutlich spürbare Arbeitskräftenachfrage entfalten werden, hätte eine ganze Reihe ehemaliger DDR-Betriebe – eventuell mit Hilfe kurzfristig realisierbarer Rationalisierungsmaßnahmen – bei moderater Lohnentwicklung noch mit positiven Deckungsbeiträgen weiter-

---

[10] Nach den Angaben des Statistischen Bundesamtes und nach eigenen Berechnungen lag der durchschnittliche Bruttolohn je Vollzeitbeschäftigten in Ostdeutschland im 4. Quartal 1990 etwa ein Drittel über dem entsprechenden Ost-Mark-Bruttolohn des Vorjahresquartals. Setzt man eine D-Mark gleich zwei Ost-Mark, so resultiert eine Erhöhung der Bruttolöhne in diesem Zeitraum in einer Größenordnung von 150 bis 200 Prozent. Zum 1. April des Jahres 1991 wurden weitere umfangreiche Anhebungen der Tariflöhne beschlossen. In der Metall- und Elektroindustrie wird seit 1. April 1991 ein Tariflohnniveau für Arbeiter von 62,5% (Angestellte 58,5%) der Tariflöhne in Schleswig-Holstein erreicht. Vergleicht man diese 62,5 bzw. 58,5% mit einer für das 2. Halbjahr 1990 grob geschätzten Arbeitsproduktivität (auf Stundenbasis) in den neuen Ländern in Höhe von 35 - 40% des Westniveaus, so gewinnt man einen Eindruck der Dimension der durch die raschen Lohnfortschritte ausgelösten zusätzlichen Anpassungsprobleme. Zum 1. April 1992 werden die Metalltarife dann auf 71% (Angestellte 69%) des Westniveaus angehoben, was unter Berücksichtigung des Tariflohnanstiegs im Westen einer Lohnerhöhung von über 20% (Angestellte 25%) innerhalb eines Jahres entsprechen wird.

[11] In der aktuellen Diskussion über die Investitionshemmnisse in den neuen Ländern stehen allerdings weniger die Entwicklungen bei den Tariflöhnen, als vielmehr die – sicher auch sehr wichtigen – administrativen Hemmnisse sowie die Unsicherheiten über die Eigentumsverhältnisse im Vordergrund.

produzieren und Beschäftigung sichern können. Niedrigere Lohnkosten hätten zudem auch Preissenkungen ermöglicht und so in einigen Betrieben für eine gewisse Zeit noch eine ausreichende Nachfrage sicherstellen können. Diese Betriebe wären idealerweise erst dann geschlossen worden, wenn eine verstärkte Abwanderung der Arbeitnehmer zu neuen Unternehmen und höhere marktorientierte Löhne eine auch nur kurzfristig rentable Produktion nicht mehr zugelassen hätten.

Das rasch gestiegene Lohnniveau hat die Situation am Arbeitsmarkt in den neuen Ländern auch dadurch unnötig verschärft, daß es potentielle Angebotsmöglichkeiten im Bereich lokaler Dienstleistungen verringert oder von vornherein unterbindet. Auch wenn unbestritten ist, daß man zahlreiche Unternehmen, z.B. auch aus Umweltschutzgründen oder wegen faktisch – auch zu niedrigen Preisen – nicht wettbewerbsfähigen Produkten, ohnehin hätte schließen müssen, so kann nicht bezweifelt werden, daß eine deutlich geringere Lohnsteigerung zu einem weniger harten und abrupten Anpassungsprozeß beigetragen hätte.

In diesem Zusammenhang ist auch zu berücksichtigen, daß bei einer stärker marktorientierten Lohnentwicklung der Wert des Realkapitalstocks und damit auch die Verkaufserlöse der Treuhandanstalt nicht so stark gesunken und zudem die Transfers von West nach Ost geringer ausgefallen wären, so daß insgesamt aus beiden „Quellen" deutlich mehr Mittel für Investitionen in den neuen Ländern zur Verfügung gestanden hätten.

Es besteht ferner die Gefahr, daß potentielle Investoren angesichts weiterhin absehbarer hoher Reallohnsteigerungen zurückhaltender werden und der Kapitalstock somit langsamer wächst, als das unter stärker marktwirtschaftlichen[12] Verhältnissen am Arbeitsmarkt der Fall gewesen wäre. Ein langsamerer Aufholprozeß und eine auch mittelfristig höhere Arbeitslosigkeit in den neuen Ländern mit den daraus resultierenden zusätzlichen Belastungen für die öffentlichen Haushalte[13] sind die Folgen einer Tarifpolitik, die eine marktwidrig schnelle Anhebung der Reallöhne in den neuen Ländern durchzusetzen versucht. In einer solchen Situation ist die Möglichkeit nicht von der Hand zu weisen, daß die Fiskalpolitik unter zunehmenden Druck gerät, zum einen die Transfers an Arbeitslose und Kurzarbeiter zu erhöhen und zum anderen

[12] Marktwirtschaftliche Verhältnisse am Arbeitsmarkt schließen freilich auch eine deutlichere Differenzierung der Löhne und Gehälter ein. Dies bedeutet auch, daß gerade für qualifizierte und mobile Arbeitnehmer in den neuen Ländern in kurzer Zeit wesentlich höhere Reallöhne gezahlt werden müßten. Zumindest für einen Übergangszeitraum wäre auch aus diesem Grund eine Abkehr vom westdeutschen Modell zentraler Tarifvereinbarungen zu erwägen. In diesem Fall wäre für die Bezieher sehr niedriger Löhne ein staatlicher Zuschuß, z.B. in Form einer negativen Einkommensteuer, denkbar.

[13] Hierbei müssen insbesondere auch die hohen Defizite der Treuhandanstalt eingerechnet werden.

durch massive Subventionen sowohl (via Treuhandanstalt) für alte, unrentable Betriebe als auch zugunsten von Neuinvestitionen, die Beschäftigung zu stabilisicren und die drohende Zurückhaltung privater Investoren wenigstens teilweise zu kompensieren.

Im Gegensatz zur derzeit weit verbreiteten Meinung hat dabei die zusätzliche Nachfrageausdehnung durch die immensen, weitgehend kreditfinanzierten staatlichen Transfers von West nach Ost[14] keinesfalls nur eindeutig positive Wirkungen auf die gesamtdeutsche Konjunktur. Dem unmittelbaren Nachfrageeffekt, der zudem angesichts der hohen Kapazitätsauslastung zu einem großen Teil direkt oder indirekt via Leistungsbilanzdefizit ins Ausland geht, stehen die eindeutig negativen und in ihrer Wirkung nicht zu unterschätzenden Anreizeffekte insbesondere auf das Arbeitsangebot und damit den Output gegenüber.

Die Ausgestaltung und Höhe dieser Transfers hat zum einen den Anreiz zur Umschulung und zur Suche neuer Beschäftigungsmöglichkeiten tendenziell gedämpft und zum anderen überzogene Lohnforderungen geradezu ermutigt. Beide Effekte führen zu negativen Wirkungen auf das Angebot, dazu kommt noch, daß auch die Schuldenfinanzierung dieser Transfers über die Erwartung steigender Steuern in Zukunft die Leistungs- und Investitionsbereitschaft tendenziell beeinträchtigt.[15] Alles in allem ist also zu fragen, inwieweit nicht die von den umfassenden staatlichen Transfers in die neuen Länder ausgehenden negativen Angebotseffekte die positiven Nachfragewirkungen, zumal in mittelfristiger Perspektive kompensieren.

Um den in diesen Entwicklungen liegenden Gefahren zu begegnen, muß die Wirtschaftspolitik (einschließlich der Lohnpolitik) in Zukunft verstärkt die mittelfristig unabdingbaren ordnungs- und stabilitätspolitischen Erfordernisse einer Marktwirtschaft beachten. Angesichts des Ausmaßes der Anpassungsprobleme in den neuen Ländern ist die Warnung vor Fehlentscheidungen, die aus der gegenwärtigen Lage geboren werden könnten, nur allzu berechtigt.[16]

2.5 Die Rolle der Geldpolitik

Aus den aktuellen Vorgängen in Deutschland lassen sich einige allgemeine und speziell für die europäische Währungsintegration wichtige Folgerungen ziehen. Dies gilt insbesondere für die Konstellation einer einheitlichen Geld-

---

[14] Unter diese Transfers fallen auch die Subventionen an unrentable Betriebe durch die Treuhandanstalt.

[15] Durch Subventionskürzungen und andere Einsparungen bei den Staatsausgaben könnten höhere Steuern (weitgehend) vermieden werden.

[16] Vgl. dazu das Sondergutachten des Sachverständigenrates vom 13. 4. 1991: „Marktwirtschaftlichen Kurs halten – Zur Wirtschaftspolitik in den neuen Bundesländern“.

politik bei dezentraler Fiskalpolitik. Es wird inzwischen kaum mehr bestritten, daß eine moderate und überlegte Differenzierung der Geldpolitik in Europa durchaus angebracht wäre, insbesondere wenn man das Hauptziel der monetären Instanzen in einer Konvergenz zu dauerhaft niedrigen Inflationsraten sieht. Dieses Stabilitätsziel kann nämlich auch eine relativ unabhängige Geldpolitik nicht alleine erreichen. Man weiß mittlerweile aus Theorie und Empirie, daß die Notenbank aus mehreren Gründen nur dann dauerhaft für Geldwertstabilität sorgen kann, wenn der Staat, d.h. die Fiskalinstanz, genau das dafür nötige Notenbankverhalten bei seiner intertemporalen Budgetbeschränkung in Rechnung stellt. Mit anderen Worten, die Fiskalpolitik darf nicht damit rechnen, daß ihr die Last einer in der Gegenwart überzogenen Staatsverschuldung in Zukunft mit Hilfe monetärer Expansion und entsprechender Inflation „erleichtert“ wird.

Das Stabilitätsziel der Notenbank muß also in einem hohen Maße glaubwürdig sein, und zwar sowohl gegenüber den privaten Akteuren als auch gegenüber der Fiskalpolitik. Dazu muß die Notenbank nicht nur unabhängig sein, sondern auch eine so hohe Reputation haben, daß eine Einschränkung dieser Unabhängigkeit der Fiskalinstanz hohe Kosten, z.B. in Form stark steigender Kapitalmarktzinsen oder sinkender Wahlchancen, verursachen würde.

Die Aufrechterhaltung einer hohen Reputation mit dem Ziel einer langfristigen Sicherung der Preisniveaustabilität und einer Vermeidung langfristig nicht durchhaltbarer Budgetdefizite erfordert in Zeiten rapid steigender Staatsverschuldung unter Umständen ein eindeutiges Signal der Notenbank in Form eines restriktiveren Kurses. Insbesondere in einem relativ frühen Stadium eines u.U. stabilitätswidrigen Anstiegs der Budgetdefizite hat eine unabhängige Notenbank noch eine gute Chance, die Fiskalpolitik zu einem besseren Kurs zu „überreden“. Dazu muß sie eindeutig und glaubwürdig klar stellen, daß eine stark expansive Geldpolitik, mit dem Ziel, die Beschäftigung kurzfristig zu erhöhen sowie eine monetäre Finanzierung künftiger Defizite oder eine Realwertreduzierung der Staatsschuld mittels unerwartet hoher Inflation zu erreichen, gegenwärtig und zukünftig nicht in Frage kommt.[17]

Unter günstigsten Voraussetzungen kann man annehmen, daß sich das hohe reale Wachstum in Westdeutschland fortsetzt, daß ein mit dem Wirtschafts-

---

[17] Neil Wallace hat das „Spiel“ zwischen der Geldpolitik und der Fiskalpolitik in den achtziger Jahren in den USA als „game of chicken“ bezeichnet (vgl. dazu Sargent, T. J.: Rational Expectations and Inflation, New York, 1986, S. 34), bei dem beide Spieler vorgeben, die dominante Strategie des „Stackelberg-leader“ zu verfolgen, obwohl diese Strategie jeweils nur dann möglich ist, wenn der andere Spieler die Rolle des sich anpassenden „follower“ annimmt. Hierzu stellen Buiter und Kletzer fest: „One way to increase the likelihood that the Central Bank will win the game of chicken with the fiscal authorities is by convincing the latter that the Central Bank is implacably, irrevocably and unalterably opposed to any and all inflation“. Buiter, W. H. / Kletzer, K. M.: Reflections on the Fiscal Implications of a Common Currency, in: Centre for Economic Policy Research, Discussion Paper No. 418, 1990, S. 7.

wunder in der Bundesrepublik in der Nachkriegszeit vergleichbarer Wirtschaftsaufschwung in den fünf neuen Ländern bald einsetzt und daß die Ansprüche der neuen Bundesbürger an den Bundeshaushalt nicht zu sehr überzogen werden. Die Wahrscheinlichkeit, daß diese Entwicklung eintritt, hängt insbesondere auch vom Kurs der Finanzpolitik ab, nicht zuletzt von ihrer Bereitschaft, Ausgaben an der richtigen Stelle zu kürzen.

Der Beitrag der Notenbank liegt darin, rechtzeitig zu verdeutlichen, daß sie unter allen Umständen an ihrem stabilitätspolitischen Kurs festhält.

Eine Lockerung der Geldpolitik, ohne signifikante Fortschritte bei der Defizitrückführung, würde die Unsicherheit erhöhen und mit großer Wahrscheinlichkeit eine deutliche Veränderung der Erwartungen der Tarifpartner und der Akteure an den Finanzmärkten bewirken. Stark steigende langfristige Marktzinsen und beträchtliche Ausschläge bei den Wechselkursen wären die Konsequenzen. Eine stärkere Einschränkung der Handlungsfreiheit der deutschen Geldpolitik im Rahmen des EWS oder gar eine baldige Institutionalisierung einer europäischen Zentralbank würden somit gravierende Risiken nicht nur für die Bundesrepublik herbeiführen.

In diesem Zusammenhang ist auch zu beachten, daß eine europäische Zentralbank eine relativ lange Zeit brauchen wird, bis sie sich eine eigene hohe Reputation erworben hat. Aber gerade eine hohe Reputation verschafft der Notenbank erst die Möglichkeit, wirksam auf reale Schocks größeren Ausmaßes reagieren zu können.

Der Wert dieser Reputation der Notenbank darf gerade für die Bundesrepublik nicht unterschätzt werden. Dies gilt insbesondere für Anpassungsprozesse und Umwälzungen, die derart außergewöhnlich sind, wie diejenigen, die durch die deutsche Einheit verursacht sind. In einer solchen Situation würde eine verstärkte Einschränkung der Autonomie und Handlungsfreiheit der deutschen Geldpolitik, im Rahmen des EWS oder durch schnelle Schritte zu einer europäischen Währungsunion, einen hohen Wertverlust für die deutsche Volkswirtschaft bedeuten.

Eine europäische Zentralbank kann – zumindest auf absehbare Zeit – die in diesem Prozeß geforderte Glaubwürdigkeit nicht erreichen. Zudem kann sie nur auf europaweite Schocks reagieren, was bei asymmetrischen Entwicklungen sicher suboptimal ist. Außerdem ist nicht auszuschließen, daß noch insofern ein Bias bestünde, als Rücksicht auf die Situation der wirtschaftlich schwächeren europäischen Länder genommen werden würde.

Als Fazit bleibt festzuhalten, daß derzeit aus der Sicht der Bundesrepublik, aber auch der übrigen europäischen Länder, ein Regimewechsel, der den Spielraum der deutschen Geldpolitik einengte, mit außergewöhnlichen Stabilitätsrisiken für ganz Europa, aber auch spezifischen Nachteilen für die Bundesrepublik verbunden wäre.

3. Implikationen für die Währungsunion und die Kapitalallokation in Europa

3.1 Realwirtschaftliche und strukturelle Divergenzen

Die deutsche Einheit[18], die zunächst das Bruttosozialprodukt pro Kopf in Gesamt-Deutschland relativ zur Situation in der alten Bundesrepublik deutlich reduziert hat, führt trotz der damit verbundenen Angleichung der Durchschnittseinkommen in der EG keineswegs zu einer einheitlicheren Struktur der europäischen Staaten im realwirtschaftlichen Bereich und damit zu besseren Voraussetzungen für eine Währungsunion in Europa. Ganz im Gegenteil: Auf absehbare Zeit haben die Strukturunterschiede zwischen Deutschland und den übrigen Ländern der europäischen Gemeinschaft zugenommen, jedenfalls im Hinblick auf die Anforderungen, die sich aus der realwirtschaftlichen Situation und Struktur eines jeden Landes für eine optimale Geldpolitik ergeben können.

Neben den wirtschaftlichen Umwälzungen im Zuge der Realisierung der deutschen Einheit und den damit zusammenhängenden langfristigen Strukturveränderungen (auch im Bereich der Fiskalpolitik) und der signifikanten wirtschaftlichen Abschwächung in einigen Ländern, basiert diese Tatsache auf der Sonderstellung, die die Bundesbank im Konzert der europäischen Notenbanken durch ihre rechtliche und faktische Unabhängigkeit und durch die aufgrund dieser Stellung erworbene Reputation inne hat.

Diese außergewöhnliche Situation der Bundesbank ist nicht nur eine Chance, sondern auch eine Verpflichtung für die Stabilität in der Bundesrepublik und im EWS. Bisher konnte das EWS insbesondere deshalb relativ erfolgreich sein, weil es die meisten Teilnehmerstaaten, unterstützt durch eine in den letzten Jahren weitgehend ununterbrochene Aufschwungphase, als durchaus sinnvoll ansahen, von der Reputation der Bundesbank und ihrer Glaubwürdigkeit bei der Inflationsbekämpfung zu profitieren.

Aus jetziger Sicht erweist es sich jedoch eindeutig als Nachteil, daß sich die übrigen Mitgliedstaaten des EWS in dieser Phase nicht dazu entschließen konnten, ihren Notenbanken ebenfalls eine unabhängige Stellung zu geben und damit die Chance einzuräumen, eine mit der Bundesbank vergleichbare Reputation zu erwerben. Dieses von vielen Kritikern einer allzu schnellen Währungsunion in Europa schon seit Jahren kritisierte Versäumnis[19] wirkt

[18] Die deutsche Einheit ist derzeit freilich bei weitem nicht der einzige wirtschaftlich relevante Schock mit deutlich asymmetrischen Wirkungen innerhalb Europas. Der Golfkrieg und die Umwälzungen in Osteuropa werden ebenfalls stark unterschiedliche Auswirkungen auf die einzelnen Länder haben. Im folgenden wird jedoch die grundsätzliche Problematik am Beispiel der deutschen Einheit aufgezeigt.

[19] Siehe z. B. das Jahresgutachten 1989/90 des Sachverständigenrates zur Begutachtung der gesamtwirtschaftlichen Entwicklung, Ziff. 395ff.

sich nun besonders gravierend aus. Die auf die außergewöhnliche bundesdeutsche Situation abgestimmte Bundesbankpolitik bereitet den anderen EWS-Ländern – zumindest deren Regierungen – zunehmendes Unbehagen. Andererseits braucht man nach wie vor die D-Mark als Ankerwährung, gleichzeitig wünscht man sich eine völlig andere Geldpolitik als diejenige, die aus bundesdeutscher Sicht derzeit optimal ist.

Hätte man den eigenen Notenbanken rechtzeitig eine echte Unabhängigkeit und damit die Möglichkeit, Reputation aufzubauen gegeben, könnte man sich nun, da ein derart drastischer und zudem extrem asymmetrischer realer Schock das EWS trifft, ohne größere Schwierigkeiten für einige Zeit von der strengen Disziplin des faktischen Festkurssystems lösen. Damit könnte man die notwendigen Wechselkursanpassungen oder auch soweit nötig eine bessere Differenzierung der Geldpolitiken ermöglichen, ohne die Chancen für die europäische Währungsunion dadurch zu gefährden.

Im Gegenteil, unabhängige und glaubwürdige Notenbanken lassen sich bei ausreichender realwirtschaftlicher und monetärer Konvergenz problemloser und vor allem risikoloser und erfolgreicher zu einer europäischen Notenbank „fusionieren", als das im derzeitigen Regime, mit vielen abhängigen und einer unabhängigen Notenbank der Fall ist. Zudem ist damit zu rechnen, daß unabhängige Notenbanken im Bemühen um eine hohe Reputation eher für monetäre und – auch über ihren indirekten Einfluß auf den Kurs der Fiskalpolitik – realwirtschaftliche Konvergenz sorgen werden. Dies gilt insbesondere deshalb, weil abhängige Notenbanken ihre Reputation auf Zeit von einer unabhängigen Zentralbank borgen können und damit den nationalen Fiskalpolitiken die Möglichkeit eröffnen, sich im Schutze des faktischen Festkurssystems und der zunehmenden Wahrscheinlichkeit einer impliziten Solidarhaftung für Staatskredite in der Europäischen Gemeinschaft exzessive Staatsschulden zu relativ niedrigen Zinsen leisten zu können.

Im Hinblick auf die durch die deutsche Wiedervereinigung schockartig ausgelösten Anpassungsprozesse wurde schon auf die Notwendigkeit und Überlegenheit von Wechselkursanpassungen hingewiesen. Dies ist jedoch nur ein Aspekt – sicherlich ein zentraler – des übergeordneten Dilemmas einer Zone starrer Wechselkurse bei realwirtschaftlichen, strukturellen und demzufolge auch fiskalpolitischen Divergenzen. Daß diese Divergenzen durch die deutsche Einheit deutlich an Schärfe gewonnen haben, dürfte außer Frage stehen. Da es sich jedoch in erster Linie um einen permanenten realwirtschaftlichen Schock von größtem Ausmaß handelt – auf den freilich die Fiskalpolitik mit nachfragewirksamen Instrumenten reagiert und teilweise auch reagieren muß –, sind diese Divergenzen nicht nur kurzfristiger Natur oder gar durch fiskalpolitische Koordination oder Vereinbarungen über Defizitobergrenzen einfach aus der Welt zu schaffen.

Eine weitgehende realwirtschaftliche Konvergenz scheint also auf absehbare Zeit wenig wahrscheinlich und schon gar nicht fiskalpolitisch erzwingbar. Folglich wäre eine zumindest vorübergehende Aussetzung des faktischen Fixkurssystems dann nötig, wenn die übrigen EWS-Mitgliedsländer, aus welchen Gründen auch immer, nicht bereit sind, den aus Sicht der deutschen Geldpolitik unbedingt nötigen Kurs mitzugehen.

Eine Einigung in der sonst so „goldenen Mitte" kommt – wie schon betont – für die Geldpolitik in der Bundesrepublik derzeit noch weniger als zuvor in Frage. Es steht zu viel auf dem Spiel; die wirtschaftliche und insbesondere auch wirtschaftspolitische Herausforderung durch die deutsche Einheit ist derart groß, daß die Risiken eines Kurswechsels der deutschen Geldpolitik derzeit extrem hoch wären. Langfristig gilt dies auch und gerade für die Folgen, die sich aus einer Gefährdung der Ankerfunktion der D-Mark im EWS für die übrigen Mitgliedsländer ergeben könnten.

Doch solche langfristigen Überlegungen treten bei fiskalpolitischen Instanzen aufgrund der relativ kurzen Wahlperioden und der wegen der hohen Informationskosten weithin ungenügenden Kenntnis vieler Wähler über komplizierte wirtschaftliche Zusammenhänge erfahrungsgemäß leicht in den Hintergrund. Die Zeitpräferenzrate der Regierung liegt bisweilen deutlich über derjenigen ihrer Wähler.

3.2 Politische Risiken für die Kapitalallokation in Europa

Angesichts der strukturellen Divergenzen innerhalb Europas hätte eine schnelle Währungsunion mit hoher Wahrscheinlichkeit auch erhebliche negative Auswirkungen auf die Kapitalallokation.

Die EG verfügt bereits über ein Ausgleichsystem von Finanztransfers, das allerdings alles andere denn als rational zu bezeichnen ist. Nicht von ungefähr wird von mancher Seite gefordert, die Entwicklung der Gemeinschaft zur Wirtschafts- und Währungsunion müsse von einem Ausbau des Transfersystems begleitet werden.[20] In der Tat stellt sich die Frage, wie die Gemeinschaft nicht nur die einzelnen Schritte zur Wirtschafts- und Währungsunion sinnvoll aufeinander abstimmt, sondern wie sie auch den Ausbau supranationaler Institutionen vorantreibt.

Wer allerdings die erheblichen Transfers vor Augen hat, die seit der deutschen Währungsunion vom „reichen" in den „armen" Teil Deutschlands geflossen sind und noch weiter fließen werden, der wird zwangsläufig mit eini-

---

[20] Siehe Delors, J.: Regional Implications of Economic and Monetary Integration, in: Committee for the Study of Economic and Monetary Union, 2. Collection of Papers submitted to the Committee for the Study of Economic and Monetary Union, Luxembourg 1989, S. 81ff.

ger Sorge an die Implikationen einer einheitlichen europäischen Währung denken. Der symbolische Charakter einer einheitlichen Währung und deren fiskalpolitische Restriktionen für die nationalen Regierungen werden sicher umgehend die wirtschaftlich schwächeren Regionen verstärkt veranlassen, größere Umverteilungsgewinne anzustreben.[21] Berücksichtigt man steuer- und transferbedingte Kosten, Verzerrungen und Verminderungen der Leistungsanreize sowie rent seeking-Kosten, dann dürfte es unbestritten sein, daß es sich hierbei um ein Negativsummenspiel, ausgelöst durch die Währungsunion, handeln würde.

Eine solche Umverteilung kann nun prinzipiell auf zwei Wegen erreicht werden. Der direkte Weg geht über einen verstärkten innereuropäischen Finanzausgleich[22], eine Aufstockung von regional wirkenden Fonds (Strukturfonds) und letztlich eine Zentralisierung auch der Fiskalpolitik.

Neben diesem direkten bleibt der indirekte Weg. Dieser besteht darin, daß die schwächeren Regionen im Schutze der gemeinsamen Währung exzessive Staatsausgaben über Kreditaufnahme finanzieren. Ein solches Experiment müßte mit hoher Wahrscheinlichkeit – eventuell nach einigen Jahren mit relativ kräftigem realen Wachstum – zu Rezessions- und Krisenerscheinungen führen. In dieser Situation werden die Gemeinschaft bzw. die „reichen" Länder nach allen Erfahrungen nicht umhin können, helfend einzuspringen, also faktisch einen „bail out" durchzuführen. Dies antizipierend verlangen die Finanzmärkte ex ante keine adäquate Risikoprämie für Staatspapiere und die nationalen Regierungen verschulden sich um so leichter. Politisch ist dieses Vorgehen für die einzelnen Regierungen – anders als in den Ländern der Bundesrepublik, wo eine bestimmte Bremse durch die Identität der regionalen und der überregionalen Parteien besteht – kein Problem. Im Gegenteil, der direkte

[21] In einem „Non-Paper" zur Regierungskonferenz über die Wirtschafts- und Währungsunion vom 20. 2. 1991 findet sich zu einem Entwurf zu Artikel 103 (3) eine in diesem Zusammenhang sehr aufschlußreiche Fußnote: „Mehrere Delegationen scheinen bereit zu sein, einen Text zu unterstützen, der dem nachstehend wiedergegebenen italienischen Vorschlag für Artikel 104 Absatz 1 näher kommt: „Bei bestehenden oder ernstlich drohenden Schwierigkeiten in einem Mitgliedstaat aufgrund von Ereignissen, die sich seiner Kontrolle entziehen, kann die Kommission dem Rat vorschlagen, dem betreffenden Mitgliedstaat unter bestimmten Bedingungen einen finanziellen Beistand der Gemeinschaft zu gewähren ... ; der Rat beschließt über den Vorschlag mit qualifizierter Mehrheit."

[22] Genau dies, also einen massiven Ausbau des innereuropäischen Finanzausgleichs nach dem Vorbild der Bundesrepublik hat kürzlich die spanische Delegation in einem Papier zur Regierungskonferenz über die Politische Union gefordert: „Spanien ist ... der Auffassung, daß die Union in der Endstufe zwischenstaatliche Ausgleichssysteme aufweisen muß, die in Art und Umfang denen in Bundesstaaten (wie beispielsweise in der Bundesrepublik Deutschland) entsprechen und das wirtschaftliche Gefälle zwischen den Mitgliedstaaten der Union verringern." (Art. 5.1.b der Aufzeichnung der spanischen Delegation vom 3. 3. 1991 für die Regierungskonferenz über die politische Union.)

Nutznießer der gestiegenen Staatsausgaben ist die eigene Wählerschaft, die vollen Finanzierungslasten werden aufgrund der geringen Risikoprämie erst später sichtbar und fallen zudem teilweise auf Ausländer, die keinen direkten Einfluß auf die Wahlchancen der regionalen Regierungsparteien haben.

All das würde eine massive Fehlallokation des Kapitals und damit letztlich Verschwendung von Steuergeldern in Europa bedeuten. Das Kapital fließt nicht zum Ort höchster Rentabilität, sondern zu den Regierungen mit der höchsten Verschuldungsneigung, der höchsten (politischen) Zeitpräferenzrate und der geringsten Rücksicht auf die Gemeinschaft.

Nicht zuletzt die aktuelle Entwicklung des Haushaltsdefizits in der Bundesrepublik gibt allen Anlaß, an der Vorstellung zu zweifeln, man könne die geschilderte Kapitalfehlallokation mit einer zentralen Überwachung der nationalen Fiskalpolitik oder mit Defizitobergrenzen in absehbarer Zeit auch nur einigermaßen in den Griff bekommen.

Bleibt also nur der direkte Weg. Aber auch dieser ist alles andere als problemlos. Es gibt gute Gründe, vor der Gefahr einer zentralistischen Bürokratie zu warnen. Mit der Verfügung über einen hoch dotierten Etat, der für innergemeinschaftliche Transfers zur Verfügung steht, müßte der Eurokratie nicht nur ein erhebliches Potential an Macht zufallen, sondern es wäre davon mit an Sicherheit grenzender Wahrscheinlichkeit auch eine Politik zu erwarten, die diese Mittel im Sinne eines wohlfahrtsstaatlichen, reglementierenden Systems einsetzt. Über diese Konsequenzen kann man im Grunde kaum im Ungewissen sein. Im Gegensatz dazu wird jedoch die Zwangsläufigkeit des Zusammenhanges kaum gesehen bzw. diskutiert, in dem der Prozeß der Währungsintegration via Einrichtung von Institutionen mit zunächst gemeinschaftlichem, aber schon möglichst bald supranationalem Charakter unvermeidlich nach „staatlicher Ergänzung" in anderen Bereichen verlangt. Man mag mit Fug und Recht bezweifeln, ob die Gemeinschaft tatsächlich schon ein derart enges, fundiertes Zusammengehörigkeitsgefühl geschaffen hat, daß die Fortentwicklung umfangreicher innergemeinschaftlicher Transfers die nötige Zustimmung der Wähler findet. Kann man damit nicht bzw. noch nicht rechnen, setzt die schnelle Gangart der Währungsintegration die Gemeinschaft möglicherweise einer Zerreißprobe aus.

Bleibt die Gemeinschaft in der Integrationsstrategie dem institutionellen Weg verschrieben, strebt sie die Währungsunion über die Einrichtung einer gemeinsamen Notenbank und die Schaffung einer einheitlichen Währung an, so kann sie der Entscheidung über die Verwirklichung einer Politischen Union (und deren Charakter) nicht länger ausweichen. Die Politische Union mit der „Brechstange" Währungsunion herstellen zu wollen, hieße denn doch die Rolle und die Möglichkeiten der Währungspolitik weit zu überschätzen. Die Integration im Sinne einer Gesamtstrategie verlangt nach sorgfältig aufeinander abgestimmten Schritten, auch auf Feldern, die man wegen ihres „schwierigen Charakters" bisher ausgeklammert hat. Es wäre keine Überraschung, wenn die mit der deutschen Wiedervereinigung verbundenen Folgen in diesem Prozeß als Katalysator wirken würden.

Literatur

Buiter, W. H., *Kletzer,* K. M.: Reflections on the Fiscal Implications of a Common Currency, in: Centre for Economic Policy Research, Discussion Paper No. 418, 1990. – *Delors,* J.: Regional Implications of Economic and Monetary Integration, in: Committee for the Study of Economic and Monetary Union, 2. Collection of Papers submitted to the Committee for the Study of Economic and Monetary Union, Luxembourg 1989, S. 81ff. – Deutsche Bundesbank: Geschäftsbericht der Deutschen Bundesbank für das Jahr 1990. – *Romer,* P. M.: Are Nonconvexities Important for Understanding Growth?, in: American Economic Review, Papers and Proceedings, 1990, S. 97 - 103. – Sachverständigenrat zur Begutachtung der gesamtwirtschaftlichen Entwicklung: Marktwirtschaftlichen Kurs halten – Zur Wirtschaftspolitik in den neuen Bundesländern, Sondergutachten vom 13. 4. 1991. – Ders.: Weichenstellungen für die neunziger Jahre, Jahresgutachten 1989/90. – *Sargent,* T. J.: Rational Expectations and Inflation, New York 1986.

Budgetpolitik, Kapitalmärkte und Kapitalallokation: Implikationen für die Europäische Wirtschafts- und Währungsunion

Von Dieter Duwendag, Speyer

I. Problemstellung

Die nationale Budgetpolitik, genauer gesagt: die mangelnde Haushaltsdisziplin zahlreicher EG-Mitgliedstaaten, unterliegt seit geraumer Zeit heftiger Kritik. Vorgehalten werden ihr insbesondere zwei „Verstöße“:

- Sie habe die Kapitalmärkte übermäßig beansprucht und damit zu allokativen Verwerfungen und zum Anstieg der Realzinsen beigetragen.
- Sie verfüge über ein derart großes Potential an Störimpulsen, daß das ganze Vorhaben einer Europäischen Wirtschafts- und insbesondere Währungsunion (WWU) daran zu scheitern drohe.

Beiden Vorwürfen wird im folgenden nachgegangen.

In *Abschnitt II* werden zunächst die großen Entwicklungslinien aufgezeigt, die weltweit und auch in der EG durch einen deutlichen Rückgang sowohl der Spar- als auch der Investitionsquoten von den 70er zu den 80er Jahren gekennzeichnet waren. Im Verlauf dieses Prozesses kam es zu dem Phänomen zunehmender Spar-/Investitionslücken bzw. Leistungsbilanzsalden. *Abschnitt III* analysiert sodann für die EG insgesamt das staatliche Spar- bzw. Budgetverhalten: Ausschlaggebend für den Rückgang der volkswirtschaftlichen Sparquoten war der drastische Fall der Ersparnis des Staatssektors, der in vielen Fällen sogar in eine negative Staatsersparnis umschlug. Demgegenüber hat sich die Sparquote des privaten Sektors als relativ stabil behauptet. Mit der zunehmenden Absorption der gesamtwirtschaftlichen Ersparnis durch den Staat im Zuge einer expansiven Budgetpolitik sind Anspannungen an den Kapitalmärkten und ein kräftiger Anstieg der Realzinsen einhergegangen.

Vor diesem Hintergrund wird in *Abschnitt IV* die kontroverse Frage diskutiert, wie in einer künftigen WWU die nationale Budgetpolitik organisiert werden soll. „Markt oder Regeln?“ – lautet zugespitzt die Frage nach den Handlungsmaximen zur Sicherstellung von Haushaltsdisziplin. In diesem Zusammenhang wird auf einen vor allem von der EG-Kommission in den letzten Jahren besonders propagierten Vorschlag – die Stabilisierung der Schuldenquote – näher eingegangen und das diesbezügliche Verhalten der einzelnen EG-Länder unter die Lupe genommen. Der abschließende *Abschnitt V* zieht daraus einige Schlußfolgerungen für die Gestaltung der nationalen Budgetpolitik in einer künftigen WWU.

II. Ersparnis, Investitionen und internationale Kapitalallokation

1. Weltweite Trends

Die Weltersparnisse und Weltinvestitionen (hier und im folgenden stets als Bruttogrößen in % des BIP bzw. BSP) sind in den letzten beiden Jahrzehnten deutlich gesunken (vgl. *Abb. 1*). Hiervon waren alle großen Wirtschaftsblöcke gleichermaßen betroffen, die Industrieländer ebenso wie die Dritte Welt. Die linken Hälften der *Abb. 1* zeigen auf einen Blick die *langfristigen* Entwicklungstendenzen des Spar- (S) und Investitions- (I) Verhaltens im OECD-Bereich, jeweils gemessen an den Durchschnittsquoten der 70er und 80er Jahre:

- Der fallende Trend ist eindeutig, wenn auch unterschiedlich stark in den einzelnen Blöcken. Für die *OECD insgesamt*, die die Durchschnittswerte widerspiegeln, sanken die Quoten relativ geringfügig um −2 (I) bzw. −2,5 (S) Prozentpunkte. Den stärksten Rückgang verzeichneten *Japan* mit −4,5 (I) und −3 (S) sowie die *EG* mit −4 (I) und −3,5 (S) Prozentpunkten, den schwächsten die *USA* mit −1 (I) und −3,5 (S) Prozentpunkten. Aus der Tatsache, daß die OECD-Länder mehr als 75% der Weltersparnisse und -investitionen auf sich vereinigen (vgl. *EG-Kommission* [1990c]), wird deutlich, daß dieser Rückgang ein weltweites Phänomen gewesen ist.
- Ähnliche Tendenzen lassen sich für die restlichen Länderblöcke beobachten (nicht aus *Abb. 1* ersichtlich; vgl. dazu *Duwendag* [1991]). So sanken in den *Entwicklungsländern insgesamt*, d.h. unter Einschluß der vier ostasiatischen „kleinen Tiger“ als „big savers“, die durchschnittlichen Spar- und Investitionsquoten von den 70er zu den 80er Jahren um 4 (I) bzw. 4,5 (S) Prozentpunkte. Für die *Sowjetunion* und die *osteuropäischen Länder* liegen halbwegs verläßliche Daten nur für die 80er Jahre vor. Mit Ausnahme Polens und Ungarns war in diesen Ländern der Fall der Spar- und Investitionsquoten im Verlauf der 80er Jahre noch ausgeprägter und betrug in der Spitze bis zu −10 Prozentpunkten (Rumänien).

Vielleicht noch bemerkenswerter als dieser Rückgang war, daß sich in dieser Zeit vorher nicht gekannte Spar- bzw. Investitions-*Lücken* auftaten. Lagen die Spar- und Investitionsquoten im OECD-Bereich im Durchschnitt der 70er Jahre noch in etwa auf dem selben Level, so drifteten sie im folgenden Jahrzehnt mehr oder weniger stark auseinander. *Abb. 1* zeigt das Auftreten derartiger Lücken für die OECD insgesamt nur in schwächerem Maße,

Abb. 1: OECD, Japan, USA, EG: Bruttoersparnis (S^b) und Bruttoinvestitionen (I^b)[a]; in % des BSP/BIP

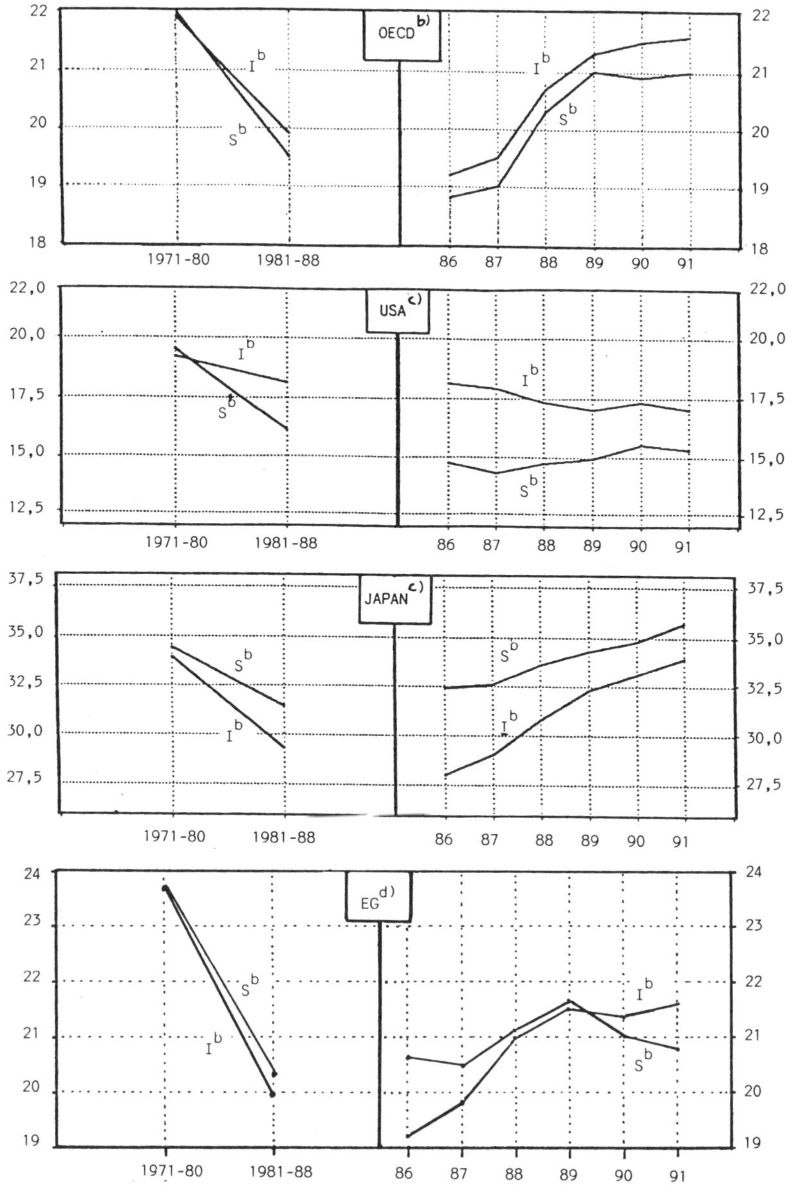

a) 1971 - 80 und 1981 - 88: Durchschnittswerte. – b) für 1990/91 eigene Schätzungen auf der Basis von IMF-(1990b)Projektionen. – c) Für 1991 teilweise eigene Schätzungen auf der Basis von IMF-(1990b)Projektionen. – d) Ab 1990/91 einschl. GesamtD (DIW-Schätzungen).

Quellen: A. Dean u.a. (1990). – *IMF* (1990, 1990a, 1990b). – *EG-Kommission* (Hrsg.) [1989, 1990a, 1990b]. – *DIW* (1991).

weil sich hier entgegengesetzte Wirkungen zu einem nur kleinen Nettoeffekt bündeln. Sie treten deutlicher zutage im Einzelfall, so besonders ausgeprägt in den *USA* und *Japan*, während die *EG* nur einen kleinen „gap“ aufweist. Die USA wurden in dieser Zeit zum Netto-Kapitalimporteur und Japan zum Netto-Kapitalexporteur. Da beide Länder einen etwa gleich hohen Anteil an den Weltersparnissen und Weltinvestitionen haben und überdies deren Spar- bzw. Investitionslücken gleich groß waren (je rd. 2 Prozentpunkte), bestand – zumindest rechnerisch – insoweit ein quantitativer Ausgleich der internationalen Kapitaltransfers.

Einen Überblick über die Trends seit Mitte der 80er Jahre und die *jüngsten Entwicklungen* im OECD-Bereich geben die rechten Hälften der *Abb. 1*. Die Angaben für 1990/91 beruhen insbesondere auf Projektionen des IMF Economic Outlook und der EG-Kommissionsdienststellen; in beiden sind die Auswirkungen des Golfkrieges noch nicht berücksichtigt. Die wichtigsten Merkmale sind:

- Mit Ausnahme der USA haben sich die Spar- und Investitionsquoten im gesamten OECD-Bereich von ihrem scharfen Fall und von ihrem Nachkriegs-Tiefststand seit Mitte der 80er Jahre wieder deutlich erholt. In den Entwicklungsländern (insgesamt) verharrten die Spar- und Investitionsquoten dagegen bis heute auf dem niedrigen Stand seit Ausbruch der Schuldenkrise (1982), während die entsprechenden Quoten in der Sowjetunion und in den osteuropäischen Ländern – mit Ausnahme Polens und Ungarns – bis zum Anfang der 90er Jahre sogar noch weiter gesunken sind.
- Die *OECD insgesamt* hat ihre Sparlücke in nur drei Jahren, d.h. von 1989 bis 1991, verdoppelt (von 0,3 auf 0,6 Prozentpunkte) und damit ihre Position als Netto-Kapitalimporteur erhöht. Zu dieser Erhöhung haben im wesentlichen zwei Faktoren beigetragen: Einmal die Umkehrung der Lükken in der EG, d.h. der „Swing“ der EG zur Position eines Nettokapitalimporteurs ab 1990. Zweitens vollzog sich in Japan die graduelle Schließung der Investitionslücke rascher und stärker als die graduelle Schließung der Ersparnislücke in den USA, wobei sich letztere als Konsequenz des Golfkrieges aufgrund steigender Investitionen wahrscheinlich wieder ausweiten wird.

Die weltweiten langfristigen Entwicklungstendenzen lassen sich zu einigen Schlußfolgerungen zusammenfassen:

(1) Der im OECD-Bereich zu verzeichnende Rückgang der Spar- und Investitionsquoten von den 70er zu den 80er Jahren und ihre Erholung seit Mitte der 80er Jahre waren begleitet vom Auftreten und einer Ausweitung der Spar- und Investitionslücken in den großen Länderblöcken, d.h. begleitet von zunehmenden Leistungsbilanzsalden.

(2) Ausschlaggebend für den Fall der nationalen Sparquoten war der Rückgang der Ersparnisse des Staatssektors, der in vielen Ländern sogar in negative Sparquoten des Staates umgeschlagen ist: allen voran in den USA, aber auch in Kanada und in zahlreichen EG-Ländern (vgl. *Dean u.a.* [1990]). Auf das diesbezügliche Verhalten des Staatssektors in den EG-Ländern wird in *Abschnitt III* näher eingegangen.

(3) Der internationale Wettbewerb um Kapital, d.h. um Ersparnisüberschüsse, hat sich im Zuge dieser Prozesse wesentlich verschärft und zweifellos mit zum Anstieg der Realzinsen in den letzten beiden Jahrzehnten beigetragen. Nimmt man als Indikator die Ex-post-Realzinsen für langfristige US-Treasury Bonds, so haben sich diese von durchschnittlich −0,4% in den 70ern auf +6,3% im Durchschnitt der 80er Jahre erhöht.

(4) Angesichts des sich am Anfang der 90er Jahre abzeichnenden weltweiten Kapitalbedarfs und der damit einhergehenden Ausweitung der Ersparnislücken in den großen Länderblöcken wird sich der Trend zu hohen und vermutlich weiter steigenden Realzinsen in den nächsten Jahren wahrscheinlich fortsetzen. Diesem Trend könnte nur durch eine Erhöhung der globalen Ersparnisbildung begegnet werden, die sich jedoch – zumal im Bereich der Industrie- (OECD-)Länder – nicht abzeichnet. Das Szenario erscheint nicht unrealistisch, daß dabei der projektierte enorme Kapitalbedarf zur Umstrukturierung der östlichen Volkswirtschaften und zur Entwicklungsfinanzierung der Dritten Welt „auf der Strecke“ bleiben könnte. Denn im Kapitalwettbewerb mit den Industriestaaten dürfte es diesen Ländergruppen kaum gelingen, internationale Ersparnisüberschüsse im projektierten, d.h. eigentlich erforderlichen Umfang auch tatsächlich zu attrahieren.

2. *Entwicklungstendenzen in der EG*

Spezifische Entwicklungstendenzen des Spar- und Investitionsverhaltens in der EG sind in *Abb. 2* dargestellt. Hier ist zunächst die EG in zwei Gruppen unterteilt: (1) solche mit einer Ersparnislücke, d.h. alle Länder mit anhaltenden Leistungsbilanzdefiziten seit Mitte der 80er Jahre, und (2) solche mit einer Investitionslücke (in diese letztere ist auch Frankreich mit einer annähernden Gleichheit von S und I mit einbezogen). Zufällig sind es gerade je sechs Länder, und zufällig haben beide Gruppen fast exakt das gleiche Gewicht, ausgedrückt in den Kaufkraftstandards der EG. Beide Gruppen sind also hinsichtlich quantitativer Veränderungen direkt vergleichbar.

Im unteren Teil (3) der *Abb. 2* steht die Entwicklung für *Deutschland*, wobei versucht wurde, auf der Basis der jüngsten Vorausschätzungen des *DIW* (1991) und der *Bundesbank* (1990) ab 1990 (gestrichelte Linien) die Auswirkungen der deutschen Vereinigung auf die Spar- und Investitions- respektive

Leistungsbilanzquoten mitzuberücksichtigen. Prognostiziert wird für *Gesamt*deutschland ein deutlicher Anstieg der Investitionen und ein drastischer Fall der externen Überschüsse, woraus sich als Restgröße eine fallende bzw. stagnierende Sparquote ergibt.

Die Untergliederung der EG in diese beiden Gruppen hat zwei Vorteile:

- Erstens bringt sie den deutschen Vereinigungseffekt stärker zum Ausdruck als dies in der gesamten EG zutage tritt. So ist die graduelle Schließung der Investitionslücke im *zweiten* EG-Block nicht nur auf die Vorbereitungen auf den Binnenmarkt 1992 zurückzuführen, sondern eben auch auf die Effekte der deutschen Vereinigung, speziell was die Jahre 1990 und 1991 betrifft. Diese EG-Gruppe wird also schon jetzt und mehr noch in Zukunft als Anbieter von Ersparnisüberschüssen für die restliche EG und für den Rest der Welt ausfallen. Dies ist für die *erste* EG-Gruppe um so prekärer, als sie – zumindest in der nächsten Zeit – auf einer anhaltend hohen Ersparnislücke verharren wird. Per Saldo, d.h. für die EG insgesamt, ergibt sich daraus die schon in *Abb. 1* aufgezeigte Umkehrung hin zur Position eines Nettokapitalimporteurs ab 1990.
- Ein zweiter Vorteil dieser Gruppierung liegt darin, daß sie – zwar nicht flächendeckend, so doch aber annähernd – gleichzeitig zwischen Ländern mit gesunden und solchen mit problematischen Staatsfinanzen unterscheidet. M.a.W., jene EG-Länder mit den größten Haushaltsdefiziten und in der Regel negativen Staatsersparnissen befinden sich zugleich auch in der EG-Gruppe mit einer Ersparnislücke bzw. mit einem externen Defizit (nämlich vor allem Italien, Griechenland und Portugal).[1] Das damit angesprochene Phänomen der „*Zwillingsdefizite*" ist bekanntlich zwar theoretisch nicht zwingend, aber empirisch ist es für diese Länder in den letzten Jahren zu beobachten gewesen. Bei weiterhin anhaltend hohen deutschen Staatsdefiziten könnte auch Deutschland demnächst dieser Gruppe angehören.

3. Zunehmende Spar-/Investitionslücken

Ein wichtiger Punkt zur internationalen Kapitalallokation betrifft ein Phänomen, das unter der Bezeichnung *Feldstein / Horioka* (1980)-„Puzzle" bekannt geworden ist. In einer Studie für zahlreiche OECD-Länder und für den Zeitraum 1960 - 1974 hatten die beiden Autoren hochsignifikante Beziehungen zwischen den Spar- und Investitionsquoten mit nahe bei 1 liegenden Regressionskoeffizienten herausgefunden. „Rätselhaft" waren diese Ergebnisse insofern, als in einer Welt mit hoher und immer noch zunehmender Kapitalmobilität „eigentlich" keine derart engen (im Prinzip: überhaupt keine?) Beziehungen zwischen den *nationalen* Spar- und Investitionsquoten zu bestehen brauchten, zumindest nicht kurzfristig.

---

[1] Vgl. dazu im einzelnen *Abschnitt III* und *Tab. 1*.

Abb. 2: Bruttoerspranis (S^b) und Bruttoinvestitionen (I^b) in den EG-Ländern (EUR 12); in % des BIP[a)]

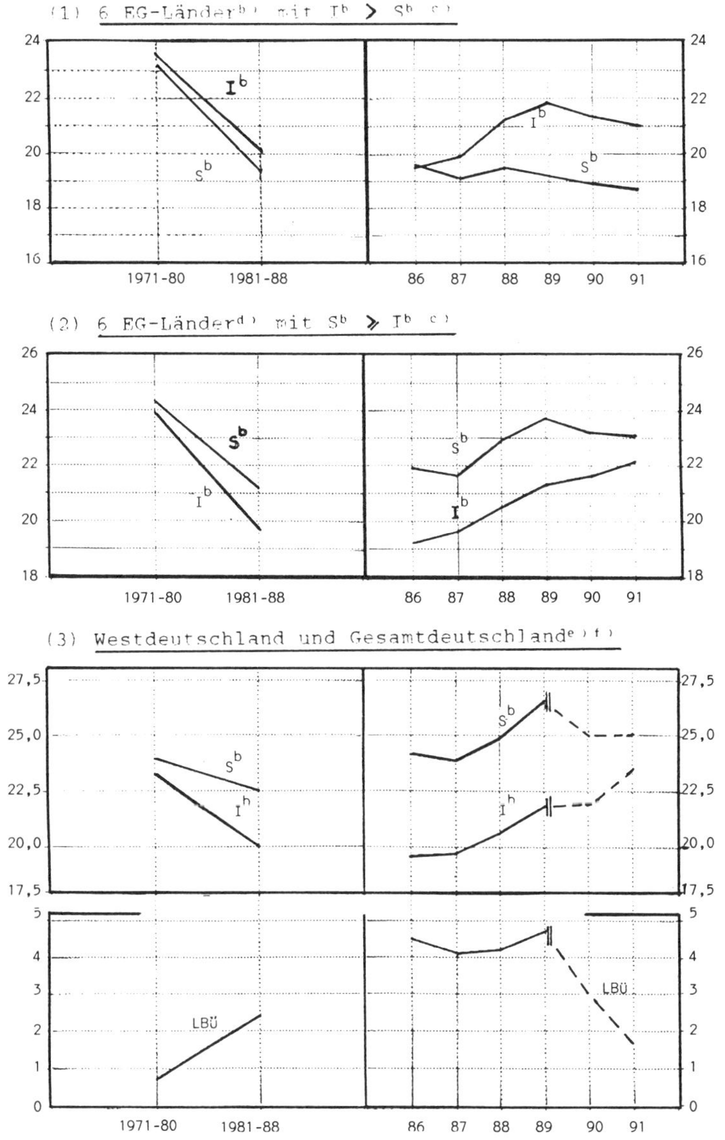

a) 1971 - 80 und 1981 - 88: Durchschnittswerte. – b) DK, GR, E, I, P, UK. – c) Gewichtet mit den BIP-Kaufkraftstandards der EG; eigene Berechnungen. – d) B, L, WestD (1990/91: GesamtD), F, IRL, NL. – e) Durchgezogene Linien beziehen sich auf WestD, gestrichelte Linien auf GesamtD (Angaben für 1990/91: Schätzungen des DIW). – f) LBÜ = Leistungsbilanzüberschuß.

Quellen: A. Dean u. a. (1990). *EG-Kommission* (Hrsg.) [1989, 1990a, 1990b]. – *Deutsche Bundesbank* (1990). – *DIW* (1991).

Tatsächlich haben sich diese Zusammenhänge inzwischen auch deutlich gelockert. Zwar laufen die Spar- und Investitionsquoten tendenziell immer noch in die gleiche *Richtung*, aber nicht mehr im *Gleichschritt*, vielmehr driften sie auseinander. Die Entstehung, die Ausweitung und die Persistenz von Spar-/Investitionslücken bzw. externen Ungleichgewichten sind, wie gezeigt (*Abb. 1*), in den letzten zwei Jahrzehnten weltweit zu beobachten. Diese Entwicklungen waren begleitet von einer gegenüber dem Zeitraum der o. g. Untersuchung noch weiter verstärkten Integration der internationalen Finanzmärkte (Deregulierung, Finanzinnovationen), womit auch das „Rätsel" inzwischen einer Lösung näher gekommen sein dürfte. Jüngste Forschungsergebnisse von *Feldstein / Bacchetta* (1989), *Artis / Bayoumi* (1990) und *Dean u. a.* (1990) deuten wenigstens in diese Richtung. So zeigen z. B. die Ergebnisse von *Dean u. a.* (S. 18) für 23 OECD-Länder, daß die Koeffizienten der Spar-/Investitions-Regressionen von nahe 1 für die 60er und frühen 70er Jahre auf nur noch 0,58 für den Zeitraum 1983 - 87 drastisch gesunken sind.

Wie es scheint, hat sich nicht zuletzt der *Staatssektor* im Zuge seines rückläufigen oder gar Entspar-Prozesses die gestiegene internationale Kapitalmobilität kräftig zunutze gemacht, indem er ausländische Ersparnisüberschüsse abgeschöpft hat. So ist z. B. die Verschuldung des deutschen Bundeshaushalts im *Ausland* von einem Anteil von nur 3 % an der gesamten Bundesschuld im Jahre 1970 auf 18 % in 1980 bis auf 40 % im Jahr 1989 sprunghaft gestiegen.

III. Staatsersparnis, Budgetdefizite und Kapitalallokation in der EG

Es wurde schon verschiedentlich erwähnt, daß der Rückgang der Staatsersparnis ein dominanter Faktor für die Senkung der volkswirtschaftlichen Sparquoten in den letzten zwei Jahrzehnten gewesen ist. Rückläufige oder gar negative Staatsersparnisse führten wiederum zu steigenden Budgetdefiziten und damit zu einer zunehmenden Absorption der volkswirtschaftlichen Ersparnis durch den Staatssektor. Hohe und weiter steigende Budgetdefizite könnten schließlich zur Fehlallokation von Kapital und zum Anstieg der Realzinsen beigetragen haben. In diesem Abschnitt wird versucht, einige diesbezügliche Aspekte des Staatsverhaltens in der EG aufzuzeigen.

Vorab sind kurz die Begriffe und Zusammenhänge zwischen „Staatsersparnis" und „Budgetdefizit" zu klären. Die Staatsersparnis ist zunächst Bestandteil der gesamten (volkswirtschaftlichen) Ersparnis eines Landes: Steigende bzw. rückläufige Quoten der Staatsersparnis führen ceteris paribus zu entsprechenden Veränderungen der Gesamtersparnisquoten. Die Existenz einer *positiven Staatsersparnis* bedeutet, daß ein Teil der staatlichen (Nichtkredit-)Einnahmen nicht für die laufenden Ausgaben des Staates verwendet wurde und mithin zur Finanzierung von Staatsinvestitionen zur Verfügung steht. Übersteigen die staatlichen Investitionsausgaben die (positive) Staatsersparnis, so entsteht in dieser Höhe ein *Budgetdefizit* (staatliche Nettokreditaufnahme). Bei einer *negativen Staatsersparnis* müssen hingegen nicht nur die Investitions-, sondern überdies ein Teil der laufenden Staatsausgaben durch Kredite finanziert werden. Staatliche Budgetdefizite können also sowohl mit einer positiven als auch mit einer negativen Staatsersparnis einhergehen, aber mit sinkender oder gar negativer Staatsersparnis steigt die Höhe des Budgetdefizits.

1. Absorption der volkswirtschaftlichen Ersparnis durch den Staat

Abb. 3 zeigt zunächst für die *gesamte* EG einen starken Rückgang der volkswirtschaftlichen Sparquote in den letzten beiden Jahrzehnten, nämlich von 23,7% im Durchschnitt der 70er Jahre auf 20,5% in den 80er Jahren (−3,2 Prozentpunkte). Ausschlaggebend für den Fall der Gesamtersparnis war der Rückgang der staatlichen Sparquote um durchschnittlich 2,6 Prozentpunkte, während die private Ersparnis ein relativ stabiles Verhaltensmuster aufwies (−0,6 Prozentpunkte). In einem nahezu „freien Fall" sank die staatliche Sparquote von 1970 bis 1982 von +5% auf −1,6%; das bedeutet einen „Swing" von 6,6 Prozentpunkten. Nicht weniger als acht Jahre, von 1981 bis 1988, verharrte sie im negativen Bereich („Entsparen" des Staates) und erreichte erst in den letzten beiden Jahren wieder leicht positive Werte.

Aus dieser Entwicklung kann gefolgert werden, daß die rückläufige bzw. negative Staatsersparnis – für sich genommen – wesentlich mit zu der heute, d.h. am Anfang der 90 Jahre, zu verzeichnenden Ersparnislücke der EG und zu ihrer Position als Nettokapitalimporteur gegenüber dem Rest der Welt beigetragen hat. Der drastische Fall der Staatsersparnis hat nicht nur die gesamte Sparquote mit heruntergezogen, sondern wegen des damit verbundenen Anstiegs der Budgetdefizite auch einen zunehmenden Anteil der volkswirtschaftlichen Ersparnis für staatliche Verwendungszwecke absorbiert.

Die schwierige Frage, ob und inwieweit im Zuge dieses Prozesses eine *Fehlallokation* von Kapital, z.B. dessen (teilweise) Verwendung für konsumtive Staatszwecke, stattgefunden hat, kann hier nur kurz angedeutet werden. Wie bereits anhand der *Abb. 1 und 2* gezeigt wurde, ist in den letzten zwei Jahrzehnten in etwa parallel zum Rückgang der Staats- und damit zugleich der Gesamtersparnisquote (−3,5 Prozentpunkte) auch die gesamtwirtschaftliche Investitionsquote der EG gesunken (−4 Prozentpunkte). Korrespondierend dazu sind die Leistungsbilanzquote (+0,5 Prozentpunkte) und die gesamtwirtschaftliche Konsumquote (+3 Prozentpunkte) der EG gestiegen. Daraus ergibt sich der folgende Überblick: Bezeichnet man mit d die Veränderung der *Quoten* in Prozentpunkten, so haben sich (jeweils in% des BIP) die Konsum- (dC), Investitions- (dI), Spar- (dS) und Leistungsbilanzüberschußquote

Abb. 3: Gesamte, private und staatliche Brutto-Ersparnis (in % des BIP) in der EG (EUR 12)[a)]

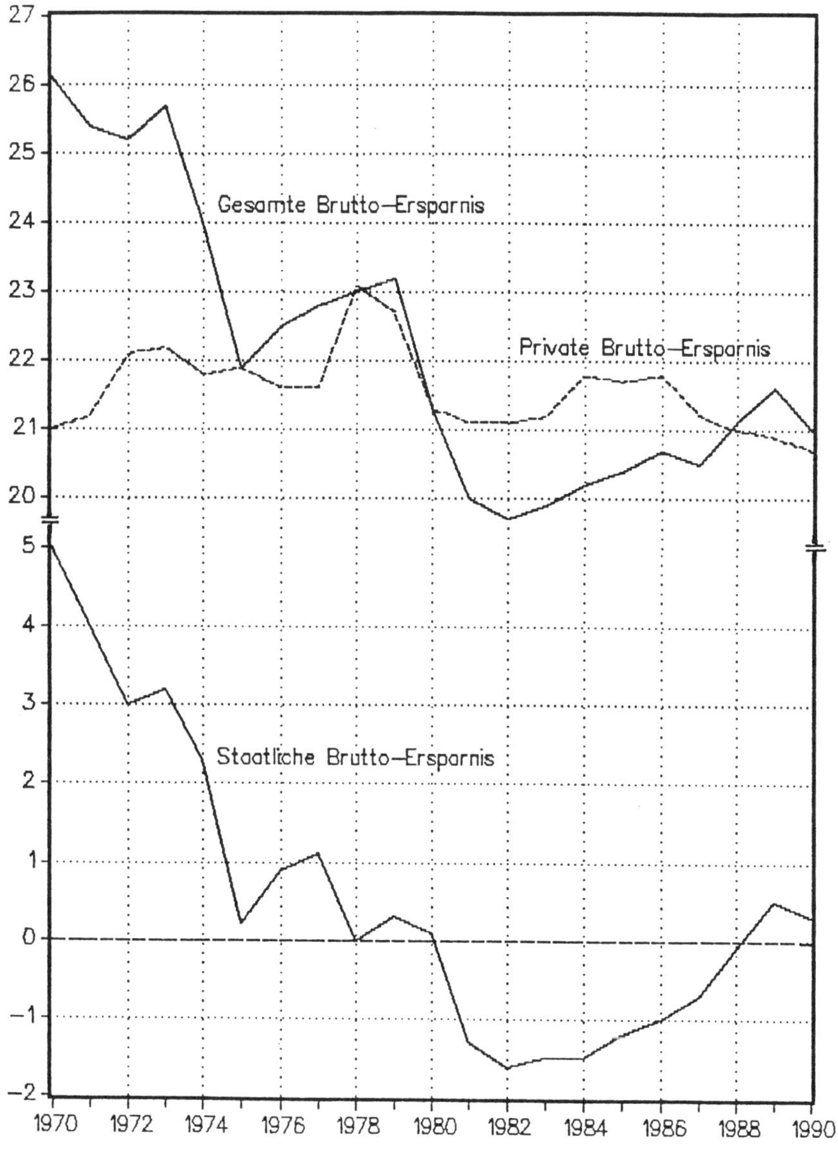

a) Gewichtet mit den BIP-Kaufkraftstandards der EG-Länder. Angaben für 1990: Vorausschätzugen der EG-Kommission.

Quellen: EG-Kommission (Hrsg.) [1990a], S. 204, 205 und [1990b], S. 1.

(dLBÜ) im Durchschnitt der Zeiträume 1971 - 80 und 1981 - 88 wie folgt verändert (gerundete Werte; vgl. *EG-Kommission* [1990a], S. 217ff.):

$$\begin{array}{ccccc} dC + dI + dLBÜ & = & dC + dS \\ +3 \quad -4 \quad +0{,}5 & = & +3 \quad -3{,}5 \end{array}$$

Ein interessanter Hinweis auf die mögliche Fehlallokation von Kapital im Zuge des rapiden Falls der Staatsersparnisse bzw. des Anstiegs der Budgetdefizite folgt aus der Aufspaltung der Erhöhung der gesamtwirtschaftlichen Konsumquote der EG um 3 Prozentpunkte: Danach haben zu dieser Erhöhung die private Konsumquote mit rd. 1 Prozentpunkt (ca. +2%), die *staatliche Konsumquote* dagegen mit rd. 2 Prozentpunkten (ca. +10%) beigetragen. Gleichzeitig ist die *staatliche Investitionsquote* für die EG insgesamt von einem Durchschnittswert für 1974 - 82 von 3,3% bis 1988 auf 2,6% gesunken.[2] Aus alledem kann gefolgert werden, daß die durch die steigenden Budgetdefizite absorbierten Mittel zu einem wesentlichen Teil in den Staatskonsum geflossen sind und insofern als eine Fehlallokation von Kapital interpretiert werden könnten.

Eine andere in diesem Zusammenhang interessierende Frage betrifft die *Parallelität* des Rückgangs der gesamtwirtschaftlichen Spar- und Investitionsquoten der EG in den letzten zwei Jahrzehnten. Offensichtlich ist es auch und gerade den privaten Investitionen nicht gelungen, sich vom Fall der Gesamtersparnisse abzukoppeln, und zwar dies trotz der im gleichen Zeitraum gestiegenen internationalen Kapitalmobilität[3] und trotz der durchweg herrschenden Unterbeschäftigung (Ressourcen) der Volkswirtschaften in der EG. Ein möglicher Erklärungsversuch der *EG-Kommission* (1990a) geht dahin, daß ein zinsbedingtes Crowding-out von privaten Investitionen aufgrund der ständig gestiegenen Absorption der gesamtwirtschaftlichen Ersparnis durch den Staat und der damit verbundenen Verschärfung der Kapitalmarktkonditionen stattgefunden haben könnte.

2. *Staatsersparnis und Realzins*

Nähere Aufschlüsse über das Spar- bzw. Budgetverhalten der einzelnen Mitgliedstaaten der EG gibt *Tab. 1*. Von dem Rückgang der Staatsersparnis waren nahezu alle Länder betroffen: So gab es 1984 nur noch drei Mitgliedstaaten mit einer positiven Staatsersparnis (D, F, L); bis 1990 sind lediglich zwei weitere hinzugekommen (E und UK). Immerhin handelt es sich hierbei um Länder mit großem Gewicht (D, F, UK). Aber dieses Gewicht reichte

---

[2] Daten für die zuvor genannten vergleichbaren Zeiträume (1971 - 80 und 1981 - 88) liegen nicht vor.

[3] Vgl. dazu die Ausführungen zum „Puzzle“ im vorigen Abschnitt.

gerade aus, um die heutige volkswirtschaftliche Gesamtersparnis wieder auf das bereits 1980 erreichte Niveau anzuheben (vgl. *Abb.* 3).

Der Überblick (*Tab. 1*) über die Entwicklung der Budgetdefizite in den letzten vier Jahren (für 1991: Prognosewerte der *EG-Kommission* [1990a]) läßt erkennen, daß die fünf Mitgliedstaaten B, GR, I, NL und P mit Haushaltsdefiziten zwischen ca. 5 und 17% z.T. erheblich über dem (gewogenen) EG-Durchschnitt liegen. Allerdings sind auch Tendenzen zu ihrer Rückführung und zur Stabilisierung der Schuldenquoten (in B, NL und P) zu verzeichnen, worauf im nächsten *Abschnitt IV* näher eingegangen wird. Wie rasch die Budgetpositionen umschlagen können, zeigt das deutsche Beispiel: Ausgehend von einem leichten Überschuß 1989, wird für 1991 mit einem Defizit von ca. 5% gerechnet wegen des hohen öffentlichen Beitrags zur Finanzierung der deutschen Einheit.

Tabelle 1

Staatliche[a] Brutto-Ersparnis und Haushaltssaldo in den EG-Ländern (in % des BIP)

	B	DK	D	GR	E	F	IRL	I	L	NL	P	UK	EG
	Staatliche Brutto-Ersparnis												
1981	-8,2	-2,7	1,1	-6,8	0,1	1,7	-6,7	-7,0	5,7	0,2	-4,2	-0,5	-1,3
1984	-5,9	-1,4	2,1	-5,4	-1,0	0,6	-5,4	-7,1	10,0	-1,0	-8,1	-1,2	-1,5
1990[b]	-4,1	1,9	2,6	-13,9	3,6	2,2	-0,7	-5,9	10,7	-1,2	-3,5	2,8	0,3
1987 -1990	-4,4	2,9	2,2	-11,5	2,6	1,9	-2,2	-6,0	9,6	-0,9	-2,3	1,9	0,0
	Staatlicher Haushaltssaldo[c]												
1988	-6,6	0,2	-2,1	-15,6	-3,2	-1,7	-5,3	-10,9	2,1	-5,2	-5,4	1,1	-3,7
1989	-6,6	-0,7	0,2	-18,4	-2,7	-1,5	-3,5	-10,2	3,2	-5,2	-3,8	0,9	-3,0
1990[b]	-5,8	-1,4	-3,2	-18,4	-3,1	-1,2	-3,4	-10,1	3,3	-5,4	-6,0	-0,3	-4,0
1991[b]	-6,1	-1,6	-4,8	-16,9	-1,9	-1,1	-3,5	-9,4	1,1	-4,7	-5,6	-0,7	-4,1

a) Gebietskörperschaften einschl. Sozialversicherung. – b) Vorausschätzungen der EG-Kommision. – c) –: Defizit.

Quelle: EG-Kommission (Hrsg.) [1990a], S. 204/205 und S. 273.

Im Zuge des Rückgangs der Staatsersparnis bzw. des staatlichen Entsparens und der damit verbundenen Senkung der gesamten Sparquote in der EG ist Kapital nicht nur knapper, sondern auch teurer geworden. Lag der *Realzins* im Durchschnitt der 70er Jahre bei −0,6%, so ist er ein Jahrzehnt später auf durchschittlich 4,6% gestiegen.

Abb. 4 zeigt zunächst den Zusammenhang zwischen der Entwicklung der *Gesamt*ersparnisse (und -Investitionen) und der langfristigen Ex-post-Realzinsen. Dabei fallen die Niveauunterschiede zwischen den 70er und 80er Jahren ins Auge, d.h. die Verbindung von hohen Sparquoten mit niedrigen, z.T. sogar negativen Realzinsen in den 70er Jahren und die umgekehrte Beziehung in den 80er Jahren. Noch deutlicher werden diese Beziehungen, wenn man – wie in *Abb. 5* – den Zusammenhang zwischen der Entwicklung der *staatlichen* Sparquote (sie war ja bestimmend für die gesamte Sparquote) und der Realzinsen betrachtet: Verlief diese Entwicklung bis 1976 noch ausgesprochen parallel, so verkehrte sie sich danach ins Gegenteil. M.a.W., seit etwa Mitte der 70er Jahre sind sinkende staatliche Sparquoten und steigende Realzinsen eng miteinander verkoppelt, eine negative Korrelation, die offenbar mit dem Übergang zu einer negativen Staatsersparnis besonders stark ausgeprägt war.

Allerdings wäre es sicher verfehlt, den Rückgang des staatlichen Sparens als einzigen Faktor für die Realzinssteigerung seit Mitte der 70er Jahre anzusehen. So waren die Inflationsraten und Inflationserwartungen speziell in den 70er Jahren außergewöhnlich hoch und nicht mit jenen der 80er Jahre zu vergleichen. Möglicherweise besteht jedoch auch zwischen den Inflationserwartungen und der Höhe der staatlichen Budgetdefizite eine enge (positive) Beziehung. In jedem Fall kann jedoch das rückläufige bzw. „negative" Sparverhalten des Staates als ein wichtiger Faktor für den Realzinsanstieg angesehen werden.

IV. Nationale Budgetpolitik in einer Europäischen Wirtschafts- und Währungsunion

Nach den ernüchternden Erfahrungen mit der Budgetpolitik fast aller Mitgliedstaaten im Verlaufe der 80er Jahre scheint höchste Vorsicht geboten, diesen Bereich der nationalen Wirtschaftspolitik „unkoordiniert" in die WWU zu überführen. Für die *EG-Kommission* (1990, S. 120) steht jedenfalls fest: „Haushaltspolitische Disziplin, definiert als Vermeidung einer untragbaren Entwicklung der Staatsschuld, ist eine zentrale Voraussetzung für den Erfolg der WWU".

Im Mittelpunkt dieses Abschnitts steht daher die Frage, ob in einer künftigen WWU autonome (nationale) Budgetpolitiken neben einer vergemeinschafteten („europäisierten") Geld- und Wechselkurspolitik Bestand haben können. „Markt oder Regeln?" – lautet zugespitzt die Frage nach den adäquaten Koordinationsmechnismen für die nationalen Budgetpolitiken. Die folgenden Ausführungen legen zunächst die kontroversen Auffassungen zu dieser Frage dar, nennen sodann einige Argumente zur Notwendigkeit von Budgetdisziplin in einer WWU, diskutieren weiter den von der *EG-Kommission* (1990) propagierten Ansatz zur Stabilisierung der Schuldenquote und betrachten schließlich – im Lichte dieses Vorschlags – die jüngsten diesbezüglichen Entwicklungstendenzen in den Mitgliedstaaten.

Abb. 4: Bruttoersparnis, Bruttoinvestitionen (in % des BIP) und Realzins (%)[a] *in der EG (EUR 12)*

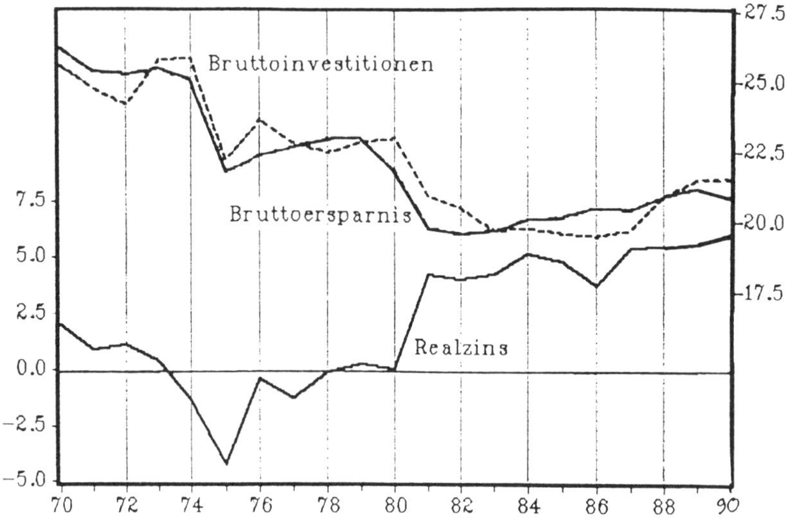

a) Nominaler langfristiger Zinssatz (Staatsanleihen mit langer Laufzeit) abzüglich Preisdeflator des BIP zu Marktpreisen; gewogenes geometrisches Mittel.

Quellen: EG-Kommission (Hrsg.) [1990a], S. 204, 205, 243, 267 und [1990b], S. 1.

Abb. 5: Langfristiger Realzins (%) und Staatliche Brutto-Ersparnis (in % des BIP) in der EG (EUR 12)[a]

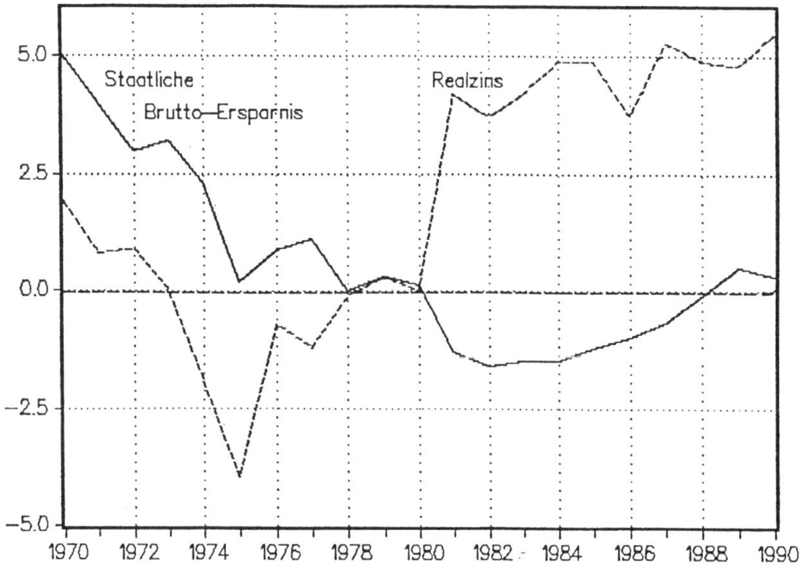

a) Abgrenzungen und Quellen wie in Abb. 4.

1. Kontroverse Ausgangspunkte

Der *Delors-Report* (1989, S. 20) plädiert für ein „System verbindlicher Regeln über den Umfang und die Finanzierung nationaler Haushaltsdefizite ...", fügt jedoch sogleich hinzu, daß „Entscheidungen über die Hauptkomponenten der Politik ... und damit über Höhe und Struktur der Staatsausgaben selbst in der Endphase der Wirtschafts- und Währungsunion Sache der Mitgliedstaaten (wären). Das gleiche gilt für zahlreiche Entscheidungen über staatliche Einnahmen". Diese Empfehlung des Delors-Reports erscheint ausgesprochen irritierend, um nicht zu sagen widersprüchlich. Denn zu fragen ist, wie sich beides verträgt: Souveräne Entscheidungen über die Höhe und Struktur der Staatsausgaben und -einnahmen, aber verbindliche Regeln für die Budgetdefizite? Gehen denn von einer Begrenzung der Haushaltsdefizite etwa keine Wirkungen auf die Steuerpolitik und die Staatsausgaben aus?

Die härteste Linie[4] zur regelgebundenen Budgetpolitik vertritt zweifellos die *Deutsche Bundesbank* (1990a, S. 2): „Da in der WWU die finanzpolitischen Entscheidungen weitgehend in der Hand der Mitgliedstaaten bleiben, müssen auf Gemeinschaftsebene vertragliche Vorkehrungen einschließlich bindender Regeln und Sanktionen für eine wirksame Haushaltsdisziplin in allen Mitgliedstaaten geschaffen werden."

Ein Gegenpol[5] hierzu kann in der Position des *Wissenschaftlichen Beirats beim Bundeswirtschaftsministerium* (1989, S. 22) gesehen werden, der auf die disziplinierenden Kräfte des Marktes setzt: „Aus sich heraus bedingt eine europäische Währungsunion ... keine formelle Einschränkung der nationalen Autonomie in der Finanzpolitik ... Daß man Zinsen bezahlen und Schulden tilgen muß mit Geld, das man nicht selbst herstellen kann, ist das entscheidende Moment der Disziplinierung; es schafft einen informellen Konvergenzzwang zu solidem Finanzgebaren".

Auch auf der *EG-Ebene* hält die Kontroverse über die künftige „Koordinierung" der nationalen Budgetpolitiken unvermindert an. Nach dem gegenwärtigen Stand der Debatte scheint es nur die folgenden vier *Konstanten* zu geben, über die es zur Begrenzung der Budgetdefizite bzw. der Staatsverschuldung praktisch keinen Streit mehr gibt, nämlich

- erstens der Ausschluß jeglicher *Staatsfinanzierung* durch die Europäische Zentralbank (EZB; es sei denn, sie wird aus Gründen der Geldversorgung explizit von der EZB gewünscht),

---

[4] Ähnlich strikte Positionen vertreten z.B. *H. Schlesinger* (1989) und *W. Duisenberg* (1990).

[5] Vgl. dazu auch *J. Scheide* und *P. Trapp* (1991).

- zweitens der Ausschluß jeglicher *Solidarhaftung* der Gemeinschaft („bail-out") für solche Mitgliedstaaten, die aufgrund „exzessiver" Budgetdefizite in prekäre (Überschuldungs-)Situationen geraten,
- drittens die enge Begrenzung der (nationalen) staatlichen Kreditaufnahme in *Drittwährungen* (außerhalb der EG),
- viertens – auf dem Wege hin zur WWU – die Zurückdrängung bzw. der weitgehende Verzicht auf die *Inflationssteuer* („Seigniorage") als Finanzierungsquelle für nationale Staatsdefizite.

Bei diesen Punkten handelt es sich zwar um außerordentlich wichtige Rahmenbedingungen für die Funktionsfähigkeit einer künftigen WWU, sie treffen jedoch keine konkreten Festlegungen über die Gestaltung der nationalen Budgetpolitik. Die *EG-Kommission* selbst sieht derzeit einen Konsens nur hinsichtlich der folgenden beiden Grundprinzipien: „keine monetäre Finanzierung von Staatsdefiziten" und „kein bail-out", fügt jedoch hinzu: „We must go beyond the two rules mentioned, but not too far" (*Europe* [1990, S. 7]) – was auch immer dies heißen mag. So ist gegenwärtig noch die ganze Spannbreite möglicher Regelungen zur Sicherstellung von Budgetdisziplin offen – von strikten Defizitobergrenzen bis hin zum Vertrauen auf die disziplinierenden Kräfte des Marktes.

Auch die deutschen Regelungen zur Begrenzung der Staatsverschuldung gemäß Art. 109 und insbesondere 115 GG werden in diesem Zusammenhang als Modell für die EG diskutiert und vorgeschlagen, so z. B. kürzlich noch von *Delors* (*Europe* [1990, S. 7]). Spätestens seit dem salomonischen Urteil des BVerfG vom April 1989 sollte jedoch klar sein, daß das prinzipielle Verbot einer investitionsüberschreitenden Kreditaufnahme des Staates als strikte Regel nicht justiziabel ist und deshalb auch nicht mit Sanktionen belegt werden kann (vgl. *Wenzel* [1990]). Um so mehr erstaunt, daß die Deutsche Bundesregierung in dem Ende Februar 1991 vorgelegten Vertragsentwurf für die Weiterentwicklung der WWU diese Regelung weiterhin präferiert (vgl. *Handelsblatt* [1991]). Ferner plädiert die Bundesregierung für die Festlegung von Obergrenzen von am Gemeinschaftsdurchschnitt orientierten nationalen Verschuldungsquoten, die vom Ministerrat als „Empfehlungen" ausgesprochen werden sollen. Bei deren Nichteinhaltung sollen Sanktionen in Form einer Sperrung von EG-Mitteln vorgesehen werden.

2. *Zur Notwendigkeit von Budgetdisziplin in einer WWU*

Die Notwendigkeit von nationaler Budgetdisziplin in einer WWU wird im wesentlichen mit zwei Argumenten begründet (vgl. *Caesar* [1988]). Eine „exzessive" Budgetpolitik kann erstens allokative Störungen auf den Kapitalmärkten auslösen, zweitens kann sie den stabilitätsorientierten Kurs einer

EZB bedrohen und damit das ganze Vorhaben einer Währungsunion gefährden. Beide Argumente lassen sich auf die Theorie der (negativen) *externen Effekte* bzw. Spill-over-Wirkungen zurückführen. Unter den bisherigen Bedingungen, d.h. bei anpassungsfähigen Wechselkursen, geldpolitischen Gestaltungsspielräumen und Kapitalverkehrskontrollen, konnten Störimpulse der Budgetpolitik weitgehend abgeschirmt und auf *nationaler* Ebene gehalten werden. Alles dieses ändert sich jedoch unter den *Bedingungen einer Währungsunion*, die durch einen freien Kapitalverkehr, eine einheitliche Geldpolitik und festgezurrte Wechselkurse gekennzeichnet ist. Fallen diese nationalen Anpassungs- und Korrekturinstrumente fort, so können die möglichen Störimpulse der nationalen Budgetpolitik länderübergreifende Ausstrahlungseffekte nach sich ziehen.

Allokative Störungen auf den Kapitalmärkten können generell dadurch entstehen, daß der Staatssektor via Budgetdefizite einen übermäßigen Anteil der Gesamtersparnis absorbiert, diese Mittel volkswirtschaftlich „ineffizienten" Verwendungen mit der Gefahr von Kapitalfehlleitungen zuführt und damit das Zinsniveau hochtreibt oder hoch hält.[6] Zu fragen ist weiter, ob der bisher schon laxen Budgetpolitik einiger Mitgliedstaaten unter den Bedingungen einer Währungsunion noch weiter Vorschub geleistet werden könnte. Tatsächlich spricht einiges für diese Vermutung. Denn bei einem EG-weit freien Kapitalverkehr und einem einheitlichen Kapital- bzw. Bankenmarkt erhöhen sich die Zugriffsmöglichkeiten auf das volkswirtschaftliche *Ersparnispotential* eines vollintegrierten europäischen Kapitalmarktes, wodurch die Defizitfinanzierung zweifellos erleichtert wird.

Eine wichtige Frage ist in diesem Zusammenhang, welche Implikationen eine Währungsunion für die Zinsbildung und -entwicklung, d.h. für die *Kreditkosten*, haben wird. Unter den bisherigen EWS-Bedingungen haben „inflationäre" Mitgliedstaaten z.T. sehr hohe wechselkursbedingte, d.h. auf Abwertungserwartungen beruhende Zinszuschläge zu zahlen. Unter dem Szenario einer funktionierenden Währungsunion entfällt dieses Wechselkursrisiko. Denn als *angestrebtes* Ergebnis einer einheitlichen Geldpolitik der EZB wird sich nicht nur eine insgesamt niedrigere Geldentwertung einstellen, sondern werden sich auch die Unterschiede zwischen den nationalen Inflationsraten weitgehend einebnen. Dies ist ja zugleich die entscheidende Voraussetzung für die Festlegung unwiderruflich fester Wechselkurse. Im Endzustand einer Währungsunion wird es daher auch keine dauerhaften Preis- bzw. Zinsunterschiede für ein homogenes Gut, nämlich Kapital, mehr geben. Vielmehr wird die Arbitrage für einen unionsweiten Zinsausgleich sorgen, abgesehen von spezifischen Transaktionskosten und Marktunvollkommenheiten wie administrativen und steuerlichen Regelungen (vgl. *Filc* [1990]).

---

[6] Hierzu vgl. die Ausführungen im obigen *Abschnitt III*.

Für die (bislang) „inflationären" Länder bedeutet der interregionale Zinsausgleich im Vergleich zur heutigen Situation eine deutliche Senkung des Zinsniveaus, genauer, der Nominalzinsen. Auf den ersten Blick scheint es, als würde hierdurch ihr budgetpolitischer Spielraum erhöht, was wiederum einen Anreiz zur verstärkten Neuverschuldung auslösen könnte. Tatsächlich kommt es jedoch auf die *realen* Kreditkosten an, und diese dürften weitgehend unverändert bleiben (ebenso *Scheide / Trapp* [1991]). Mit der Angleichung der nationalen Geldentwertungsraten in einer Währungsunion wird ja lediglich die bislang höhere erwartete Inflationskomponente im Nominalzins reduziert. Konstante Realzinsen sind aber, für sich genommen, kein Anreiz für eine laxere Budgetpolitik – es sei denn, die Regierungen unterliegen einer (Nominal-)„Zins-Illusion".

Freilich ist die Gegenüberstellung der Szenarien „vor" und „nach" der Währungsunion eher eine idealtypische Beschreibung und die Erreichung des Endzustandes möglicherweise noch eine ferne Vision. Die eigentlichen Probleme dürften eher in der *Übergangszeit* liegen. Bleibt es, wie bisher schon seit 1987, auch in der Übergangszeit bei der politischen Ablehnung bzw. Undurchführbarkeit von Realignments im EWS (und wird dies von den Märkten „geglaubt"), so besteht die Gefahr, daß gerade die inflationären Defizitländer verstärkt Kapital attrahieren werden. Denn bei politisch festgezurrten Wechselkursen, d.h. de facto fehlendem Abwertungsrisiko, sind diese Länder wegen des im internationalen Vergleich hohen Nominalzinsniveaus die Orte mit der höchsten Rendite für anlagesuchendes Kapital. Bei guter Konjunkturlage besteht für diese Länder dann kaum ein Anreiz zu verstärkten Konsolidierungsbemühungen ihrer Haushalte.[7] Im Verlauf derartiger Prozesse kann es zu Fehlallokationen von Kapital kommen, z.B. zur Verwendung für konsumtive Staatszwecke und zu volkswirtschaftlich nicht erwünschten Investitions- und Produktionsverlagerungen (vgl. *Schröder* [1989]).

Ob in einer Währungsunion für hochverschuldete Länder ein spezielles *Bonitätsrisiko* („Zinsmalus") gelten wird, das die Budgetdisziplin fördert, ist schwer abzuschätzen. Entscheidend ist, ob die Märkte wirklich nicht an ein „bail-out" glauben werden. Dies ist wohl eher skeptisch zu beurteilen (vgl. auch *Issing* [1990]). Denn gerade unter den politischen Bedingungen einer WWU scheint es kaum vorstellbar, daß die Gemeinschaft ein Problemland einfach „fallen" läßt, sondern vielmehr in irgendeiner Weise doch stützt, sei es über die Struktur- oder Regionalfonds der EG oder über einen innergemeinschaftlichen Finanzausgleich.

Ein unter Allokationsgesichtspunkten wichtiger Punkt betrifft ferner die sog. „pekuniären Externalitäten" (*Buiter / Kletzer* [1990]). Führt die „übermäßige" Kreditaufnahme eines Landes auf dem integrierten europäischen

[7] Ähnlich argumentieren der *Sachverständigenrat* (1989), Zf. 422 und *H.-P. Spahn* (1991; in diesem Band).

Kapitalmarkt zu einem Zinsanstieg, so trifft dieser Anstieg nicht nur das kreditaufnehmende Land, sondern über Spillovers alle Kreditnehmer in der WWU. M.a.W.: „Die Zinskonsequenzen werden ... allen Partnerländern auferlegt; das kann dann leicht zu Konflikten mit der Geldpolitik führen" (*Tietmeyer* [1991], S. 4).

Gefährdungspotential aufgrund von Spill-over-Wirkungen einer exzessiven nationalen Budgetpolitik droht auch für die *Stabilitätspolitik einer EZB* und damit generell für das Zustandekommen und Funktionieren einer Währungsunion. Im Prinzip gelten hier die selben Argumente, die auch schon im nationalen Kontext gegen überhöhte Haushaltsdefizite immer wieder vorgebracht werden. Sie seien deshalb nur kursorisch zusammengefaßt:

- Auch bei Ausschluß jeglicher Finanzierung durch die Notenbank hat die Staatsverschuldung stets Geldmengen- und Zinswirkungen und beeinflußt damit jene monetären Variablen, die zugleich Ziel- und Steuergrößen der Geldpolitik sind.
- Selbst bei ausschließlicher Kapitalmarktfinanzierung der Budgetdefizite kann die Zentralbank – über die Kreditinstitute – ins „Schlepptau" der Staatsfinanzierung geraten (Bereitstellung von Zentralbankgeld).
- Wegen ihrer Zinsrobustheit kann die Staatsverschuldung Crowding-out-Effekte bei privaten Investitionen und über (steuerpolitische) Erwartungseffekte Änderungen des Spar- und Investitionsverhaltens des Privatsektors auslösen.

Insgesamt ergibt sich also eine Reihe von gravierenden Argumenten, die begründen, warum Budgetdisziplin in einer WWU und – genauso wichtig – bereits auf dem Wege dorthin notwendig ist. Damit ist freilich noch nichts darüber gesagt, ob diese Disziplin durch den Markt oder über verbindliche Gemeinschaftsregeln herbeigeführt werden sollte.

3. *Stabilisierung der Schuldenquote als Ansatz*

In diesem Abschnitt sind zunächst bislang nicht definierte Begriffe wie „Budgetdisziplin" und „tragbare" Schuldenposition etwas schärfer zu fassen. Zweitens wird auf den in letzter Zeit von der *EG-Kommission* (1990) besonders präferierten Ansatz eingegangen, die Schuldenquoten der Mitgliedsländer mindestens zu stabilisieren, im Einzelfall aber auch zu reduzieren.

Die „*Tragbarkeit*" („sustainability") einer Budget- bzw. Schuldenposition des Staates ist der Schlüsselbegriff. Theoretisch ist dieser Begriff durch die Bedingung der *intertemporalen Budgetrestriktion* klar definiert(vgl. z.B. *Spaventa [1987]*). Danach ist eine gegebene Schuldenposition dann „tragbar", wenn der anfängliche Schuldenstand höchstens genauso groß ist wie der

Gegenwartswert der künftigen Primärüberschüsse. „Primärüberschüsse" sind die Haushaltsüberschüsse *ohne* bzw. *vor* Zinszahlungen, und diese Primärüberschüsse sind abzudiskontieren mit dem Faktor, um den der Realzins die Wachstumsrate übersteigt. (Liegt der Realzins unter der Wachstumsrate, stellt sich das Problem der Tragbarkeit nicht, da in diesem Fall die Staatsschulden langfristig durch das Wachstum „getilgt" werden). Ist die Bedingung der intertemporalen Budgetrestriktion erfüllt, so ist der Staat jederzeit in der Lage, seine Zins- und Tilgungsverpflichtungen zu erfüllen, d.h. diese Bedingung ist gleichzeitig auch eine theoretische Leitmaxime für die Überprüfung von *„Budgetdisziplin"*.

Allerdings deuten diese Formulierungen schon an, daß die intertemporale Budgetbeschränkung als Richtschnur für die praktische Haushaltspolitik wenig geeignet, weil kaum operabel ist:

- Finanzpolitiker denken normalerweise nicht in Kategorien von Primärüberschüssen, die sich auf eine unbestimmt langfristige Perspektive erstrecken.
- Finanzpolitiker denken auch nicht in Kategorien des Schuldenabbaus im Sinne einer Nettotilgung. Staatsschulden sind für sie normalerweise „ewige Schulden"; worauf es ankommt, ist die pünktliche Zinsbedienung und – allenfalls – die Rückführung der Nettokreditaufnahme.

Handlungsmaximen zur Sicherstellung der Haushaltsdisziplin müssen daher anderen, vor allem kurz- bis mittelfristig einzuhaltenden Regeln bzw. Kriterien folgen. Ein solches Konzept wurde von *Blanchard* (1990) entwickelt und von *Chouragui u.a.* (1990) und *Gramlich* (1990) weiter verfeinert. Nach diesem Konzept ist eine Budget- bzw. Schuldenposition dann „tragbar", wenn sie zu einer Stabilisierung der Schuldenquote im Zeitablauf führt. Im Prinzip handelt es sich dabei um eine *pragmatische*, kurz- bis mittelfristige *Version* der intertemporalen Budgetrestriktion, die – wie schon erwähnt – von der *EG-Kommission* (1990) als Vorschlag für eine Budgetregel übernommen wurde. Betont sei, daß mit einer solchen Regel natürlich keine Bedingungen für eine „optimale" Fiskalpolitik im umfassenden Sinne formuliert werden, sondern eben nur eine Richtschnur zur Herbeiführung bzw. Sicherstellung von Budgetdisziplin (vgl. *IMF* [1990b]).

In Anlehnung an *Blanchard* (1990) läßt sich das Tragbarkeitskonzept wie folgt herleiten, wobei alle Variablen von vornherein als reale Größen ausgedrückt werden (das Ergebnis ändert sich nicht bei Verwendung von Nominalgrößen). In diskreten Schritten betrachtet, beschreibt Gleichung (1) den Schuldenstand (B) am Ende der Periode t: Er ist gleich dem Primärsaldo (P) der laufenden Periode (das Minuszeichen führt dazu, daß ein Primärüberschuß, für sich genommen, den Schuldenstand senkt, ein Primärdefizit ihn dagegen erhöht), zuzüglich dem Schuldenstand der Vorperiode und den darauf entfallenden Zinszahlungen (r = realer Zinssatz), abzüglich der Inflationssteuer („Seigniorage"), die aus der Zunahme des Zentralbankgeldes (Z) gegenüber der Vorperiode besteht und, für sich genommen, als zusätzliche Finanzierungsquelle zur Verringerung der Staatsschuld beiträgt:

(1) $$B_t = -P_t + (1 + r)B_{t-1} - (Z_t - Z_{t-1})$$

Gleichung (2) definiert das (reale) Sozialprodukt (Y) in Periode t mit der realen Wachstumsrate g:

(2) $$Y_t = (1 + g)\, Y_{t-1}$$

Wird aus Vereinfachungsgründen die Inflationssteuer vernachlässigt, so führt die Division von (1) durch (2) zu *Quoten*:

(3) $$\frac{B_t}{Y_t} = -\frac{P_t}{Y_t} + \frac{(1 + r)\, B_{t-1}}{(1 + g)\, Y_{t-1}}$$

Werden die Quoten mit kleinen Buchstaben bezeichnet und begnügen wir uns (für kleine Werte von r und g) mit einer Näherungslösung für (1+r)/(1+g), so folgt aus (3):

(3a) $$b_t = -p_t + (1 + r - g)\, b_{t-1}$$

Nach Multiplikation des rechten Ausdrucks und Umstellung folgt:

(4) $$b_t - b_{t-1} = -p_t + (r - g)\, b_{t-1}$$

Beim Übergang von diskreter auf stetige Betrachtung ergibt sich aus (4):

(4a) $$db/dt = -p + (r - g)\, b$$

Gleichung (4a) ist das kurz- bis mittelfristige *Tragbarkeitskriterium* für *Haushaltsdisziplin*: Die Veränderung der Schuldenquote hängt ab von der Höhe und dem Vorzeichen (Überschuß oder Defizit) des Primärsaldos und der Differenz zwischen dem Zinssatz und der Wachstumsrate. Insbesondere ist es das Wechselspiel zwischen Zins- und Wachstumsrate, das die Handlungsmaxime für den Finanzpolitiker bestimmen sollte: ob er ein Primärdefizit fahren darf oder aber einen Primärüberschuß im Haushalt erzielen muß, um die Quote mindestens konstant zu halten. Die Unterscheidung zwischen dem Primär- und dem gesamten Haushaltssaldo ist deshalb so entscheidend wichtig, weil – wenn überhaupt – nur beim *Primärsaldo* ein budgetpolitischer Spielraum besteht. Demgegenüber sind die Zinsverpflichtungen in jedem Fall zu erfüllen; sie sind eine unabdingbare Ausgabengröße, wenn der Staat als „zahlungsfähig" gelten soll. M.a.W., budgetpolitischer Spielraum besteht nur bei den Nicht-Zinsausgaben (oder bei den Steuereinnahmen).

Das Wechselspiel zwischen Zins und Wachstumsrate sei an den drei möglichen Konstellationen illustriert. Leitmaxime für den Finanzpolitiker sei die Stabilisierung der Schuldenquote, d. h.:

(5) $$db/dt \overset{!}{=} 0$$

Dieses Ziel ist erfüllt, wenn die Primärsaldoquote gleich ist der Differenz zwischen Zins und Wachstumsrate, multipliziert mit der (alten) Schuldenquote:

(6) $$p = (r - g)\, b$$

Fall 1: Für $r > g$ mit $r = 5\%$, $g = 3\%$ und einer Schuldenquote von 100% errechnet sich p mit + *2%*:

$$p = (0{,}05 - 0{,}03)1{,}0$$

Das bedeutet konkret: Würden für das nächste Haushaltsjahr diese Größen von r und g erwartet, so muß – um die Schuldenquote konstant zu halten –, ein Primär*überschuß* in Höhe von 2% des Sozialprodukts erzielt werden (d. h., es sind ggf. Einsparungen bei jenen Ausgaben erforderlich, die *keine* Zinszahlungen sind).

Fall 2: Für die umgekehrte Konstellation $r < g$ ergibt sich mit denselben Zahlen die „komfortable" Situation für den Finanzpolitiker, daß er ein Primär*defizit* von bis zu (–)2% fahren darf, ohne daß sich die Schuldenquote erhöht.

Fall 3: Bei $r = g$ muß der Primärsaldo gleich 0 sein, d. h. der Schuldenstand und das Sozialprodukt wachsen mit derselben Rate.

Diese Beispiele lassen ein dorniges Problem erkennen: ob und in welcher Höhe ein Primärdefizit zulässig ist oder aber ein Primärüberschuß erzielt werden muß, hängt ab von einer zutreffenden Prognose des Szenarios $r \gtreqless g$.

Nun zu einigen *empirischen Zusammenhängen*, wie sie in der *Tab. 2* und in den *Abb. 6* und *7* dargestellt sind. Ausgehend von dem Tragbarkeitskriterium für Haushaltsdisziplin hat die *EG-Kommission* (1990) für 1989 für alle Mitgliedstaaten jene Primärsalden errechnet, die *erforderlich* gewesen wären, um die künftige Schuldenquote in diesen Ländern auf ihrem derzeitigen Niveau zu stabilisieren. Bei der Berechnung dieses erforderlichen Primärsaldos wurde von der als mittelfristig realistisch angesehenen durchschnittlichen Entwicklung von $r = 5\%$ und $g = 3 - 3{,}5\%$ ausgegangen (also von einer wohl typischen Konstellation $r > g$).

Die vorletzte Spalte der *Tab. 2* zeigt zunächst das nicht überraschende Ergebnis, daß bei dieser Konstellation alle Länder einen Primär*überschuß*

Tabelle 2: **Staatsschulden-Quoten[a]), Budget- und Primärsalden in den EG-Ländern[b])**

	Staatsschulden-Quote (b) c)			Ges. Haushalts-Saldo (s) c)	Tats. Primär-Saldo (p) c)	Erford. Primär-Überschuß (pü) c) f)	Primärsaldo-Lücke (pü-p) d)
	1982	1985	1989	1989 e)	1989 e)		
B g)	95,3	115,4	128,4	-6,3	2,4	2,6	0,2
DK	64,5	74,5	63,5	-0,7	4,7	1,3	-3,4
D	39,3	42,5	43,0	0,2	1,6	0,9	-0,7
GR h)	36,1	57,9	86,2	-17,6	-10,1	1,3	11,4
E	27,9	46,5	43,8	-2,1	-0,9	0,7	1,6
F	27,9	33,4	35,5	-1,3	0,8	0,7	-0,1
IRL h)	87,2	105,0	104,9	-3,1	7,7	1,6	-6,1
I	66,4	84,0	98,9	-10.2	-2,3	2,0	4,3
L	14,5	14,0	9,0	3,3	1,2	0,2	-1,0
NL g)	55,6	69,6	78,4	-5,1	1,1	1,6	0,5
P	50,0	69,5	73,1	-5,0	-3,2	1,1	4,3
UK	58,2	57,6	44,3	1,6	4,3	0,9	-3,4
EG	47,9	56,8	58,4	-2,8	1,2	1,1	-0,1

a) Brutto-Staatsschulden. – b) Staatssektor (Gebietskörperschaften einschl. Sozialversicherung). – c) In % des BIP. – d) In BIP-%-Punkten. – e) –: Defizit. – f) Annahmen: Realzinssatz (r) = 5%; reale Wachstumsrate (g) = 3% (für GR, E, IRL, P: 3,5%). – g) 1982/85: Ohne Sozialvers. – h) 1982/85: Nur Zentralstaat.

Quellen: EG-Kommission (Hrsg.) [1989], S. 157 (für 1982/85) und [1990], S. 122 (für 1989).

Abb. 6: Erforderlicher Primär-Überschuß (pü) zur Stabilisierung der Schuldenquote und Höhe der Staatsschuldenquote 1989 (b); (in % des BIP)[a)]

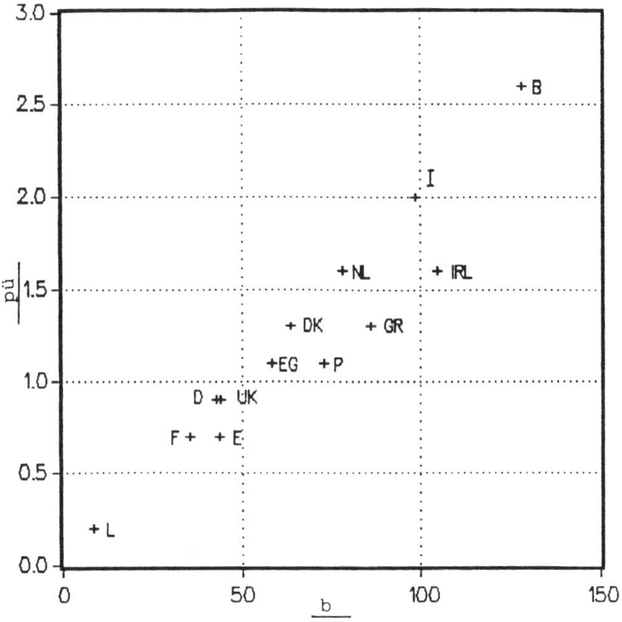

Abb. 7: Primärsaldo-Lücke (pü-p) und Staatsschuldenquote 1989 (b); (in % bzw. in %-Punkten des BIP)[a)]

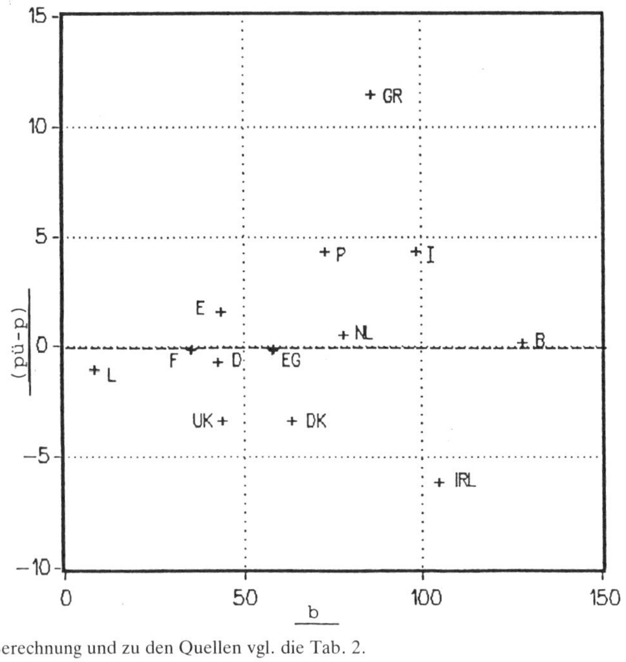

a) Zur Berechnung und zu den Quellen vgl. die Tab. 2.

aufweisen müßten, allerdings in stark unterschiedlichem Maße. Kombiniert man, wie in *Abb. 6*, die Höhe des erforderlichen Primärüberschusses (pü auf der Ordinate) mit der Höhe der Schuldenquote (b auf der Abszisse), so kann daraus die folgende erste Schlußfolgerung abgeleitet werden: Der Querschnittsvergleich für alle EG-Staaten zeigt, daß mit zunehmender Schuldenquote auch die Höhe des erforderlichen Primärüberschusses steigen muß, da ja auch eine relativ höhere Zinslast aufzufangen bzw. zu finanzieren ist, wenn die Quote konstant bleiben soll. (Bei ansonsten gleichen Annahmen von *Fall 1* würde sich pü z. B. bei einer Schuldenquote von 200% auf 4% verdoppeln.)

Daraus folgt, daß mit zunehmender Schuldenquote ein immer höherer Teil des Steueraufkommens zur Bildung von Primärüberschüssen und damit zur Finanzierung der Zinslast quasi „reserviert" werden muß – zu Lasten aller sonstigen, nicht zinsbedingten Staatsausgaben. Hier zeichnet sich also eine *Grenze* für die weitere Erhöhung der Schuldenquote ab: Sie besteht darin, daß die Steuerbürger nicht mehr bereit sind, eine immer höhere Steuerlast mit immer größeren Einbußen an öffentlichen Gütern und Dienstleistungen hinzunehmen.

Die *Tab. 2* und *Abb. 7* lassen weitere Schlußfolgerungen zu: Stellt man dem erforderlichen Primärüberschuß den tatsächlichen Primärsaldo gegenüber, so zeigt sich, daß – hier bezogen auf das Jahr 1989 – längst nicht alle Länder das Tragbarkeitskriterium erfüllt haben (nämlich die Schuldenquote zu stabilisieren). Die Differenz zwischen beiden ist die sog. *Primärsaldo-Lücke*: Die Null-Linie in *Abb. 7* markiert die komplette Erfüllung dieses Kriteriums; Länder im oberen Feld (+) haben es nicht erfüllt, Länder im unteren Feld (−) haben es sogar übererfüllt, wenigstens in dem betrachteten Jahr 1989.

Zwei Beispiele:

GR hatte 1989 ein tatsächliches Primärdefizit in Höhe von −10,1%; um die Quote bei rund 86% zu stabilisieren, wäre dagegen ein Primärüberschuß von +1,3% erforderlich gewesen. Die Lücke des Primärsaldos betrug also +11,4%.

IRL verzeichnete dagegen 1989 einen tatsächlichen Primärüberschuß von 7,7%; erforderlich wären dagegen nur 1,6% gewesen, so daß eine negative Primärsaldo-Lücke von −6,1% bestand, d. h. IRL hat das Tragbarkeitskriterium 1989 weit übertroffen und seine Schuldenquote senken können.

Insgesamt vermittelt *Abb. 7* einen klaren Eindruck von jenen EG-Ländern, die *prekäre Finanzpositionen* aufweisen. Es sind dies (im oberen Feld) vor allem GR, I und P, bei denen ein enormer Korrekturbedarf besteht. Für GR und I kommt hinzu, daß deren Schuldenquote bis in die jüngste Zeit permanent gestiegen ist (vgl. *weiter unten Abb. 8*). Hier bedürfte es schon außerordentlich großer budgetpolitischer Anstrengungen, um eine Umkehr von den tatsächlichen Primärdefiziten hin zu Primärüberschüssen zu bewerkstelligen, um die Schuldenquote zu stabilisieren. „Über Nacht" wird das sicher nicht gehen. Vielmehr wird sich der erforderliche Umstellungs- und Aufholprozeß schrittweise über mehrere Jahre erstrecken müssen. Trotzdem ist es wichtig, daß mit derartigen Berechnungen der Umfang solcher Lücken aufgezeigt und den Finanzpolitikern damit der Handlungsbedarf signalisiert wird.

Für die anderen EG-Länder, die im unteren Quadranten und nahe der Null-Linie in *Abb.* 7 liegen, stellt sich kein unmittelbares Problem einer Lücke des Primärsaldos. Aber auch hier gilt natürlich die Einschränkung einer zeitpunktbezogenen Betrachtung. So werden sich z. B. für D schon für 1990 und die folgenden Jahre die Bedingungen deutlich umkehren aufgrund der sprunghaft steigenden Primärdefizite zur Finanzierung der deutschen Einheit. Auch dieses Beispiel macht noch einmal deutlich, daß für die Erfüllung des Tragbarkeitskriteriums nur eine *mittelfristige* Perspektive sinnvoll ist.

Ein Spezialproblem besteht noch in der sehr *unterschiedlichen Höhe* der Schuldenquote in den EG-Ländern. So lagen B, I und IRL 1989 bei 100 und mehr Prozent. Hier zeigt sich ein großes Handicap des Tragbarkeitkriteriums: die Leitmaxime „Stabilisierung der Schuldenquote" bezieht sich im Prinzip auf jede x-beliebige Höhe der Quote. Zweifellos ist es jedoch budgetpolitisch wesentlich schwieriger, eine Quote von 100% zu stabilisieren als eine solche von nur 30%. Die *EG-Kommission* (1990, S. 120) fordert hierzu kategorisch: „Schuldenquoten über 100% sollten unbedingt stabilisiert werden", schränkt jedoch sogleich wieder ein, daß „zuverlässige Aussagen über den Höchstwert der Schuldenquote nicht gemacht werden können".

In der Tat ist dies ein *normatives* Problem, das letztlich in der als tragbar anzusehenden Steuerlast wurzelt (s.o.). Mit steigender Schuldenquote wächst auch die Höhe des erforderlichen Primärüberschusses (vgl. *Abb. 6)*, so daß ein immer höherer Steueranteil in den Schuldendienst fließt, d.h. nicht mehr zur Versorgung mit öffentlichen Gütern zur Verfügung steht. Der denkbare Ausweg, über Steuerheraufsetzungen dieses wieder ausgleichen zu wollen, würde früher oder später nicht nur am Steuerwiderstand der Bürger scheitern. Nationale Alleingänge bei Steuererhöhungen sind auch deshalb problematisch, weil in einem europäischen Binnenmarkt und mehr noch in einer WWU der *Wettbewerb* der *Steuer-* und *Investitionsstandorte* zu Abwanderungen der mobilen Produktionsfaktoren aus dem Hochsteuerland führen kann (vgl. *Giersch* [1991]). Auch dies könnte eine wirksame Bremse dagegen sein, von einem bereits hohen Niveau der Schuldenquote ausgehend noch weitere Erhöhungen zuzulassen.

4. Jüngste Erfahrungen

Längerfristige und jüngste Entwicklungstendenzen der Schuldenquoten in den einzelnen EG-Ländern sind in *Abb. 8* überblicksartig dargestellt:

a) Abgesehen von L und UK haben sich die Schuldenquoten in fast allen Mitgliedstaaten im *langfristigen* Vergleich (Durchschnittswert 1974 - 82 bis 1985) deutlich, z.T. sogar drastisch erhöht: in D, F, I und IRL um ca. 40%, in B und NL um ca. 60 bis 70%, in P um ca. 100% und in DK, E und GR um zwischen 130 und 180%. Die Tendenz steigender Quoten setzte sich in einigen Ländern noch bis 1987 fort (B, I, IRL, NL, P, GR), kam dann jedoch mit Ausnahme von GR und I zum Stillstand bzw. kehrte sich sogar um.

Abb. 8: Staatsschulden-Quoten[a)] in den EG-Ländern, 1974/82 - 1991[b)] (in % des BIP)

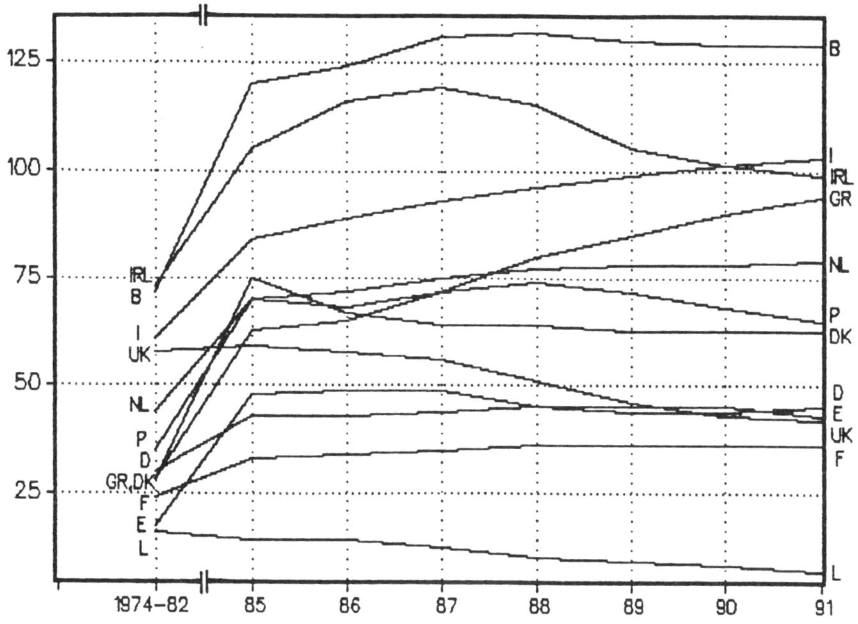

a) Zur Abgrenzung vgl. Tab. 2. – b) Angaben für 1991: Vorausschätzungen der EG-Kommission, für D vermutlich ohne Berücksichtigung des deutschen Vereinigungseffektes.

Quelle: EG-Kommission (Hrsg.) [1990a], S. 278 - 289.

b) Bemerkenswert an dieser jüngsten Tendenz ist die deutliche Umkehr im budget- bzw. schuldenpolitischen Verhalten der meisten Mitgliedstaaten: 10 von 12 EG-Ländern haben seit 1987/88 (bis 1991: Vorausschätzung der *EG-Kommission* [1990a]) von sich aus, d.h. ohne jegliche Regeln und Sanktionen seitens der Gemeinschaft, ihre Schuldenquoten stabilisiert bzw. teilweise sogar erheblich reduziert, allen voran DK, IRL, P und UK.

Offenbar ist die „Stabilisierung der Schuldenquote“ als Leitmaxime für budgetpolitisches Verhalten auch in den Finanzministerien der EG-Länder beherzigt worden, möglicherweise hat aber auch diese seit einigen Jahren in den Veröffentlichungen der EG-Kommission nachdrücklich propagierte Empfehlung ihre Wirkung nicht verfehlt.

Für diese Umkehr dürften verschiedene Gründe eine Rolle gespielt haben: die Einschränkung des haushaltspolitischen Aktionsspielraums, die Unsicherheit bei der Unterbringung der Staatsschuldtitel am Markt[8] und der Zwang, Risikoprämien im Zins zu zahlen.[9] Derartige Gründe haben die Länder offenbar aus eigener Einsicht und Erfahrung zu diesem Handeln veranlaßt, möglicherweise „geführt“ von der nachdrücklichen Empfehlung der EG-Kommission, die Schuldenquoten mindestens zu stabilisieren. Ob dieser Stabilisierungspfad auch längerfristig Bestand haben wird, bleibt abzuwarten. Immerhin ist nicht auszuschließen, daß bei nationalen Konjunktureinbrüchen das Instrument des Deficit Spending wieder reaktiviert werden könnte, obwohl es nach den negativen Erfahrungen in den 70er/Anfang der 80er Jahre eigentlich obsolet sein sollte.

Gibt es somit in den letzten Jahren durchaus erfreuliche budgetpolitische Stabilisierungs- und Konvergenzfortschritte in der EG, so bleiben im wesentlichen die folgenden zwei Probleme: erstens die außerordentlich hohen Schuldenquoten von B, GR, I und IRL (1991 zwischen 94 und 129 %), wobei B eine leichte und IRL eine kräftige Reduzierung in den letzten Jahren gelungen ist; zweitens die *eigentlichen Problemfälle* GR und I, bei denen überhaupt noch keine Fortschritte zu erkennen sind und die sich von allen anderen Ländern abgekoppelt haben. Bezeichnenderweise handelt es sich hier um jene Länder, in denen die Staatsfinanzierung durch die Notenbank noch eine dominante Rolle spielt. Sie war ein bequemes Vehikel und hat der Verschuldung sicher großen Vorschub geleistet. Gerade für diese Länder wäre zu fordern, so früh wie möglich und in jedem Fall noch vor der – zeitlich unbestimmten – Endstufe der Währungsunion auf die Defizitfinanzierung durch die Notenbank zu verzichten, um die durch die Kapitalmärkte gesetzten Restriktionen für Budgetdisziplin in voller Stärke zur Geltung kommen zu lassen.[10] Für GR und P gilt darüber hinaus, daß diese Länder noch nicht den disziplinierenden Zwängen der Kapitalverkehrsliberalisierung und des vollen EWS-Beitritts ausgesetzt sind.

---

8 Darauf weist – ganz generell – insbesondere *E. Baltensperger* (1985), S. 74/75, hin.

9 Vgl. dazu auch *M. Willms* (1990), S. 55, *H. Giersch* (1991), S. S1 und *J. Scheide / P. Trapp* (1991), S. 7.

10 Auf die disziplinierenden Wirkungen freier Kapitalmärkte vertraut auch *T. Padoa-Schioppa* [1990], S. 22/23 – und plädiert gleichwohl für bindende Budgetregeln wegen des erheblichen budgetpolitischen Gewichts vor allem der grösseren Mitgliedstaaten (in Relation zum Gemeinschaftshaushalt), das die Kapitalmärkte stören könnte.

V. Folgerungen für die nationale Budgetpolitik

Ob die „Marktkräfte“ oder „verbindliche Regeln“ als Koordinationsmechanismen für die nationale Budgetpolitik in einer künftigen WWU gelten sollten, ist vor dem Hintergrund der ambivalenten Erfahrungen mit der Budget- bzw. Schuldenpolitik in den letzten 15 - 20 Jahren eine schwer zu beantwortende Frage. Ernüchternd sind die Erfahrungen insofern, als – abgesehen von L und UK – bis etwa Mitte der 80er Jahre die Budgetdefizite und Schuldenquoten in allen Mitgliedsländern deutlich, z.T. über alle Maßen, gestiegen sind. Aus dieser Sicht ist es verständlich, daß die Forderung, Obergrenzen für Defizite und Schuldenquoten vorzugeben, zahlreiche Befürworter gefunden hat. Denn mit der angestrebten Währungsunion steht allzuviel auf dem Spiel: Störimpulse seitens der nationalen Budgetpolitiken, die den Stabilitätskurs einer einheitlichen Geldpolitik der EZB gefährden und allokative Verwerfungen auf den Kapitalmärkten hervorrufen, könnten das ganze Vorhaben gefährden. Andererseits sind die jüngsten Erfahrungen seit etwa Mitte der 80er Jahre insofern durchaus ermutigend, als 10 von 12 EG-Ländern seitdem eine deutliche Umkehr ihres budget- bzw. schuldenpolitischen Verhaltens eingeleitet haben (Stabilisierung bzw. Reduzierung der Schuldenquote).

Das nachstehende Plädoyer *gegen* verbindliche Budgetregeln stützt sich im wesentlichen auf folgende Argumente:

a) Trotz mancher Schwächen erscheint die Orientierung an Schuldenquoten und ihre Stabilisierung durchaus als eine sinnvolle Leitmaxime, um störende Einflüsse der nationalen Budgetpolitik auf das Unternehmen Währungsunion möglichst gering zu halten. Aber bei solchen *unverbindlichen* Orientierungslinien bzw. Empfehlungen sollte es auch bleiben, unterstützt durch regelmäßige Kooperation und publizistische Überwachung auf EG-Ebene, um allen nationalen Finanzpolitikern ihre Budgetposition vor Augen zu führen.

b) Der alternative Weg, *verbindliche* Budgetregeln einzuführen und notfalls mit Sanktionen auch durchzusetzen (wobei sich fragt, mit welcher Art von Sanktionen!), erscheint dagegen problematisch:

- Einmal, weil damit in den *politisch sensibelsten Bereich* eingegriffen wird, der weitere Integrationsbestrebungen empfindlich stören kann, ohne daß es gleich zu einem „Ausstieg“ aus der geplanten WWU kommen muß. Denn die Finanz- und Haushaltspolitik ist die ureigenste Domäne aller nationalen Parlamente und Regierungen. Da der mit der Währungsunion einhergehende Verlust des geld- und wechselkurspolitischen Anpassungsinstruments unvermeidlich ist, sollte den Mitgliedstaaten in der Finanz- und Haushaltspolitik wenigstens ein Rest von Handlungsspielräumen bleiben – für unumgängliche Stabilisierungsaufgaben und um auf länderspezifische Schocks reagieren zu können. Damit wird einem großangelegten Deficit Spending natürlich keineswegs das Wort geredet!

- Verbindliche Obergrenzen könnten auch dazu führen, daß dem *Entwicklungsrückstand* verschiedener Länder nicht genügend Rechnung getragen wird (vgl. *Masson / Melitz* [1990]). Immerhin haben wir mit GR und P noch zwei echte Entwicklungsländer in der EG, deren Rückstand möglicherweise nur durch eine forcierte Staatsverschuldung aufgeholt werden kann – vorausgesetzt, diese Mittel fließen in investive, d.h. produktive Verwendungen, um Entwicklungschancen überhaupt erst einmal zu erschließen. Verschließt man jedoch diese Finanzierungsquelle durch Regeln, bliebe nur das problematische Instrument der Umverteilung über den innergemeinschaftlichen Finanzausgleich. Die Konsequenz wäre, daß diese heute schon beachtlichen Finanztransfers über den Regional- und Strukturfond der EG in Zukunft enorm ansteigen würden.
- Schließlich ist zu berücksichtigen, daß das bisher zugrunde gelegte *Szenario* r > g kein Dogma ist. Gerade in Ländern mit einem großen Entwicklungsrückstand könnte es ganz anders aussehen, nämlich möglicherweise g > r (zumindest vorübergehend) – eben wegen günstigerer Entwicklungschancen. Unter dieser Bedingung wären auch weiterhin Primärdefizite möglich, ohne die Schuldenquote zu erhöhen.

c) Als weitere Argumente wurden schon zwei *Korrekturmechanismen* genannt, die tendenziell auf eine Begrenzung der Schuldenquoten hinwirken:

- Zum einen die mit zunehmenden Quoten steigende Zinslast, die einen *wachsenden Steueranteil* absorbiert und insoweit nicht für die Versorgung mit öffentlichen Gütern zur Verfügung steht, was wiederum früher oder später auf den Steuerwiderstand der Bürger stoßen wird;
- zum anderen der Wettbewerb der *Steuer-* und *Investitionsstandorte* in einem integrierten europäischen Markt, der das mögliche Ausgleichsventil von nationalen Steuererhöhungen abblockt, weil andernfalls die Gefahr einer Abwanderung von Produktionsfaktoren aus dem Hochsteuerland besteht.

Ob die Sanktionen des Marktes letztlich ausreichen, um für eine nationale Budgetdisziplin zu sorgen, kann niemand exakt vorhersagen und muß deshalb abgewartet werden. Aber genau das sollte man auch tun! Schon vorher und sozusagen prophylaktisch bindende Regeln und Obergrenzen für die nationale Budgetpolitik einzuführen – noch dazu, wo es in den letzten Jahren nur zwei wirkliche Problemfälle (GR, I) gegeben hat –, hieße einen Weg verbauen und eine Chance verspielen: die *Chance* nämlich, die disziplinierenden Wirkungen von Markt und Wettbewerb unter ganz anderen Bedingungen – denen vollintegrierter Kapital-, Güter- und Arbeitsmärkte in der EG – zur vollen Entfaltung kommen zu lassen. Darüber wissen wir einfach noch viel zu wenig und diese Chance der Bewährung sollte man dem Markt erst einmal geben.

Literatur

Artis, M. / T. *Bayoumi* (1990): Saving, Investment, Financial Integration, and the Balance of Payments, in: Staff Studies, hrsg. vom International Monetary Fund, Washington, D. C., Sept. 1990, S. 19ff. – *Baltensperger,* E. (1985): Staatsverschuldung, Geldpolitik und Währungsstabilität, in: Außenwirtschaft, 40. Jg., H. 1, 1985, S. 71ff. – *Blanchard,* O. (1990): Suggestions for a New Set of Fiscal Indicators, OECD Working Paper, No. 79, Paris 1990. – *Buiter,* W. H. / K. M. *Kletzer* (1990): Reflections on the Fiscal Implications of a Common Currency, CEPR Discussion Paper Series, No. 418, London 1990. – *Caesar,* R. (1988): The Influence of Financial Integration on the Coordination of Economic Policies, Diskussionsbeitrag Nr. 2 des Seminars für Wirtschafts- und Finanzpolitik, Bochum 1988. – *Chouraqui,* J.-P., u.a. (1990): Indicators of Fiscal Policy: A Reassessment, OECD Working Paper, No. 78, Paris 1990. – *Dean,* A., u.a. (1990): Saving Trends and Behaviour in OECD Countries, in: OECD Economic Studies, No. 14, Spring 1990, S. 7ff. – Delors-Report (1989): Bericht des Ausschusses zur Prüfung der Wirtschafts- und Währungsunion in der Europäischen Gemeinschaft, in: Deutscher Bundestag, Wissenschaftliche Dienste, Materialien, Nr. 104, Bonn 1989, S. 2ff. – Deutsche Bundesbank (1990): Monatsberichte 1990. – Deutsche Bundesbank (1990a): Stellungnahme der Deutschen Bundesbank zur Errichtung einer Wirtschafts- und Währungsunion in Europa, in: Deutsche Bundesbank (Hrsg.), Auszüge aus Presseartikeln, Nr. 73, vom 25. 9. 1990, S. 1ff. – DIW, Deutsches Institut für Wirtschaftsforschung (1991), Grundlinien der Wirtschaftsentwicklung 1991, Wochenbericht 1 - 3, Jan. 1991. – *Duisenberg,* W. (1990): Zentralbank muß vor Politikern geschützt werden, in: Deutsche Bundesbank (Hrsg.), Auszüge aus Presseartikeln, Nr. 88, vom 13. 11. 1990, S. 4ff. – *Duwendag,* D.: Recent Developments of World Savings and Investment, in: Joint Canada-Germany Symposium, hrsg. von B. Heitger und L. Wavermann (in Druck). – EG-Kommission (Hrsg.) [1989]: Statistischer Anhang, in: Europäische Wirtschaft, Nr. 42, Nov. 1989, S. 243ff. – EG-Kommission (Hrsg.) [1990]: Ein Markt, eine Währung, in: Europäische Wirtschaft, Nr. 44, Okt. 1990. – EG-Kommission (Hrsg.) [1990a]: Ersparnisse, Investitionen und Realzinsen (S. 199ff.) und Statistischer Anhang (S. 217ff.), in: Europäische Wirtschaft, Nr. 46, Dez. 1990. – EG-Kommission (Hrsg.) [1990b]: Konjunkturtendenzen, in: Beiheft A, Nr. 6, Juni 1990. – EG-Kommission (Hrsg.) [1990c]: Sonderheft „Finanzmärkte", in: Beiheft A, Nr. 8/9, Aug./Sept. 1990. – Europe General News (1990): No. 5257, vom 18. 5. 1990, S. 7. – *Feldstein,* M. / C. *Horioka* (1980): Domestic Saving and International Capital Flows, in: The Economic Journal, Vol. 90, June 1980, S. 211ff. – *Feldstein,* M. / P. *Bacchetta* (1989): National Saving and International Investment, NBER Working Papers, No. 3164, Nov. 1989. – *Filc,* W. (1990): Europäische Geldpolitik nach 1990 in: Europäische Zentralbank, hrsg. von R. H. Hasse und W. Schäfer, Göttingen 1990, S. 156ff. – *Giersch,* H. (1991): Der große Binnenmarkt ist nur ein halber Schritt nach vorn, in: Handelsblatt, Nr. 38, vom 22./23. 2. 1991, S. S1. – *Gramlich,* E. W. (1990): Fiscal Indicators, OECD Working Papers, No. 80, Paris 1990. – Handelsblatt (1991): Die äußere Wechselkurspolitik soll dem Ziel der Preisstabilität unterworfen werden, in: Handelsblatt, Nr. 41, vom 27. 2. 1991, S. 7. – IMF, International Monetary Fund (1990): International Financial Statistics, Yearbook 1990, Washington, D. C., 1990. – IMF (1990a): International Financial Statistics, Vol. 12, Dec. 1990, Washington, D. C. – IMF (1990b): World Economic Outlook, Washington, D. C., Oct. 1990. – *Issing,* O. (1990): Europäische Währungsintegration – Ausgangslage, Strategien, Risiken, in: Probleme der Vollendung des Binnenmarktes in Europa nach 1992, hrsg. von E. Kantzenbach,

Schriften des Vereins für Socialpolitik, N.F. Bd. 199, Berlin 1990, S. 111ff. – *Masson,* P. / J. *Melitz* (1990): Fiscal Policy Independence in a European Monetary Union, CEPR Discussion Paper Series, No. 414, London 1990. – *Padoa-Schioppa,* T. (1990): Financial and Monetary Integration in Europe: 1990, 1992 and Beyond, Group of Thirty Occasional Paper, No. 28, London, New York 1990. – *Sachverständigenrat* zur Begutachtung der gesamtwirtschaftlichen Entwicklung (1989): Jahresgutachten 1989/90, Bundestagsdrucksache 11/5786, Bonn 1989. – *Scheide,* J. / P. *Trapp* (1991): Etatdisziplin vom Markt, in: Frankfurter Allgemeine Zeitung, vom 23. 2. 1991; Wiederabdruck in: Deutsche Bundesbank (Hrsg.), Auszüge aus Presseartikeln, Nr. 13, vom 27. 2. 1991, S. 5ff. – *Schlesinger,* H. (1989): Geld- und Währungspolitik im internationalen Kontext, in: Deutsche Bundesbank (Hrsg.), Auszüge aus Presseartikeln, Nr. 40, vom 18. 5. 1989, S. 1ff. – *Schröder,* W. (1989): Instabilitäten im EWS durch fortschreitende Liberalisierung in der EG? in: Wirtschaftsdienst, H. 5, 1989, S. 258ff. – *Spahn,* H.-P. (1992): Leitwährungsfunktion und Zahlungsbilanz: Goldstandard, EWS und die Zukunft der DM-Hegemonie in Europa (in diesem Band). – *Spaventa,* L. (1987): The Growth of Public Debt – Sustainability, Fiscal Rules, and Monetary Rules, in: IMF Staff Papers, hrsg. vom IMF, Washington, D.C. 1987, S. 374ff. – *Tietmeyer,* H. (1991): Europäische Währungsunion, in: Deutsche Bundesbank (Hrsg.), Auszüge aus Presseartikeln, Nr. 3, vom 15. 1. 1991, S. 1ff. – *Wenzel,* H.-D. (1990): Die ökonomische Rationalität von Art. 115 GG, in: Wirtschaftsdienst, H. 12, 1990, S. 610ff. – *Willms,* M. (1990): Der Delors-Plan und die Anforderungen an eine gemeinsame Europäische Geldpolitik, in: Kredit und Kapital, H. 1, 1990, S. 30ff. – *Wissenschaftlicher Beirat* beim Bundesministerium für Wirtschaft (1989): Europäische Währungsordnung, Reihe Gutachten des Beirats, Bonn 1989.

Leitwährungsfunktion und Zahlungsbilanz

Goldstandard, EWS und die Zukunft der DM-Hegemonie in Europa[1]

Von Heinz-Peter Spahn, München

I. Einleitung

Die Position der D-Mark als faktische Leitwährung in Europa ist aus vielen Gründen umstritten. Einerseits wurde immer wieder der Vorwurf erhoben, eine tendenziell restriktive deutsche Geldpolitik behindere das Wachstum in Europa. Andererseits konnten einige Weichwährungsländer ihre Inflation mit Hilfe der D-Mark als Stabilitätsanker nachhaltig zurückführen. Der Umstand, daß Überschuß- und Hartwährungsländer über eine relativ größere wirtschaftspolitische Autonomie verfügen und außenwirtschaftliche Anpassungen faktisch einseitig von den weniger stabilitätsorientierten Volkswirtschaften gefordert sind, wurde als „Asymmetrieeigenschaft" des EWS diskutiert (vgl. Bofinger 1990). In den öffentlichen Diskussionen um eine Reform und Weiterentwicklung der geld- und währungspolitischen Koordination in Europa erschien dies zuweilen auch als Funktionsdefizit des Systems.

Dabei war und ist auch eine allgemeine Kritik an der „Machtstellung" der deutschen Notenbank spürbar, die nicht mehr in die Entwicklung zu gleichberechtigten Partnerländern passe. Die Konstellation, daß ein Land – genauer: noch dazu eine „unkontrollierte" Institution dieses Landes – faktisch die monetäre Politik in ganz Europa dominiert, stößt nicht nur auf effizienztheoretische, sondern auch auf politische Bedenken. Vor diesem Hintergrund – und in dem Glauben an die Vorteile einer Vergrößerung und Vereinheitlichung von Wirtschafts- und Währungsräumen – sind Überlegungen und Planungen bis hin zum Konzept einer europäischen Währungsunion entstanden.

Gegenwärtig ist noch nicht abzusehen, ob die Entwicklung hin zur Institutionalisierung einer „demokratischen" Geldpolitik oder zu einer – wie die Bundesbank – wirklich unabhängigen europäischen Zentralbank läuft. Im ersten Fall würde die gemeinsame europäische Währung vermutlich weniger

---

[1] Eine erste Fassung dieses Beitrages wurde im Januar 1991 im Münchner Mathematisch-Wirtschaftswissenschaftlichen Colloqium vorgestellt. Den Teilnehmern dieser Diskussion und des Berliner Symposions danke ich für kritische und hilfreiche Anregungen. Die vorliegende Version wurde im April 1991 abgeschlossen.

wertstabil sein und im Wettbewerb mit konkurrierenden Weltanlagewährungen (Dollar, Yen, Franken) zurückfallen. Der Stabilitätsverlust muß nicht einmal die Folge einer möglichen Dominanz vielfältiger Partikularinteressen in der Geldpolitik sein; er wird allein daraus resultieren, daß jede Notenbank letztlich die *durchschnittliche* realwirtschaftliche Leistungsfähigkeit ihres Währungsraumes ihrer Politik zugrundelegen muß und nicht die besonderen Marktbedingungen in einer (ehemaligen Hartwährungs-) *Region*. Damit wären Spannungen im neuen europäischen Währungssystem vorprogrammiert; der Weg, angesichts entstehender Wohlfahrtsverluste aus dem Verbund wieder auszuscheren, stünde aber einzelnen Länder kaum noch offen, da eine soeben abgeschaffte nationale Währung wohl kaum wieder einzuführen wäre.

Im zweiten Fall einer harten europäischen Einheitswährung, die in bezug auf ihre internationale Reputation und Marktstellung nicht schlechter als heute die D-Mark abschneidet, würden sich die Probleme und Nachteile, die im alten EWS-System (fälschlicherweise) auf die hegemoniale Stellung der D-Mark zurückgeführt wurden, dementsprechend nur in anderer Form zeigen: als Anpassungs- und Umverteilungsprobleme zwischen *Regionen* in einem währungsmäßig integrierten Europa. Dies liegt daran, daß die im „DM-Club“ (Dornbusch 1987) monierte Asymmetrie in bezug auf den Anpassungszwang bei Überschuß- und Defizitländern letztlich nur das internationale Pendant des Charakteristikums nationalen Geldes widerspiegelt: nämlich in mikro- und makroökonomischer Sicht als Budget*beschränkung* zu fungieren (vgl. Riese 1989). Ein Regime, das nicht nur Weichwährungsländer unter Druck setzt, sondern symmetrisch dazu Hartwährungsländer zur geldpolitischen Lockerung zwingt, könnte nicht lange Bestand haben, eben weil dadurch die internationale Geldfunktion der Hartwährung ausgehöhlt würde.[2]

Vor diesem Hintergrund stellen sich folgende Fragen: Welche systemimmanenten Probleme von Leitwährungssystemen lassen sich auf einer allgemeinen Ebene benennen und welche Rolle spielt die Zahlungsbilanzposition des „führenden“ Landes für die langfristige Systemstabilität *(Abschnitt II)*? Waren frühere Leitwährungssysteme nicht von derartigen Asymmetrien gekennzeichnet und worauf beruhte die – angebliche – Harmonie im System des englischen Goldstandards *(Abschnitt III)*? Wie läßt sich im Vergleich dazu die Stellung der Bundesrepublik im EWS charakterisieren *(Abschnitt IV)*? Welche Konsequenzen könnten sich aus dem Beitritt der DDR und den Umbrüchen in Osteuropa für die außenwirtschaftliche Situation der Bundesrepublik und für

[2] Keynes' Bancor-Plan wies ebenfalls diesen Mangel einer fehlenden Budgetbeschränkung für Defizitländer auf (vgl. Cohen 1989). Im Hinblick auf die geplante Währungsunion in Europa warnte der Sachverständigenrat (1989: Zf. 402): „Koordinierung der Geldpolitik statt Führungsrolle der Bundesbank heißt, die bisherige Asymmetrie – zugunsten eines Mehr an Geldwertstabilität – durch Symmetrie zu ersetzen, bedeutet Kompromiß statt Dominanz der Auffassung, die in der Gemeinschaft am deutlichsten auf Geldwertstabilität gerichtet ist.“

eine künftige Leitwährungsfunktion der D-Mark in Europa ergeben? Gibt es zumindest aus ökonomischer Perspektive eine Alternative zu dem riskanten Projekt einer europäischen Einheitswährung *(Abschnitt V)*?

II. Das Leitwährungsproblem

In einem geschlossenen Währungsraum besteht eine klare Hierarchie zwischen finanziellen Assets (Depositen, Wertpapiere) und Zentralbankgeld. Erstere sind als teilweise handelbare und zumeist gegen Geschäftsbanken gerichtete Kreditforderungen zu verstehen, die in ihrer Dimension auf (Zentralbank-) Geld bezogen bleiben und bestimmte Dienstleistungsfunktionen im Zahlungsverkehr sowie bei der Vermögenssicherung übernehmen. Geld als gesetzlich definiertes Zahlungsmittel ist dagegen als die „letzte", gegen die Zentralbank gerichtete Forderung interpretierbar; sie kann nur durch sich selbst eingelöst werden. Das „Machtgefälle" in einem funktionierenden zweistufigen Banksystem kommt im Liquiditätsproblem der Geschäftsbanken zum Ausdruck; während sie über die Fähigkeit zur Kreditschöpfung verfügen, bleibt die Geldschöpfung der Zentralbank vorbehalten. Gelddefinitionen, die Geschäftsbankenpassiva umfassen, sind insofern irreführend.

In der internationalen Geldwirtschaft ist diese Hierarchie formal nicht gegeben. Jedes nationale Geld als institutionell bestimmtes Medium zur *Begleichung* von Forderungen wird selbst wieder zur *Forderung* auf andere Währungen. Dadurch entsteht ein Konkurrenzverhältnis, das einen Zusammenhang zwischen Außen- und Binnenwert des nationalen Geldes herstellt. Schlechte Forderungen, d.h. Währungen, die sich am Devisenmarkt nur zu fallenden Preisen gegen andere Währungen tauschen lassen, sind letztlich auch im Binnenmarkt einem fortschreitenden Funktionsverlust ausgesetzt. Dies begründet das außenwirtschaftliche, währungspolitische Fundament einer jeden nationalen Geldpolitik: Der Devisenmarkt und nicht ein institutionelles Dekret (wie in der Fiktion eines geschlossenen Währungsraumes) entscheidet über die Akzeptanz des nationalen Geldes und fungiert als Gradmesser der Reputation der nationalen Währungsbehörde.

Leitwährungssysteme simulieren gleichsam die Hierarchie zwischen Notenbank und Geschäftsbanken. Die Konstellation einer hypothetisch reinen Währungskonkurrenz entspräche dagegen einem nationalen System von Geschäftsbanken ohne eine Zentralbank. Einen Eindruck von der Instabilität einer solchen Konstellation vermitteln die Phasen der Wirtschaftsgeschichte, die von einem graduellen Wechsel der Leitwährungsfunktion gekennzeichnet waren (z.B. die 20er und 70er Jahre). Politische Institutionen *und* ökonomische Akteure scheinen deshalb „geordnete" Leitwährungssysteme vorzuziehen, auch wenn diese notwendigerweise mit gravierenden Funktionsproblemen behaftet sind.

Zunächst ist die Bereitschaft zur Übernahme einer monetären Führungsrolle trotz der damit verbundenen Vorteile nicht unbedingt groß. Die Hegemoniestellung finanziell bedeutender Länder war oft nicht Ergebnis politischen Willens, sondern Reflex der Entwicklung internationaler Kräfteverhältnisse. Währungs-„Ordnungen" sind somit in der Wirtschaftsgeschichte zumeist aus dem Marktprozeß heraus entstanden, indem eine aus ökonomischen und (geo-) politischen Gründen „dominante" Währung zum Wertstandard der übrigen Währungen wurde; institutionelle Gründungen wie das Bretton-Woods-System oder das EWS sind das Spezifikum der jüngeren Währungsgeschichte.

Sieht man das Leitwährungsland in der Stellung, in der sich die Zentralbank gegenüber den Geschäftsbanken in der geschlossenen Volkswirtschaft befindet, so besteht das Leitwährungsproblem formal darin, daß ein *Land* die Funktion einer *Bank* übernehmen muß. Das – internationale – Geldangebot entspricht dem Devisenangebot der Leitwährung, entsteht damit aus einem Leistungsbilanzdefizit bzw. einem Nettokapitalexport des Leitwährungslandes.

Inhaltlich besteht das Leitwährungsproblem darin, daß die Leistungs- und Kapitalbilanzposten zunächst einmal Reflex individueller Handlungen der Marktakteure und nicht Ergebnis der „Geldangebotspolitik" des Leitwährungslandes sind. Und selbst wenn das zahlungsbilanzwirksame Marktgeschehen einer wirtschaftspolitischen Steuerung unterliegt, so kann diese wiederum an anderen Zielsetzungen als an der orientiert sein, für monetäre und finanzielle Stabilität der Weltwirtschaft zu sorgen.

Gerade der in währungspolitischer Hinsicht monopolistische Status des betreffenden Landes legt sogar die Vermutung nahe, daß sich seine Wirtschaftspolitik mehr und mehr an binnenwirtschaftlichen Interessen orientieren wird – eben weil es nicht mehr wie die übrigen Länder einer direkten, über den Devisenmarkt wirkenden monetären Budgetbeschränkung ausgesetzt ist. Die Aufweichung monetärer Disziplin im Inland kann somit u.a. über die Verschlechterung der Wettbewerbsfähigkeit seiner Produktion auf den Weltmärkten das Vertrauen in die Leitwährung untergraben. Schließlich wird die Leitwährungsfunktion von einem anderen Land übernommen und der Verlust des Währungsmonopols bringt Einbußen an politischer Macht und wirtschaftlichem Wohlstand mit sich. Aufstieg und Niedergang ökonomischer Imperien haben natürlich viele Ursachen – dennoch scheint die These nicht gänzlich unplausibel, daß gerade mit der Erringung einer finanziellen Hegemoniestellung bereits die Wurzeln des späteren Verfalls gelegt sind.

Zunächst scheinen die Faktoren für den Machtgewinn bzw. -verlust eines Landes auf realwirtschaftlicher Seite, d.h. in seiner güterwirtschaftlichen internationalen Wettbewerbsfähigkeit, zu liegen.[3] Der Passivierung der Handelsbilanz kommt hier offenbar eine Schlüsselstellung zu. Für sich genommen kann der Importüberschuß zwar durchaus gerade ein Ausdruck der Stärke sein, indem eine Nettoaneignung ausländischer Ressourcen gleichsam mit dem Vertrauen in die heimische Währung „bezahlt" wird.[4] Aber er charakterisiert zugleich eine labile Situation, weil der Inlandsmarkt zu einem profitablen Aktionsfeld ausländischer Produzenten wird, in der heimischen Volkswirtschaft ein Strukturwandel zugunsten von (auch finanziellen) Dienstleistungen und (öffentlichem) Konsum einsetzt und schließlich sich der Ort des in der Produktion entstehenden technischen Fortschritts ins Ausland verlagern kann.[5]

Dabei ist es in gewisser Hinsicht sogar sekundär, ob der Verlust der internationalen Wettbewerbsfähigkeit (wie oben bereits angesprochen) die Folge einer konsumtiven Übernachfrage, *nachlassender* Leistungsmotivation und monetärer Disziplin im Leitwährungsland oder aber umgekehrt die Folge einer zu starken nominalen Aufwertung ist, die ihrerseits – vermittelt über den Kapitalverkehr – ein Ausdruck der *hohen* Wertbeständigkeit der Leitwährung in den Augen ausländischer Anleger ist. In beiden Fällen wird die realwirtschaftliche Stärke des Leitwährungslandes ausgehöhlt.

Es kommt hinzu, daß sich bei anhaltenden Handels- bzw. Leistungsbilanzdefiziten der Bestand an auf die Leitwährung lautenden finanziellen Forderungen in den Händen des Auslands fortlaufend erhöht. Vor dem Hintergrund der sich verschlechternden „performance" der Ökonomie des Leitwährungslandes werden die Vermögenshalter früher oder später diese Papiere abstoßen, weil sie befürchten müssen, auf schlechten Forderungen sitzen zu bleiben. Denn bei einem von Nettokapitalimporten begleiteten permanenten Leistungsbilanzdefizit wird das Leitwährungsland langfristig zum Nettoschuldner, der seine in *eigener* Währung fixierten Verpflichtungen durch Abwertung vermindern kann.

Damit entsteht eine labile Marktkonstellation, in der die internationalen Finanzmärkte auf der Suche nach einem neuen Weltgeld sind und das Leitwährungsland nur noch mit einem Zins*vorsprung* den Außenwert seiner Währung halten kann, während das „natürliche" Gleichgewicht aufgrund der mit der internationalen Geldfunktion der Leitwährung verbundenen Liquiditätsprämie einen im Vergleich zum Weltniveau *niedrigeren* Zinssatz erwarten ließe.

---

[3] „Financial distinction appears to have followed temporally after supremacy in trade and to have been causally connected with the decline in trade" (Kindleberger 1983: 79).

[4] So beruhte bereits die Prosperität des Römischen Reiches auf seiner passiven Handelsbilanz und der Bereitschaft der umliegenden Mittelmeerländer, die römische Währung – den „Aureus" – auch nach Verminderung seines Goldgehalts gleichsam als Weltgeld zu halten (vgl. Hankel 1978).

[5] Zu entsprechenden Schilderungen des Niedergangs der Handels- und Finanzzentren von Venedig und Amsterdam im 17. und 18. Jahrhundert siehe Rapp (1975) bzw. Boxer (1970).

Umgekehrt folgt aus alledem nicht, daß die Konstellation eines Leitwährungslandes mit permanenten Leistungsbilanzüberschüssen eine größere Harmonie mit sich bringt. Auch hier drohen *kumulative* Devisenbewegungen dadurch, daß ein (steigender) Leistungsbilanzüberschuß als Signal für einen (zunehmenden) Stabilitätsvorsprung des Leitwährungslandes gedeutet werden kann; dies wird Kapitalzuflüsse aus dem Vermögenssicherungsmotiv induzieren, so daß die ein Zahlungsbilanzgleichgewicht wahrenden Kapitalabflüsse nur noch durch (wachsende) Zinsdifferenzen in Gang gehalten werden können.

Für sich genommen würde dies zwar auf einen beginnenden Anpassungsprozeß auf beiden Seiten hindeuten, indem Zinssenkungen einerseits die monetäre Härte lockern und Zinssteigerungen andererseits die notwendige Restriktion einleiten. Aber im Leitwährungsland wird eine stabilitätsorientierte Notenbank versuchen, die wachsenden Geldbestände vom inländischen Gütermarkt fernzuhalten, während im Ausland das Bestreben vorherrschen mag, die negativen Beschäftigungseffekte steigender Zinsen über eine wachsende Staatsnachfrage zu kompensieren. Wenn zugleich die Erwartung einer institutionell weitgehend gesicherten Wechselkursstabilität besteht, wird die Notenbank des Leitwährungslandes darin „Erfolg" haben, indirekt die Staatsverschuldung der Nachbarländer zu finanzieren: Den heimischen Kapitalexporteuren (i.d.R. den Geschäftsbanken) wird die Möglichkeit zu hochrentablen, nahezu risikolosen Geldanlagen gegeben, den ausländischen Staatshaushalten die Möglichkeit, die Konsolidierung immer weiter hinauszuschieben.[6]

Damit läßt sich als Ergebnis festhalten, daß ein Leitwährungsland im Grundsatz sowohl Leistungsbilanzdefizite wie -überschüsse vermeiden muß, wenn es seiner internationalen Bankfunktion gerecht werden will. Es ist aber einerseits zu bezweifeln, ob die außenwirtschaftlichen Beziehungen zu den Ländern des eigenen Währungsblocks entsprechend steuerbar sind, und andererseits, ob überhaupt die Bereitschaft zur Zurückstellung nationaler wirtschaftspolitischer Zielsetzungen dauerhaft vorhanden ist. Gerade die monetäre Monopolstellung und das damit verbundene Fehlen von Sanktionen laden dazu ein, die ökonomischen Vorteile des Leitwährungsstatus („seigniorage") über Gebühr zu genießen. Dies mag mit dazu beitragen, die wirtschaftsgeschichtlich auffällige Abfolge von Aufstieg und Niedergang der Leitwährungsländer zu verstehen.

[6] Mit Blick auf die „Problemländer" im EWS schrieb der Sachverständigenrat (1989: Zf. 422): „Wenn die hohen Zinsen wegen der ebenfalls hohen Inflationsrate im Lande selbst nicht als drückend empfunden werden, ausländisches Kapital wegen der im internationalen Vergleich hohen Nominalzinsen weiter zuströmt, kann dieser Weg – bei guter Konjunktur – verlockend sein. Solange der Kapitalzufluß anhält, bleibt der Druck gering, binnenwirtschaftliche Stabilisierungsanstrengungen wirklich ernsthaft auf sich zu nehmen."

III. Rückblick auf den Goldstandard

Im Vergleich etwa zum System von Bretton Woods erscheint die Phase des klassischen englischen Goldstandards am Ende des 19. und zu Beginn des 20. Jahrhunderts als Beispiel für eine stabile Leitwährungskonstellation. Dies lag jedoch nicht an den von der Theoriegeschichte betonten „rules of the game", dem „specie flow" und dem Geldmengen-Preis-Mechanismus, sondern an der aktiven, interventionistischen Geld- und Währungspolitik Englands, das die Rolle eines Weltbankers spielte – vermutlich mehr aus nationalen als aus währungsordnungspolitischen Interessen (Bloomfield 1963: 76f.; Eichengreen 1985: 17; Kindleberger 1987: 68). Faktisch handelte es sich um einen Pfund-Standard. Während die übrigen Länder auf die Konvertierbarkeit – was damals hieß: die fixe Pfund-Parität – ihrer Währungen zu achten hatten, begegnete die Bank von England ihrerseits drohenden Goldabflüssen mit einer restriktiven Zinspolitik.

Es ging dabei freilich nicht um die Wahrung der Goldbestände als solche; vielmehr signalisierte jede *Aktion* zu ihrer Verteidigung den internationalen Vermögensmärkten immer wieder, daß für England die nominale Stabilität des Pfundes oberste Priorität besaß.[7] Niemals darf ein Leitwährungsland zulassen, daß Erwartungen einer Ent- bzw. Abwertung seines Geldes entstehen, weil im gesamten Währungsraum kurzfristige Forderungen auf dieses Geld als Reserven und Vermögensanlagen gehalten werden und derartige Erwartungen notwendigerweise Umschichtungen in den Portefeuilles mit der Folge eines krisenhaften Zusammenbruchs des Wechselkurses bewirken.[8] Dies gilt unabhängig von einer etwaigen Bindung der Leitwährung an eine Ressource wie Gold; Minsky (1979: 119) betont deshalb umgekehrt, daß sich jedes Leitwährungsland so verhalten müsse, „als ob" die Zwänge eines Goldstandards einzuhalten seien.

Die hohe Reputation der Bank von England läßt sich dementsprechend daran erkennen, daß die Goldreserven im Verhältnis zu den laufenden englischen Importen außerordentlich niedrig waren und nur einen kleinen Bruchteil der kurzfristigen Auslandsverpflichtungen des englischen Banksystems ausmachten,[9] während die übrigen Länder dieses für Gläubigerländer typische

---

[7] „The most important element in the success of any national gold standard is the public's confidence that the government's fiscal soundness and political imperatives will enable it to pursue indefinitely a monetary policy consistent with long-term price stability and continuous convertibiliy" (Hamilton 1988: 69f.).

[8] Die USA erlebten dies in den 70er Jahren: Der Versuch, über eine „herbeigeredete" Dollar-Abwertung ihre Handelsbilanz und darüber ihre generelle außenwirtschaftliche Situation zu stabilisieren, endete in einer tiefen Währungskrise.

[9] Umgekehrt schließen monetaristische Autoren (vgl. McCloskey/Zecher 1985: 64f.) daraus auf eine eher untergeordnete Stellung Englands in der Weltwirtschaft, weil Änderungen in der Reservehaltung seitens der Bank von England die Weltreservehaltung und damit die Weltgeldmenge nur marginal berühren konnten. Dies trifft formal

Privileg nicht besaßen und auf eine ausreichende Deckung ihrer kurzfristigen Verpflichtungen durch Währungsreserven zu achten hatten. Diese Währungsreserven bestanden aus Gold und Pfund-Forderungen, während die Bank von England entsprechend ihrer währungspolitischen Hegemoniestellung in der Phase 1880 - 1914 keine anderen Währungen hielt (Bloomfield 1963: 7). Dies spiegelt ein wohl universelles Muster der Reservehaltung von Notenbanken wider, indem jede gemäß ihrer Stellung in der vorherrschenden Währungshierarchie zwar Forderungen auf „übergeordnete", jedoch keine Forderungen auf „schlechtere" Währungen hält.

Stabilität und Konvertibilität des Pfund Sterling wurden bis 1914 niemals ernsthaft in Frage gestellt (Bloomfield 1959: 21; Lindert 1969: 37f.). Die internationalen Finanzmärkte konnten der Solidität des Pfundes vertrauen, weil es der Bank von England jederzeit möglich war, nahezu ohne volkswirtschaftliche Kosten ihr Geld zu verknappen. Dies wird deutlich, wenn man die Struktur der englischen Zahlungsbilanz in dieser Phase betrachtet (vgl. Lindert 1969: 39, 64n, 69).

Schematische Zahlungsbilanz Englands 1900-13

Zahlungsausgänge	**Zahlungseingänge**
Handelsbilanzdefizit	Dienstleistungserträge
	Vermögenseinkommen
Langfristige Kredite	Kurzfristige Einlagen

Der entscheidende Punkt war der Leistungsbilanzüberschuß. Schwächeperioden des Pfundes konnten so über zinspolitisch induzierte Änderungen beim kurz- und langfristigen Kapitalverkehr überwunden werden, ohne daß – wenn auf diesem Wege eine ausgeglichene Kapitalbilanz erreicht wurde – noch die Notwendigkeit einer Drosselung der realwirtschaftlichen Aktivität mit dem Ziel einer Korrektur der Handelsströme bestand. Und weil deshalb Güter- und Arbeitsmarkt im Prinzip von geldpolitischen Restriktionen unberührt blieben, mußten die Marktakteure bei rationalen Erwartungen von einer kompromißlosen Bereitschaft der Notenbank zur Verteidigung des Pfund-Kurses ausgehen; dies trug entscheidend zur Stabilisierung der langfristigen Erwartungen bei.[10]

---

zu, geht aber an einem wesentlichen Aspekt vorbei: Die Fiktion einer homogenen Weltgeldmenge erfaßt das entscheidende Charakteristikum internationaler monetärer Beziehungen nicht, nämlich die Hierarchie nationaler Währungen.

Die Ursache des Leistungsbilanzüberschusses – bei einem markant defizitären Warenhandel – waren neben sonstigen Dienstleistungserträgen vor allem Vermögenseinkommen aus dem enormen Bestand an Auslandskapital. Im Bereich des langfristigen Kapitalverkehrs hatte England eine ausgeprägte Gläubigerstellung inne. Entgegen einer lange vorherrschenden Meinung (angesichts der lückenhaften Datenlage ist dies nicht mehr entscheidbar) könnte sich die Nettoposition bei den kurzfristigen Forderungs- und Verpflichtungsbeständen zuletzt in ein Defizit verwandelt haben (Bloomfield 1963: 71ff.). Insoweit kann man sagen, daß England von den Bankerträgen aus seiner Dienstleistung der Fristentransformation lebte, d.h. in erster Linie von der Spanne zwischen kurz- und langfristigen Zinsen.[11]

Dabei war England gemessen an den Zahlungsbilanzaktivitäten „above the line" ein Defizitland: Leistungsbilanzüberschuß, langfristiger Nettokapitalabfluß und der autonome (d.h. nicht durch andere Transaktionen hervorgerufene) kurzfristige Kapitalverkehr ergaben ein Zahlungsbilanzdefizit, das „below the line" durch induzierte kurzfristige Geldanlagen des Auslands (z.T. „working balances" zur Handelsfinanzierung) ausgeglichen wurde. Läßt man – wie heute üblich – die fragwürdige Unterscheidung in autonome und induzierte Transaktionen fallen, so kann man zwar wohl nur für die letzten Jahre vor 1914 (wie im Schaubild festgehalten) von einem kurzfristigen Nettokapitalimport ausgehen. Unabhängig jedoch von der Frage, nach welcher Konvention von einem Defizit bei den Zahlungs*strömen* gesprochen werden kann, bestand mit Blick auf die Vermögens*bestände* die oben erwähnte Konstellation eines Überhangs der kurzfristigen Verpflichtungen Englands im Verhältnis zu seinen Goldreserven.

Die Stabilität des Gold-Pfund-Standards beruhte demnach nicht in erster Linie auf der Gläubigerstellung[12] Englands oder auf laufenden Überschüssen in der englischen Zahlungsbilanz, sondern auf der Fähigkeit, im Bedarfsfalle über die Zinspolitik rasch finanzielle Mittel anzuziehen.[13] Dies galt in abge-

---

[10] Umgekehrt wurde der Niedergang des Dollar in den 70er Jahren durch die Erwartung der Finanzmärkte gefördert, daß die „Fed" nicht ohne weiteres in der Lage sein würde, den Dollar zu verknappen. Nach der deutlichen Passivierung der amerikanischen Leistungsbilanz war eine Währungsstabilisierung nur noch über eine Rezession zu erreichen (vgl. Minsky 1979). Erst Volcker konnte diese strategische Wende durchsetzen, die aber wiederum ein – vor allem wechselkursbedingtes – Leistungsbilanzdefizit hervorbrachte.

[11] Im Gegensatz zur heutigen Konstellation im EWS (s.u.) war die internationale Streuung der kurzfristigen Zinsen eher gering. Der französische Diskontsatz lag sogar meist unter dem englischen, allerdings hielt Frankreich eine höhere Deckungsquote an Währungsreserven (Bloomfield 1959: 29ff.).

[12] Einem Schuldnerland fällt die Verknappung seiner Währung deshalb schwerer, weil es i.d.R. Kapitaldienst in einer fremden Währung zu leisten hat – dies relativiert die heutige „Schuldenlast" der USA (vgl. Spahn 1990a).

[13] „The ability of the system to tap surplus-country funds in support of key currencies seems to have contributed to the stability of, and confidence in, the key-currency system before 1914" (Lindert 1969: 57; vgl. Bloomfield 1959: 42n).

schwächter Form auch für die beiden anderen Finanzzentren Berlin und Paris; denn auch Deutschland und Frankreich wiesen eine negative Grund- und Handelsbilanz auf. Abgezogen wurden diese Gelder aus „peripheren" Ländern, die entsprechend eine Überschußposition innehatten. Sie hatten letztlich die Kosten für die oft konstatierte „Harmonie" des Währungssystems zu tragen: „The convertibility crises of the period were concentrated in the periphery. From the periphery's viewpoint, the operation of the gold standard was anything but smooth" (Eichengreen 1985: 18).

Diese Zahlungsbilanzkonstellation implizierte einerseits im Hinblick auf die Zahlungs*ströme* eine gewisse saldenmechanische Stabilität des Währungssystems, weil die „reifen" Anlageländer den „jungen" Entwicklungsländern die Möglichkeit boten, einen zu ihrer kurzfristigen Geldhaltung an den internationalen Bankplätzen korrespondierenden Realtransfer in Form von Exportüberschüssen zu leisten – und gleichzeitig selbst von ihrem Entwicklungsvorsprung in Form von Importüberschüssen profitierten. Der Goldstandard konnte aufrechterhalten bleiben, weil die starken Länder über das Instrument der Zinspolitik verfügten, während die schwachen Länder Exportüberschüsse aufwiesen, und somit beide Faktoren marktmäßig kompatibel waren. „The whole world was adding to its gold reserves, only the center countries incurred rapid increases in their liquid liabilities, and almost no notice was taken of these increases" (Lindert 1969: 73).

Der letzte Halbsatz andererseits deutet auf die Achillesferse des Systems hin: Das fortschreitende Ungleichgewicht bei den Forderungs- und Schuld*beständen* mußte zu einem Problem werden, wenn die Hegemonie des Pfund Sterling aus welchem Grund auch immer hinterfragt wurde. Bis 1914 wurden Englands kurzfristige Verpflichtungen (analog zu Giroeinlagen in einem nationalen Geschäftsbankensystem) weltweit als Geld betrachtet; in den 20er Jahren jedoch wurde in einer Phase der Währungskonkurrenz ihr Charakter als kurzfristige, und daher gefährliche Verschuldung offenbar, weil stets die Gefahr kurzfristiger Goldabzüge im Zuge der Verlagerung von Einlagen an andere internationale Bankplätze bestand.[14]

In dieser Zeit änderte sich auch das Muster zinsinduzierter Kapitalbewegungen. Bis 1914 war eine asymmetrische Reaktion derart zu beobachten, daß bei einer geldpolitischen Restriktion der Bank von England auch die Leitzinsen in

[14] Emminger (1934: 297ff., 315f.) beurteilte diese Instabilitäten teilweise als Folge einer verfehlten Währungspolitik. So habe nicht verhindert werden können, daß das Pfund zu einem Zufluchtsort und zur Notendeckung für andere Zentralbanken geworden sei; London habe sich von Frankreich als Bank benutzen lassen; neben England müßten sich auch die USA den Vorwurf des „borrowing short and lending long" gefallen lassen. – Es ist allerdings zu bezweifeln, ob eine finanzielle Weltmacht wie England überhaupt hätte verhindern können, von der Weltwirtschaft gleichsam als Geschäftsbank benutzt zu werden. Auch die Bundesbank sträubte sich in den 70er Jahren vergeblich gegen die neuen Marktpräferenzen, die die D-Mark in den Rang einer internationalen Anlagewährung erhoben.

anderen Ländern anzogen, jedoch selbst bei unveränderten Zins*relationen* Englands Kapitalimport zunahm.[15] Nach dem ersten Weltkrieg konkurrierten jedoch London und insbesondere New York verstärkt um dieselben Finanzmittel, die alte hierarchische Ordnung brach zusammen und die Funktion der Weltbank ging schließlich auf die USA über: Konträr zu den schematischen Regeln des Goldstandards hatten sie die Geldmengeneffekte der zufließenden Goldreserven sterilisiert und das Dollar-Angebot knapp gehalten. Damit zerschlugen sich Englands Hoffnungen auf Preissteigerungen in den USA, die die Überbewertung des Pfundes in den 20er Jahren korrigiert hätten.

Englands Defizitposition hatte ohne Zweifel zum währungspolitischen Machtverlust beigetragen. Seine Stellung als Finanzintermediär erforderte jedoch nicht zwingend eine passive Grundbilanz. Durch Londons Bankgeschäfte wurde für sich genommen die Zahlungsbilanz sogar *aktiviert*: Zwischen 1880 und 1914 lag das Volumen der langfristigen Kreditvergabe zumeist *unter* dem Strom der Vermögenseinkommen aus dem Bestand früherer Auslandsinvestitionen, die Gewinne wurden gleichsam nicht voll reinvestiert (Feis 1974: 17; Lindert 1969: 58ff.).

Damit rückt schließlich doch das enorme Handelsdefizit in den Blickpunkt, das darauf hindeutet, daß die güterwirtschaftliche Vormachtstellung Englands bereits am Ende des 19. Jahrhundert unterhöhlt wurde. Der Niedergang großer Exportindustrien ging mit einem relativen Rückgang des englischen Anteils am Welthandel einher (Emminger 1934: 270, 275ff.). Das lange Zeit unerschütterliche Vertrauen der internationalen Finanzwelt in das Pfund hat aber wohl die Anpassungslasten einer rechtzeitigen Stabilisierung immer wieder als zu hoch erscheinen lassen.[16]

IV. Zahlungsströme und Zinsdifferenzen im EWS

Zumindest in einem Punkt unterscheidet sich das EWS nicht vom Goldstandard: Auch damals war eine Asymmetrie derart zu beobachten, daß Länder bei einem Reserveverlust sehr wohl zur Restriktion, aber Länder mit Reservegewinnen keineswegs zur Expansion gezwungen waren (Bloomfield 1959:

[15] Lindert (1969: 48ff., 78) erklärt dies mit der Reaktion privater und institutioneller Anleger, in Zeiten einer zinspolitisch angezeigten Liquiditätsanspannung in die Währung mit dem jeweils höheren Liquiditätsgrad zu wechseln. Paris und Berlin wiesen dabei eine Mittelstellung in der allgemeinen Währungshierarchie auf, indem es ihnen gelang, Finanzmittel von „nachgeordneten" Ländern anzuziehen, ihrerseits jedoch Mittel an London verloren.

[16] „Thus the very centrality of Britain's financial position created a weakening of adjustment ‚discipline', a bias towards deficits (...). It is difficult to see why Britain should have wished to escape from the special financial position. Key-currency status allowed her (and France and Germany to lesser extents) to postpone otherwise necessary contractionary adjustments. Britain's position just before World War I in fact provides the classic example of the ‚deficit without tears'" (Lindert 1969: 74f.).

23f.). Daß diese Asymmetrie im EWS – mit Blick auf die führende Rolle der D-Mark – als eine ungewöhnliche und negative Eigenschaft eines Währungssystems „entdeckt“ wurde, ist möglicherweise auf einen (irreführenden) Vergleich zum Bretton-Woods-System zurückzuführen, in dem der Dollar zuletzt keine beschränkende Funktion in bezug auf die monetäre Disziplin in anderen Ländern mehr erfüllte; aber nicht zuletzt deshalb brach das System von Bretton Woods in einer Phase akzelerierender Inflation zusammen. Man hat den Eindruck, daß in der währungspolitischen Debatte nicht klar unterschieden wurde zwischen der – notwendigen – Härte der Geldpolitik des Leitwährungslandes und einer – nicht notwendigen – Überschußposition der deutschen Zahlungsbilanz. Erst das Zusammenspiel beider Faktoren führte zu Spannungen im EWS.

Mit dem Goldstandard ist das EWS nur mit Einschränkungen vergleichbar, weil es kein weltumspannendes, sondern ein regional abgegrenztes Währungssystem ist, dem zwei andere bedeutende Währungsräume (Dollar, Yen) gegenüberstehen. Dennoch ist ein Vergleich der englischen mit der deutschen Zahlungsbilanzstruktur aufschlußreich; er zeigt ein deutlich unterschiedliches Muster der Leistungs- und Kapitalströme zwischen dem „Zentrum“ und den übrigen Ländern des Währungsraumes. Zwar ist auch die Leistungsbilanz der Bundesrepublik positiv; im Vergleich zum englischen Fall ist der – sehr viel ausgeprägtere – deutsche Überschuß umgekehrt jedoch die Folge einer *aktiven* Handelsbilanz bei einer *defizitären* Dienstleistungs- (und Übertragungs-) Bilanz. Der Posten der Vermögenseinkommen hat dabei erst in jüngster Zeit an Bedeutung gewonnen.[17] Im Gegensatz zur englischen ist die deutsche Grundbilanz positiv. Sieht man von – zeitweilig allerdings bedeutsamen – Devisenbestandsveränderungen ab, so wird das Zahlungsbilanzgleichgewicht durch kurzfristige Kapital*exporte* erreicht.

Schematische Zahlungsbilanz der Bundesrepublik 1979-89

Zahlungsausgänge	**Zahlungseingänge**
Dienstleistungen und Übertragungen	Handelsbilanzüberschuß
Langfristige Kredite	
Kurzfristige Anlagen	Vermögenseinkommen

[17] Die Nettokapitalerträge erhöhten sich 1989 sprunghaft auf gerade 22 Mrd DM und stiegen 1990 auf 26 Mrd DM. Langfristig ist hierüber eine Kompensation des traditionellen Defizits im Dienstleistungsbereich zu erwarten (vgl. Deutsche Bundesbank 1989: 36; 1990a: 28).

Eine nähere Betrachtung der deutschen Zahlungsbilanzentwicklung[18] zeigt besonders in den letzten Jahren eine auffällige Spreizung der Salden. Gegenüber 1979 - 84 *verzehnfachte* sich der Nettokapitalexport 1985 - 89 auf (kumuliert) 431 Mrd DM. Damit einher ging ein nahezu ebenso hoher (vom Warenhandel getragener) Leistungsbilanzüberschuß – und es fällt schwer, im Bereich der weltwirtschaftlichen Arbeitsteilung „realökonomische" Erklärungen für dieses neuerliche Exportwunder zu finden. Allerdings trug auch der Ölpreiseinbruch zu einer Entlastung der deutschen Einfuhrrechnung bei.

Eine regionale Aufschlüsselung[19] macht deutlich, daß sich im langfristigen Vergleich nur gegenüber Japan und den Entwicklungsländern die Leistungsbilanz weiter passivierte, während ihre allgemeine Verbesserung vor allem auf die Beziehungen mit den USA und der EG zurückging; dabei hatte der Überschuß *innerhalb* der Phase 1985 - 89 mit der USA sinkende, mit der EG weiter steigende Tendenz. Der Vorzeichenwechsel gegenüber den EG-Ländern, der nicht zuletzt durch eine reale DM-Abwertung bei nominaler Wechselkurskonstanz hervorgerufen wurde, markiert überhaupt die auffälligste Veränderung der deutschen Leistungsbilanz in den vergangenen Jahrzehnten (Abb. 1); selbst das traditionelle Defizit mit Italien verwandelte sich in einen Überschuß. Parallel dazu wurde die EG zu einem Nettoempfänger deutscher Kapitalanlagen (Abb. 2), und die Bundesrepublik wandelte ihre Schuldnerstellung gegenüber der EG, die hauptsächlich aus den deutschen Leistungsbilanzdefiziten der Jahre 1979 - 81 resultierten, bis Ende 1989 in eine Gläubigerposition von 186 Mrd DM um (Deutsche Bundesbank 1991: 23).

Auf der anderen Seite wurde der deutsche Kapitalimport 1985 - 89 hauptsächlich durch langfristige (zumeist Wertpapier-) Anlagen aus Japan, der Schweiz, Großbritannien und den Niederlanden bestimmt. Im Falle der beiden erstgenannten Hartwährungsländer profitieren die ausländischen Vermögensbesitzer von einer entsprechenden Zinsdifferenz auf dem Kapitalmarkt (Abb. 8). Dabei ist allerdings zu berücksichtigen, daß insbesondere der Yen gegenüber der D-Mark stärkeren Wertveränderungen unterlag (Abb. 6). In allen Fällen war eine Gegenbewegung durch kurzfristige Abflüsse zu verzeichnen, die im Verhältnis zu den Niederlanden sowie besonders deutlich zu Großbritannien insgesamt noch für einen deutschen Nettokapitalexport sorgten.

---

[18] Vgl. zum folgenden Tabelle und Abbildungen 1 - 5 im Anhang. Die Entwicklung seit 1968 wurde in vier Phasen unterteilt. Der endgültige Abschied von Bretton Woods (1973), der Beginn des EWS (1979) sowie das Ende der Dollar-Hausse (1985) dienten als Kriterien zur Phasenbildung. Auf die Zahlungsbilanzentwicklung nach 1989 wird in Abschnitt V eingegangen.

[19] Die Summe der Werte aus den regionalen Teilbilanzen weicht insbesondere beim kurzfristigen Kapitalverkehr von den Angaben in der Gesamtzahlungsbilanz ab. Dies ist auf den Zahlungsverkehr mit den hier nicht aufgeführten Internationalen Organisationen, in erster Linie aber auf regional nicht aufteilbare Transaktionen zurückzuführen.

Betrachtet man die allgemeine Struktur der deutschen Kapitalbilanz, so hat der langfristige Nettokapitalexport stetig zugenommen, wobei seine regionale Aufteilung im Zeitablauf bemerkenswert stabil geblieben ist und die EG-Länder hier praktisch keine Rolle spielten (Abb. 3). Im kurzfristigen Bereich überwogen bis Mitte der 70er Jahre noch die Zuflüsse, dann aber prägten insbesondere in den letzten Jahren enorme Geldexporte (zu drei Vierteln in EG-Länder und insgesamt etwa dreimal so hoch wie die langfristige Nettokreditvergabe) die Entwicklung (Abb. 4).

Damit zeigt sich ein deutlicher Unterschied zu der als Bankbilanz interpretierbaren englischen Zahlungsbilanz. Während England damals als Bank für die Teilnehmer des Gold-Pfund-Systems eine Fristentransformation besorgte, wird der DM-Raum heute von anderen Hartwährungsländern zur *langfristigen* Vermögenssicherung genutzt und die Bundesrepublik baut umgekehrt *kurzfristige* Forderungen gegen die Mitglieder „ihrer" Währungszone auf. Diese erhalten – im Gegensatz zu den „peripheren" Ländern in der damaligen Pfund-Zone – per Saldo kaum langfristige Kredite und rasch abrufbare Verpflichtungen treten an die Stelle liquider Währungsreserven. Besonders ausgeprägt zeigt sich dieses Problem in der heutigen Zahlungsbilanzposition Englands: Gegenüber der Bundesrepublik trat in den letzten Jahren eine deutliche Verschlechterung in der englischen Leistungsbilanz ein. Im Gegensatz etwa zur Konstellation in Italien und Frankreich kam es trotz eines heimischen Zinsvorsprungs noch zu langfristigen Nettokapitalabflüssen. Das Defizit in der Grundbilanz konnte auch durch kurzfristige Geldimporte nicht ausgeglichen werden.[20]

Nun kann die Bedeutung der Unterscheidung zwischen kurz- und langfristigem Kapitalverkehr relativiert werden,[21] aber die im EWS herrschenden Gläubiger-Schuldner-Beziehungen und das allgemeine Muster der Kapitalströme tragen offensichtlich zur Stärkung der relativen Marktstellung der Leitwährung bei. Einige EG- bzw. EWS-Länder sind aufgrund höherer Budgetdefizite und Inflationsraten in einer außenwirtschaftlich gefährdeten Position; im Falle eines – zinspolitisch leicht auszulösenden – Richtungswechsels der kurzfristigen DM-Geldanlagen drohen via Leistungs- und Kapitalbilanz *kumulative* Devisenverluste.

---

[20] „This poses risks to the stability of the exchange rate and interest rates (...), since these gross short-term liabilities are so huge that small movements in them can have large effects on the exchange rate" (Muellbauer/Murphy 1990: 378; vgl. Davies 1990).

[21] Die Motive hinter diesen Finanzdispositionen lassen sich nicht umstandslos separieren. Kurzfristige Auslandsanlagen, wie sie etwa vom deutschen Unternehmenssektor in den 80er Jahren aufgebaut wurden, müssen nicht zu Transaktionszwecken gehaltene „working balances", sondern können (bei permanenter Revolvierung) auch eine Form langfristiger Vermögensverwertung darstellen. Dieses Abgrenzungsproblem bestand Bloomfield (1963: 5) zufolge bereits in der Phase des klassischen Goldstandards.

Die DM-Stärke wird auch nicht durch das allgemeine Zahlungsbilanz*defizit* der Bundesrepublik gegenüber den EG-Ländern beseitigt. Zwar überstieg in der Phase 1985 - 89 der Kapitalabfluß den Leistungsbilanzüberschuß um 60 Mrd DM (Zeile „Rest" in der Tabelle und Abb. 5); aber allein der „Restposten" gegenüber Belgien/Luxemburg zeigt einen Minusbetrag von 81 Mrd DM, und dies reflektiert in erster Linie Anlagen am Euro-DM-Markt. Es handelt sich insoweit um zahlungsbilanz-, nicht aber devisenbilanzwirksame Transaktionen, die deshalb auch kein (partiell überschüssiges) DM-Angebot darstellen.[22]

Die beschriebene, für ein Leitwährungssystem ungewöhnliche Zahlungsbilanzkonstellation kann nur über deutliche Zinsspannen stabilisiert werden (Abb. 7, 8). Mit diesen, teilweise auch über das jeweilige Inflationsgefälle hinausgehenden Zinsdifferenzen werden jedoch binnen- und außenwirtschaftliche Anpassungserfordernisse immer weiter herausgeschoben. Das Dilemma besteht darin: Je glaubhafter die Festlegung der Währungsbehörden auf die Stabilität nominaler Wechselkursrelationen ist, desto leichter können Inflationsländer mit hohen Budget- und Leistungsbilanzdefiziten an sich notwendige Restriktionsmaßnahmen vertagen und – bei blockierten Abwertungserwartungen – fehlende heimische Ersparnisse durch Kapitalimporte ersetzen (Sachverständigenrat 1989: Zf. 424). Beschäftigungspolitische Erwägungen können darüber hinaus – wenn hohe Zinsen die heimische Investition bremsen – zu weiter steigenden Staatsausgaben führen, wobei die Handlungsfähigkeit des Staates bei wachsendem Schuldendienst langfristig abnimmt. In außenwirtschaftlicher Perspektive werden diese Länder über diese Zinspolitik praktisch zu „Starkwährungsländern", die reale Aufwertung ihrer Währungen wirkt dem erwünschten Abbau ihrer Handels- und Leistungsbilanzdefizite entgegen (Deutsche Bundesbank 1990a: 56f.; 1990c: 31).

Die markttheoretische Erklärung der Zinsdifferenzen ist jedoch weniger eindeutig, als dies auf den ersten Blick erscheint. Wenn Abwertungserwartungen tatsächlich ausgeschlossen sein sollten, so könnten anhaltende Zinsunterschiede nur auf währungsspezifische Risikoprämien hindeuten. Aber selbst wenn z.B. die Wahrscheinlichkeit einer (weiteren) Inflationsentwertung der italienischen Staatsschuld in Rechnung gestellt wird, so wären Lira-Wertpapiere für Ausländer solange keine „schlechten" Forderungen, wie eben von fixierten Kursen ausgegangen wird. Hinzu kommt, daß – zwar noch mit war-

[22] Partielle regionale Zahlungsbilanzungleichgewichte können darauf hindeuten, daß z.B. Empfänger von Nettokapitalimporten aus einem Land diese Mittel an Drittländer weiterreichen, also gleichsam als Kreditvermittler fungieren (vgl. Schröder 1990: 166f.; Deutsche Bundesbank 1991: 22). Ausgeprägte „Restbilanzen" zeigten sich 1985 - 89 u.a. im Verhältnis der Bundesrepublik zu den USA (Plus 135 Mrd DM) und zu Japan (Minus 70 Mrd DM). Mit der erwähnten Einschränkung eines Handels nationaler Währungen in Drittländern folgt daraus – vermittelt über den DM-Kurs als „numéraire" – eine Schwächung des Dollar gegenüber dem Yen.

nendem Unterton – von einer möglichen Solidarhaftung der Gemeinschaft für nationale Defizite gesprochen wird, wenn die nächsten Stufen der währungspolitischen Harmonisierung realisiert werden sollten (Schlesinger 1990). Die Risikoprämien der „schwachen" Währungen erscheinen insoweit als unbegründet, wenn nicht doch noch – entgegen dem vorherrschenden Eindruck in der öffentlichen Diskussion – Erwartungen eines Scheiterns des EWS, verbunden mit einer Rückkehr zu flexiblen Wechselkursen, virulent wären.[23]

Damit zeigen gravierende Funktionsprobleme des EWS die Notwendigkeit einer Reform an. Aber diese muß aus *ökonomischer* Sicht keineswegs in (Schritten zu) einer europäischen Währungsunion bestehen. Die ausgeprägten Zinsdifferenzen als Ausdruck fundamentaler außenwirtschaftlicher Ungleichgewichte im EWS deuten vielmehr – läßt man temporäre Wachstumsdifferenzen zunächst aus dem Spiel – auf die Notwendigkeit realer Wechselkurskorrekturen hin. Das mögliche Argument, die weniger stabilitätsorientierten Länder seien nicht zu einer Reduktion ihrer Inflationsraten fähig oder bereit, erweist sich aus der Perspektive einer künftigen Währungsunion als Bumerang: Denn in diesem Fall wäre ihr Absinken zu europäischen Problemregionen mit der Folge politisch wahrscheinlich unabweisbarer Subventionsansprüche an einen europäischen Zentralhaushalt vorprogrammiert. Angesichts der Erwartung anhaltender Stabilitätsdifferenzen müßte sich deshalb der Einstieg in die Währungsunion verbieten.

Formuliert man das Problem aus deutscher Sicht, so bringt die Koinzidenz von Hartwährungspolitik und Unterbewertung der D-Mark (ablesbar in anhaltenden, „strukturellen" Exportüberschüssen) im Prinzip immer wieder die Gefahr kumulativer Devisenbewegungen mit sich. Ein relativ stabiler innerer Geldwert, eine auch wechselkursbedingte hohe internationale Wettbewerbsfähigkeit bilden das Fundament für eine Bevorzugung der D-Mark als Medium langfristiger Vermögenssicherung. Damit bliebe der – in den letzten Jahren vor allem von den EG-Partnern abgelehnte – Weg einer deutlichen nominalen (und eventuell regelgebundenen) DM-Aufwertung als eine weitere denkbare Möglichkeit, um die markttheoretischen Widersprüche dieser Konstellation aufzulösen (vgl. Spahn 1990b). Nach dem Beitritt der DDR zur Bundesrepublik und den substantiellen Veränderungen in Osteuropa stellt sich die Frage nach den Optionen einer DM-Leitwährung jedoch in einem historisch neuen Licht.

---

[23] „Asset markets clearly have not taken the view that exchange rates are now fixed. (...) The fact that inflation differentials have narrowed sharply and no realignment has occured in two and a half years has not translated into an equalization of long-term interest rates. (...) Markets anticipate general depreciation against the deutsche mark. (...) Interestingly, the term structures are quite flat. One cannot therefore take the view that there is a high probability either of a near term realignment (the case of a negative term structure) or a distant one, reflected in a ‚peso problem' term premium. It is not clear what the yield differential relative to Germany suggests, other than that fixed rates are not expected to last forever" (Dornbusch 1989: 358f.).

V. Das Szenario eines künftigen DM-Standards

Aufgrund der relativen Wirtschaftsschwäche der DDR war im Zuge ihres Beitritts zur Bundesrepublik zu erwarten, daß sich sowohl die (ehemals westdeutsche) Zahlungsbilanzposition als auch möglicherweise die Stellung der D-Mark auf den internationalen Finanzmärkten ändern würden. Ein *pessimistisches Szenario* lautete folgendermaßen: Die geringe Wettbewerbsfähigkeit der Produktion in der ehemaligen DDR-Region führt zu einer weitgehenden Versorgung aus den westlichen Bundesländern und entzieht hier bei bereits hoher Kapazitätsauslastung per Saldo Güterströme dem Export. Zugleich induziert der Absorptionseffekt des Wiederaufbaus generell zusätzliche Importe in Gesamtdeutschland. Der damit einhergehende Abbau des traditionellen deutschen Exportüberschusses wird durch zusätzliche Preissteigerungen verstärkt, die im Zuge der Währungsunion auftreten. Der Außenwert der D-Mark gerät damit von zwei Seiten her unter Druck: zum einen infolge des binnenwirtschaftlichen Inflationsprozesses, zum anderen infolge der Verschiebung der Kräfteverhältnisse auf dem Devisenmarkt, wenn bei einem tendenziell verschwindenden Leistungsbilanzüberschuß die Neigung zum Nettokapitalexport anhält.

Entgegen stellenweise gehegter Befürchtungen waren die Inflationserwartungen der Marktakteure – gemessen an der inversen Zinsstruktur im Winterhalbjahr 1989/90 – jedoch nicht sehr ausgeprägt. Die Bundesbank hoffte zudem, die Preisgefahren partieller Gütermarktengpässe durch vermehrte Importe in Grenzen halten zu können (womit zugleich der oftmals geübten Kritik an den deutschen Exportüberschüssen begegnet werden konnte); entscheidend war für sie jedoch die Vermeidung von DM-Abwertungstendenzen.[24] Der schon seit Ende 1988 anhaltende Prozeß steigender Geldmarktzinsen wurde deshalb wohl in erster Linie aus außenwirtschaftlichen Gründen weitergeführt.

Faktisch hat sich die Inflation trotz der konjunkturellen Lage und kräftiger Ölpreissteigerungen nicht beschleunigt. Der Leistungsbilanzüberschuß ist von 104 Mrd DM im Jahr 1989 auf 72 Mrd DM im Jahr 1990 zurückgegangen; Anfang 1991 war bereits ein Leistungsbilanzdefizit zu verzeichnen. Der rasche Abbau der deutschen Überschußposition ist jedoch auch auf die Abschwächung der Konjunktur im Ausland zurückzuführen. Der kurzfristige Nettokapitalexport ging 1990 von 105 auf 28 Mrd DM zurück, während ein erheblich größerer Abfluß langfristiger Mittel zu konstatieren war (Zuwachs von 23 auf 63 Mrd DM).

[24] „Stabilitätsgefährdende Spannungen werden sich (...) im Gefolge des Ressourcentransfers in die DDR umso eher unter Kontrolle halten lasen, wenn es gelingt, den Abbau der Leistungsbilanzüberschüsse zu erreichen und ihn durch einen starken Außenwert der D-Mark zu unterstützen. Anders ausgedrückt: Eine Abwertung der D-Mark würde die aus dem Nachfragedruck resultierenden Preisauftriebstendenzen noch akzentuieren" (Deutsche Bundesbank 1990a: 11f.; vgl. 2, 47f.).

Die Antwort auf die Frage nach der zukünftigen Entwicklung könnte sich zunächst an dem Bild orientieren, das die „vorwärts blickenden“ ökonomischen Variablen wie insbesondere Zinssätze und Wechselkurse vermitteln. Nimmt man an, daß etwa ab Jahresbeginn 1990 ein ökonomischer – und später ein politischer – Zusammenschluß der beiden deutschen Wirtschaftsgebiete erwartet wurde, so zeigt sich folgendes Bild: Die Zinsdifferenz zum Ausland hat sich leicht vermindert, ist aber besonders im kurzfristigen Bereich immer noch recht ausgeprägt, vor allem gegenüber den EWS-Ländern (Abb. 7). Deutlicher ist – getragen vom Zinssprung in der Bundesrepublik zu Beginn des Jahres 1990 – die Annäherung bei den langfristigen Zinsen (Abb. 8). Bereits seit 1988 jedoch „benötigten“ Frankreich und teilweise auch Italien gegenüber der D-Mark einen geringeren Zinsvorsprung, um ihre Währungen zu verteidigen. Außerhalb des EWS zogen die Kurse des Schweizer Franken, des Yen und des Pfund Sterling gegenüber der D-Mark leicht an; auf der anderen Seite setzte sich jedoch der Abwertungsprozeß des Dollar bis Jahresbeginn 1991 fort (Abb. 6).[25]

Insgesamt ist also eine leichte Schwächung der internationalen Marktposition der D-Mark zu konstatieren – ein Befund, der aber zur Einschätzung der mittel- und langfristigen Entwicklung letztlich wenig hergibt. Ein Ausblick auf die mittelfristige außenwirtschaftliche Situation der Bundesrepublik muß sich demnach auf eine Kombination von Plausibilitätsannahmen stützen. Dabei interessiert das regionalpolitische Problem der Integration der ehemaligen DDR nur insoweit, als dadurch Zahlungsbilanz und Devisenmarkt berührt werden. Generell zeichnet sich gegenwärtig ab, daß die Ostländer mittelfristig strukturschwache Regionen mit hoher Arbeitslosigkeit bleiben, deren Lohnniveau sich jedoch nicht grundsätzlich von dem in den Westländern unterscheidet. Damit wird der Güterstrom von West- nach Ostdeutschland mittelfristig anhalten und von einen gegenläufigen Strom auf dem Arbeitsmarkt begleitet.

Als Folge der sozial- und infrastrukturpolitischen öffentlichen Aufgaben werden sich inden kommenden Jahren anhaltend hohe Budgetdefizite ergeben. Auch von privaten Investitionen werden Nachfrageimpulse ausgehen – vermutlich eher mit dem Ziel der Kapazitätserweiterung im Westen als des Kapazitätsaufbaus im Osten der Bundesrepublik. Damit stellt sich zunächst die Frage, wie die Angebotsseite diese Anforderungen verkraftet.

Regelmäßig wird dabei zunächst auf die Inflationsgefahren einer derartigen – in diesem Fall unfreiwillig – expansiven Nachfragepolitik verwiesen, wobei

---

[25] Bemerkenswert ist, daß der Zinsvorsprung des Dollar, d.h. sein „Malus“ gegenüber der D-Mark, seit Anfang 1989 kontinuierlich auf nun unter Null gesunken ist. Dies deutet darauf hin, daß die Dollar-Abwertung keineswegs Ausdruck einer immer wieder beschworenen Vertrauenskrise der amerikanischen Währung ist; dies wäre vielmehr mit relativ wie absolut steigenden Dollar-Zinsen verbunden gewesen. Im Frühjahr 1991 kam es zeitweilig auch wieder zu einem Anstieg des Dollar-Kurses, der von einer konzertierten Intervention der Notenbanken gebremst wurde.

das tradierte Bild von im Gleichgewicht steigenden einzelwirtschaftlichen Kostenkurven im Hintergrund stehen mag. Aus der Konjunkturgeschichte gewinnt man dagegen jedoch den Eindruck, daß die Elastizität der gesamtwirtschaftlichen Angebotsfunktion beträchtlich ist. Die Inflation resultiert weniger aus güterwirtschaftlichen Engpässen also aus der Überwälzung von Faktorpreissteigerungen. Aus diesem Blickwinkel ist die anhaltende Faktorwanderung von Ost- nach Westdeutschland durchaus positiv zu beurteilen, weil sie den Lohndruck in den prosperierenden Regionen der Bundesrepublik tendenziell dämpfen kann. Insoweit wird der von der Nachfrageexpansion induzierte Konsumverzicht jedenfalls nicht in erster Linie in einem inflationsbedingten Zwangssparen der Haushalte, d.h. in unverteilten Unternehmensgewinnen bestehen.

Ein etwaiger Nachfrageüberschuß wird wohl eher zu weiteren Importen vor allem aus den EG-Ländern führen und hier die traditionelle Überschußposition der Bundesrepublik vermindern. Dies müßte die Zahlungsbilanzposition der EWS-Partnerländer entlasten und ihnen deshalb erlauben, ihr Zinsniveau relativ zur Bundesrepublik abzusenken (Kregel 1990). Dies könnte wiederum die Notwendigkeit der Zinssteigerung in der Bundesrepublik begrenzen, die zum einen als Begleiterscheinung des hohen Budgetdefizits und zum anderen deshalb notwendig ist, um bei abnehmendem Leistungsbilanzüberschuß den Außenwert der D-Mark stabil zu halten.

In gewisser Weise würde Deutschland damit den Weg der USA in den 80er Jahren wiederholen; allerdings wäre die Kombination von expansiver Finanz- und restriktiver Geldpolitik weder mit einer nachhaltigen, isolierten Währungsaufwertung noch mit zunehmenden Leistungsbilanzsalden verbunden. Das Wechselkursgefüge im EWS würde vielmehr stabil bleiben können, und den Partnerländern sollte es sogar leichter fallen, diese Paritäten einzuhalten, wenn ihr Handelsdefizit gegenüber Deutschland abgebaut wird. Die D-Mark stünde ihnen weiterhin als Stabilitätsanker für ihre nationalen Währungen zur Verfügung, wobei der dafür zu entrichtende Preis – die Zinsdifferenz – sogar sinken würde.

Schließlich muß auch die Entwicklung in Osteuropa in das Bild einbezogen werden. Zu erwarten ist eine Transformation der ehemals sozialistischen Planwirtschaften in kapitalistische Entwicklungsländer. Dabei zeichnet sich gegenwärtig eine Konstellation ab, in der ein Importüberschuß dieser Länder (vorwiegend Industriegüter) durch westliche Kapitalexporte finanziert wird. Sowohl als finanzieller Gläubiger wie als industrieller Anbieter würde Deutschland dabei eine wichtige Rolle spielen können (wobei wiederum Deutschlands Importe aus anderen westlichen Ländern steigen müßten). Naheliegend wäre dann eine faktische Übernahme und Akzeptanz der Leitwährungsfunktion der D-Mark auch in den osteuropäischen Ländern, wodurch die Marktposition der D-Mark im Wettbewerb mit den beiden anderen Weltanlagewährungen Dollar und Yen gestärkt würde. Im Hinblick auf das oben herausgestellte „Sklerose"-Problem von Leitwährungsländern scheint die Bundesrepublik weniger gefährdet als damals England: Gerade *weil* heute eine oligopolistische Marktstruktur im Währungsbereich vorherrscht und beispielsweise die handelswirtschaftlichen Stärken Japans stets präsent sind, ist kaum zu erwarten, daß sich die deutsche Volkswirtschaft in einer abgesicherten Position wähnt und die Früchte einer scheinbaren Hegemoniestellung aufzuzehren trachtet.

Auf den ersten Blick wirkt dieses Szenario, das Wiederentstehen einer dem damaligen Goldstandard nicht unähnlichen währungspolitischen Konstellation in Europa, nicht sonderlich realistisch. Die dialektische Ironie der Geschichte liegt darin,[26] daß zu einem Zeitpunkt, an dem aufgrund geänderter Zahlungsbilanzstrukturen die *ökonomischen* Rahmenbedingungen für eine Leitwährungsrolle der D-Mark nun günstiger als früher sind, die *politische* Entscheidung zugunsten einer europäischen Währung festzustehen scheint. Die Vorschläge der Weiterentwicklung des EWS zu einer Währungsunion entstanden zudem gerade nicht zuletzt aus dem politischen Unbehagen an der „undemokratischen" monetären Führungsrolle *eines* Landes in Westeuropa; die *Ausweitung* der „DM-Hegemonie" nach Osteuropa, das damit gleichsam zu einem kolonialen Hinterland wird, dürfte auf noch schärfere politische Widerstände stoßen.

Aber andererseits ist mit der europäischen Öffnung nach Osten der währungspolitische Einigungsprozeß auch komplexer geworden. Zunächst erfordert eine monetäre Union nach einer beschlossenen geldpolitischen Harmonisierung über entsprechende Vereinbarungen im Bereich der Finanzpolitik hinaus weiterreichende gemeinschaftliche Regulierungen. Die politische Bereitschaft einzelner Nationalstaaten zu einem damit verbundenen Souveränitätsverzicht könnte früher oder später ausgereizt sein, zumindest aber könnten sich weitere Verzögerungen im Integrationsprozeß ergeben. In manchen westlichen europäischen Ländern könnte zudem die Meinung an Boden gewinnen, daß die Notwendigkeit eines formalisierten westeuropäischen Einigungsprozesses aufgrund der veränderten weltpolitischen Lage weniger dringlich als früher sei und daß zunächst die neu entstandenen nationalstaatlichen Handlungsspielräume auszuloten seien. Während eine Minderheit die geplante EWS-Reform als verfrüht bezeichnet, kommt sie schließlich in einer Hinsicht bereits zu spät: Zunehmend stellt sich nun auch die Frage einer Teilnahme zumindest einiger osteuropäischer Länder (denn es ist offensichtlich ein fragwürdiger Schritt, die soeben geöffnete politische Grenze zwischen West und Ost nun währungspolitisch wieder zu zementieren).

---

[26] So die treffende Charakterisierung von Heinrich Matthes auf dem Berliner Symposion.

Bis zur endgültigen Institutionalisierung einer neuen Ordnung könnte somit noch viel Zeit verstreichen, in der die Finanzmärkte selbst ihre Präferenzen für die eine oder andere Lösung bekunden. Damit kann man – wider den Zeitgeist – durchaus die mögliche Rolle der D-Mark als Leitwährung in einem alternativen Szenario betrachten, das weniger aus politischen Absichten als aus ökonomischen Marktprozessen erwächst.

VI. Ein Resümee

Die aktuellen Überlegungen in Europa, die bestehende Leitwährungskonstellation aus in erster Linie politischen Gründen in eine „demokratischere" Struktur zu transformieren, schenken dem Umstand nicht genügend Beachtung, daß Geldpolitik – gleich ob in einem nationalen Rahmen oder im Währungsverbund mehrerer Länder – der Natur der Sache nach stets ein autokratisches Element enthält. Der Versuch, den geldpolitischen Entscheidungsprozeß von möglichst allen betroffenen Ländern aktiv mittragen zu lassen, wird deshalb entweder die Gestaltung der monetären Rahmenbedingungen des Wirtschaftens perfektionieren – und damit die gegenwärtige Kritik an den damit verbundenen Anpassungszwängen perpetuieren – oder aber zu einer Aufweichung der monetären Disziplin führen. Deshalb bleibt die Frage nach optimalen Konstellationen in *Leitwährungssystemen* auf der Tagesordnung.

Ein Vergleich von Goldstandard und EWS verdeutlicht zwei potentielle Krisenfaktoren in Leitwährungssystemen. Eine Gefahr ist die Aushöhlung der Stärke des Leitwährungslandes, wenn und weil angesichts der finanziellen Hegemonie die Notwendigkeit von realökonomischen Anpassungen nicht erkannt oder als „zu unbequem" verworfen wird. Ein zweites Problem liegt in der saldenmechanischen Konsistenz des Währungssystems; wenn die führende Währung als allgemeines Anlagemedium nachgefragt wird, muß das führende Land den anderen Volkswirtschaften auch einen entsprechenden Realtransfer in Form von Güterexporten ermöglichen. Ansonsten kann das notwendige Gleichgewicht der Zahlungsströme nur durch hohe Zinsdifferenzen aufrechterhalten werden.

Durch den Beitritt der DDR zur Bundesrepublik und die politisch-ökonomische Umwälzung in Osteuropa ist eine Konstellation entstanden, die nicht nur eine Beibehaltung, sondern sogar eine Ausweitung der Marktstellung der D-Mark als Leitwährung ermöglichen würde. Eine Politik der Geldwertstabilität nach innen ist nun besser verträglich mit der Wahrung des Zahlungsbilanzgleichgewichts im Ausland, weil der strukturelle Exportüberschuß der Bundesrepublik tendenziell abgebaut wird. Aufgrund verbreiteter politischer Widerstände gegen „monopolistische" Währungsbeziehungen könnte sich dieses Szenario jedoch allenfalls als ungeplante Folge einer Nicht-Einigung im Prozeß der Europapolitik ergeben.

Literatur

Bloomfield, A. I., 1959: Monetary Policy Under the International Gold Standard, 1880 - 1914. New York. – *Bloomfield,* A. I., 1963: Short Term Capital Movements under the Pre-1914 Gold Standard. Princeton. – *Bofinger,* P., 1990: Zur Konzeptualisierung einer Europäischen Geldpolitik. In: Riese, H. / Spahn, H.-P. (Hg.): Geldpolitik und ökonomische Entwicklung – Ein Symposion. Regensburg, 123 - 136. – *Boxer,* C. R., 1970: The Dutch Economic Decline. In: Cipolla, C. M. (Hg.): The Economic Decline of Empires. London, 235 - 263. – *Cohen,* D., 1989: The Costs and Benefits of a European Currency. In: de Cecco, M. / Giovannini, A. (Hg.): A European Central Bank? Perspectives on Monetary Unification after Ten Years of the EMS. Cambridge, 195 - 209. – *Davies,* G., 1990: The Capital Account and the Sustainability of the UK Trade Deficit. Oxford Review of Economic Policy, 6, 28 - 39. – Deutsche Bundesbank, 1988: 40 Jahre Deutsche Mark – Monetäre Statistiken 1948 - 1987. Frankfurt. – Deutsche Bundesbank, 1989: Monatsbericht Oktober. Frankfurt. – Deutsche Bundesbank, 1990(a): Geschäftsbericht 1989. Frankfurt. – Deutsche Bundesbank, 1990(b): Die Zahlungsbilanz der Bundesrepublik Deutschland mit dem Ausland 1978 bis 1989. Beilage zu „Statistische Beihefte zu den Monatsberichten der Deutschen Bundesbank“, Reihe 3, Zahlungsbilanzstatistik, Juli. Frankfurt. – Deutsche Bundesbank, 1990(c): Monatsbericht Juli. Frankfurt. – Deutsche Bundesbank, 1991: Monatsbericht Januar. Frankfurt. – *Dornbusch,* R., 1987: Prosperity or Price Stability. Oxford Review of Economic Policy, 3, 9 - 19. – Dornbusch, R., 1989: Europe 1992 – Macroeconomic Implications. Brookings Papers on Economic Activity, 341 - 362. – *Eichengreen,* B., 1985: Editor's Introduction. In: Ders. (Hg.): The Gold Standard in Theory and History. New York/ London, 1 - 35. – *Emminger,* O., 1934: Die englischen Währungsexperimente der Nachkriegszeit. Weltwirtschaftliches Archiv, 40, 270 - 325. – *Feis,* H., 1974: Europe – The World's Banker (1930). Clifton. – *Hamilton,* J. D., 1988: Role of the International Gold Standard in Propagating the Great Depression. Contemporary Policy Issues, 6, 67 - 89. – *Hankel,* W., 1978: Goldne Zeiten führt' ich ein – Caesar und sein Wirtschaftsimperium. München/Berlin. – *Kindleberger,* C. P., 1983: Key Currencies and Financial Centres. In: Machlup, F. (Hg.): Reflections on a Troubled World Economy. London, 75 - 90. – *Kindleberger,* C. P., 1987: A Financial History of Western Europe (1984). London. – *Kregel,* J. A., 1990: German Monetary and Economic Unification – Are Financial Markets Asking the Right Questions? Banca Nazionale del Lavoro, Quarterly Review, 289 - 308. – *Lindert,* P. H., 1969: Key Currencies and Gold, 1900 - 1913. Princeton. – *McCloskey,* D. N. / *Zecher,* L. R., 1985: How the Gold Standard Worked, 1880 - 1913 (1976). In: Eichengreen, B. (Hg.): The Gold Standard in Theory and History. New York/London, 63 - 80. – *Minsky,* H. P., 1979: Financial Interrelations, the Balance of Payments, and the Dollar Crisis. In: Aronson, J. D. (Hg.): Debt and the Less Developed Countries. Boulder, 103 - 122. – *Muellbauer,* J. / *Murphy,* A., 1990: Is The UK Balance of Payments Sustainable? Economic Policy, 11, 348 - 383. – *Rapp,* R. T., 1975: The Unmaking of the Mediterranean Trade Hegemony – International Trade Rivalry and the Commercial Revolution. Journal of Economic History, 35, 499 - 525. – *Riese,* H., 1989: Geld, Kredit, Vermögen – Begriffliche Grundlagen und preistheoretische Implikationen der monetären keynesianischen Ökonomie. In: Riese, H. / Spahn, H.-P. (Hg.): Internationale Geldwirtschaft. Regensburg, 1 - 59. – Sachverständigenrat, 1989: Jahresgutachten 1989/90. Bundestagsdrucksache 11/5786. Bonn. – *Schlesinger,* H., 1990: Die währungspolitischen Weichenstellungen in Deutschland und Europa. Vortrag auf der Jahrestagung des Vereins für Socialpolitik. Würzburg. – *Schröder,* W.,

1990: EG-Kapitalmarkt, Liberalisierung und Europäisches Währungssystem. In: Riese, H. / Spahn, H.-P. (Hg.): Geldpolitik und ökonomische Entwicklung – Ein Symposion. Regensburg, 163 - 182. – *Spahn,* H.-P., 1990(a): Das Dollar-Problem – Wirtschafts- und Währungspolitik der USA in langfristiger Perspektive. In: Ders. (Hg.): Wirtschaftspolitische Strategien. Regensburg, 139 - 165. – *Spahn,* H.-P., 1990(b): Wechselkursinstabilität und Hartwährungsstrategie – Zur Rolle der D-Mark im künftigen EWS. Kredit und Kapital, 23, 1990, 149 - 173.

Zahlungsbilanz der Bundesrepublik	*(kumulativ, Mrd DM)* 1968-73	1974-78	1979-84	1985-89
Alle Länder				
LB-Saldo	47,3	74,4	10,8	408,6
KB-Saldo	21,6	-34,7	-44,3	-431,4
-langfr.	-0,2	-40,7	-14,6	-112,2
-kurzfr.	22,1	6,1	-29,8	-319,3
Fehler	8,1	-4,9	-5,8	18,1
Dev.-Bilanz	77,0	34,8	-39,3	-4,7
EG				
LB-Saldo	-36,3	-14,8	-47,4	170,0
KB-Saldo	4,9	9,0	38,1	-233,9
-langfr.	7,8	-5,5	25,5	-3,3
-kurzfr.	-2,7	14,5	12,6	-230,5
Rest	-31,4	-5,8	-9,3	-63,9
darunter:				
Niederlande				
LB-Saldo	-18,2	-30,9	-71,4	-27,0
KB-Saldo	2,4	-0,8	5,4	-0,2
-langfr.	2,2	-2,5	5,1	6,7
-kurzfr.	0,1	1,7	0,2	-6,8
Rest	-15,8	-29,1	-66,0	-27,2
Belgien/Luxemburg				
LB-Saldo	-2,0	5,6	3,3	33,6
KB-Saldo	4,8	13,6	24,1	-114,3
-langfr.	5,9	5,6	21,1	-24,3
-kurzfr.	-1,1	8,0	3,1	-89,8
Rest	2,8	19,2	27,4	-80,7
Frankreich				
LB-Saldo	6,9	18,2	52,4	75,3
KB-Saldo	0,8	-6,2	5,7	-38,0
-langfr.	0,8	-4,9	3,0	-11,7
-kurzfr.	-0,1	-1,3	2,6	-26,3
Rest	7,7	12,0	58,1	37,3
Italien				
LB-Saldo	-20,8	-28,6	-34,9	4,0
KB-Saldo	-2,1	-1,2	-4,6	-19,6
-langfr.	-2,0	-0,8	-5,8	-9,7
-kurzfr.	0,0	-0,3	1,3	-9,8
Rest	-22,9	-29,8	-39,5	-15,6
Großbritannien				
LB-Saldo	-2,1	23,2	27,0	99,3
KB-Saldo	3,3	7,0	20,6	-40,4
-langtr.	3,1	0,7	15,9	55,1
-kurzfr.	0,3	6,3	4,6	-93,4
Rest	1,2	30,2	47,6	58,9
Ostblock				
LB-Saldo	9,1	34,2	12,5	23,5
KB-Saldo	-1,6	-8,8	-4,3	-10,5
-langfr.	-1,5	-7,9	-6,7	-9,2
-kurzfr.	0,0	-1,0	2,4	-1,4
Rest	7,5	25,4	8,2	13,0

(Fortsetzung) **Zahlungsbilanz der Bundesrepublik**	*(kumulativ, Mrd DM)* 1968-73	1974-78	1979-84	1985-89
Anderes Europa				
LB-Saldo	17,2	26,1	16,2	79,2
KB-Saldo	5,3	4,3	1,6	-30,3
-langfr.	0,0	-2,5	9,3	2,7
-kurzfr.	5,3	6,6	-7,6	-33,1
Rest	22,5	30,5	17,8	48,9
darunter:				
Schweiz				
LB-Saldo	0,3	-2,4	3,3	27,7
KB-Saldo	4,3	17,7	8,5	8,0
-langfr.	4,3	11,2	10,0	18,8
-kurzfr.	-0,1	6,7	-1,3	-10,7
Rest	4,6	15,3	11,8	35,7
USA				
LB-Saldo	28,5	25,3	87,0	190,0
KB-Saldo	-1,0	-6,0	-38,1	-55,5
-langfr.	-2,8	-8,5	-31,8	-45,5
-kurzfr.	1,6	2,4	-6,4	-10,0
Rest	27,5	19,3	48,9	134,5
Japan				
LB-Saldo	-0,7	-11,7	-48,5	-79,2
KB-Saldo	2,0	-0,2	-1,5	9,7
-langfr.	0,6	0,5	-1,0	26,9
-kurzfr.	1,3	-0,8	-0,4	-17,1
Rest	1,3	-11,9	-50,0	-69,5
And. Industrieländer				
LB-Saldo	10,7	10,7	25,3	47,8
KB-Saldo	-4,6	-4,5	-13,4	-37,9
-langfr.	-4,5	-4,5	-12,5	-36,2
-kurzfr.	0,0	0,0	-0,7	-1,8
Rest	6,1	6,2	10,9	9,9
Entwicklungsländer				
LB-Saldo	7,5	-3,1	-29,6	-33,2
KB-Saldo	-1,0	-10,6	-13,4	-29,9
-langfr.	-2,8	-10,8	-11,0	-14,9
-kurzfr.	1,7	0,2	-2,2	-15,0
Rest	6,5	-13,7	-43,0	-63,1
OPEC				
LB-Saldo	-2,9	-1,4	-2,6	14,4
KB-Saldo	-0,5	9,7	23,6	-18,0
-langfr.	-1,4	6,6	24,4	-19,4
-kurzfr.	1,0	3,1	-0,7	1,3
Rest	-3,4	8,3	21,0	-3,6

Quelle für Grundzahlen (Tabelle und folgende Abbildungen): Deutsche Bundesbank (1988; 1990b; 1991)

Abbildung 1
Regionale Struktur der Leistungsbilanzüberschüsse (+) und -defizite (-) der Bundesrepublik

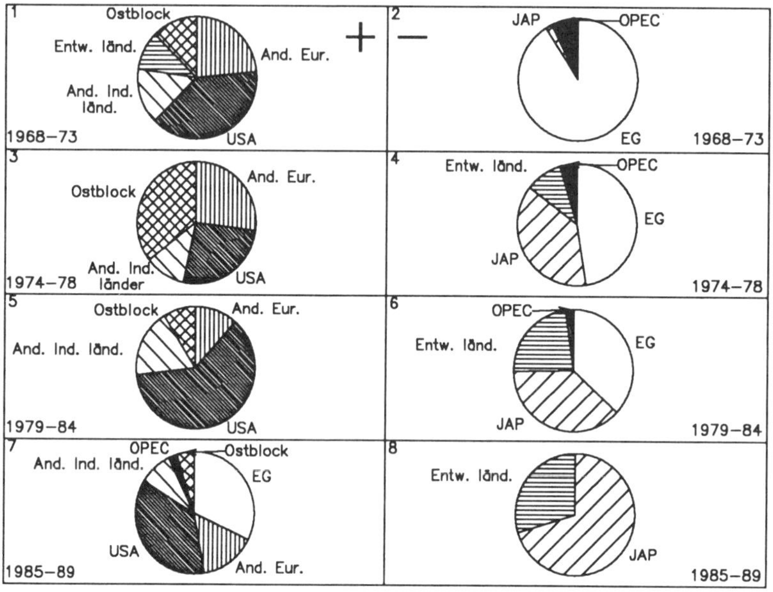

Abbildung 2
Regionale Struktur des Nettokapitalexports (-) und -imports (+) der Bundesrepublik

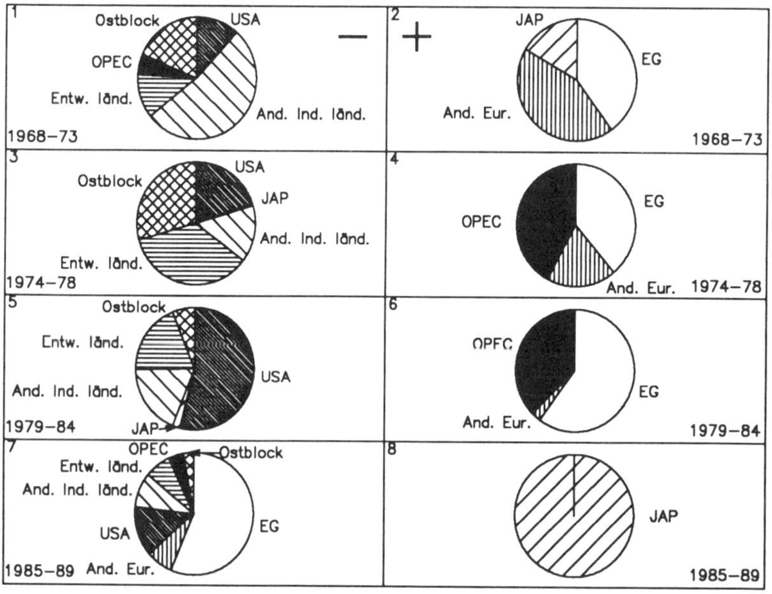

Abbildung 3
Regionale Struktur des langfristigen Nettokapitalexports (-) und -imports (+) der Bundesrepublik

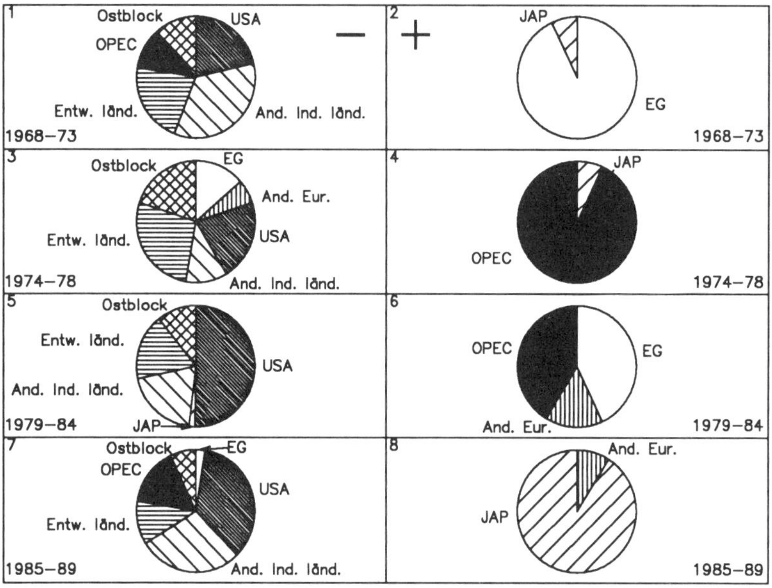

Abbildung 4
Regionale Struktur des kurzfristigen Nettokapitalexports (-) und -imports (+) der Bundesrepublik

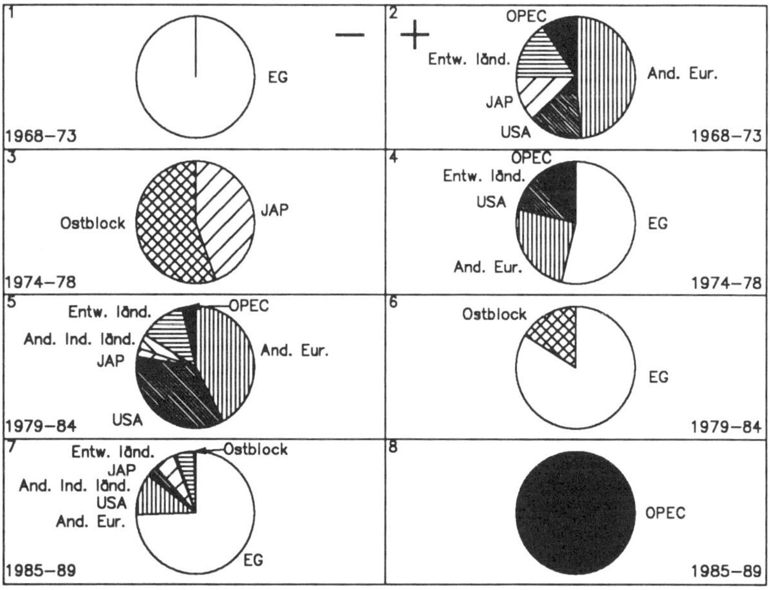

Abbildung 5
Regionale Struktur der Zahlungsbilanzüberschüsse (+) und -defizite (-) der Bundesrepublik

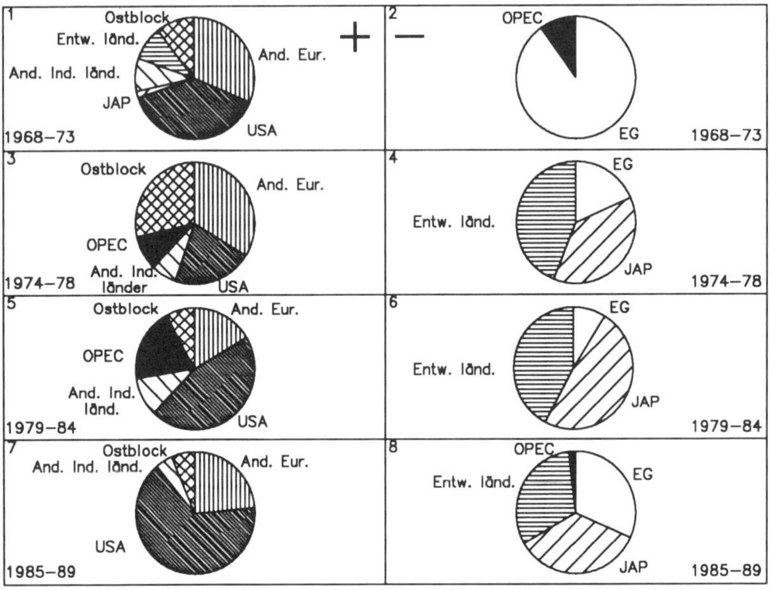

Abbildung 6
Kumulative Wertveränderungen ausgewählter Währungen im Vergleich zur D-Mark (Prozent)

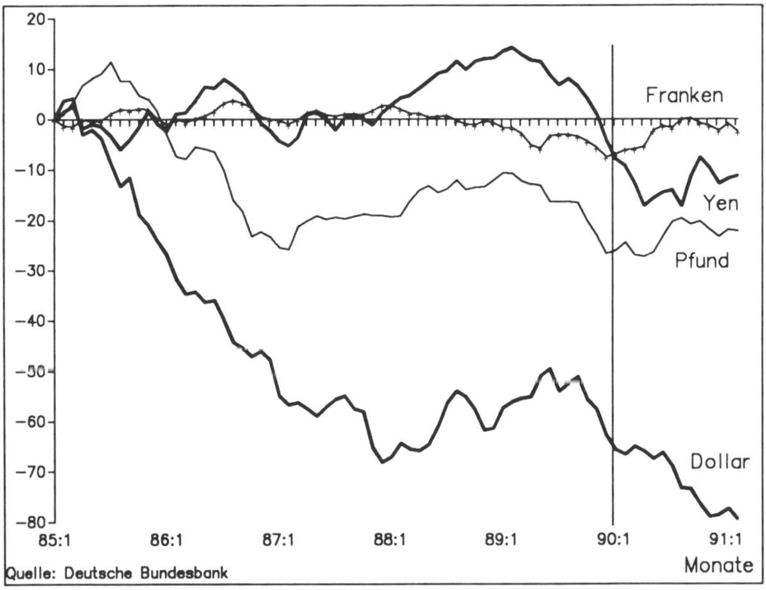

Abbildung 7
Durchschnittsniveau kurzfristiger Zinsen: Ausgewählte Währungen im Vergleich zur D-Mark (Prozentpunkte)

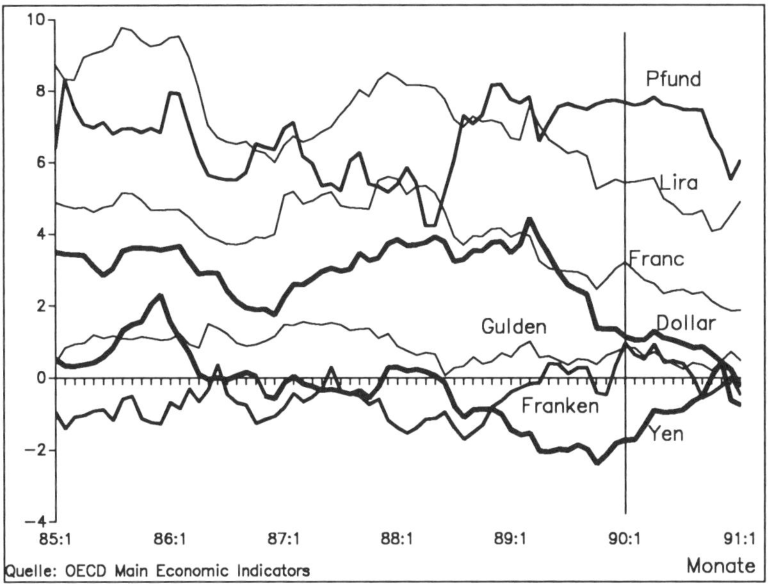

Abbildung 8
Zinsen langfristiger Staatsanleihen: Ausgewählte Währungen im Vergleich zur D-Mark (Prozentpunkte)

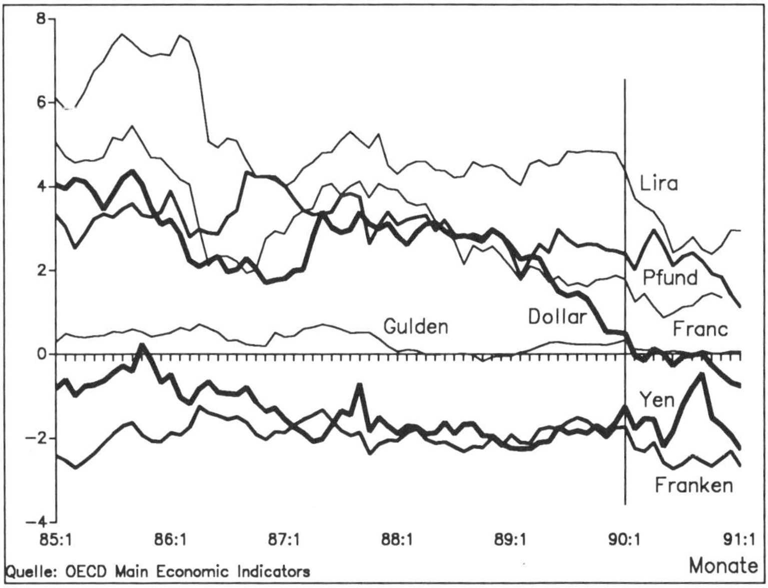

Sind Salden im internationalen Kapitalverkehr Zeichen für Ungleichgewichte?

Von Hans-Joachim Heinemann, Hannover

1. Viele Länder der Welt haben lange anhaltende Leistungsbilanzdefizite; ihnen stehen vergleichsweise wenige Länder mit Leistungsbilanzüberschüssen gegenüber. Wegen buchungstechnischer Ungereimtheiten zeigt die Aggregation aller Länder nicht den erwarteten Nullsaldo, sondern weist ein Defizit in Höhe vieler Milliarden auf.[1] Überschußländer sind i.d.R. Nettokapitalexporteure, Defizitländer importieren Kapital.

Betrachtet man drei wichtige Industrieländer, nämlich die USA, Japan und die Bundesrepublik Deutschland, so zeigt sich ein differenziertes Bild: die Vereinigten Staaten weisen hohe Leistungsbilanzdefizite auf (in den letzten Jahren zwei und mehr Prozent des BSP), Japan und die Bundesrepublik haben hohe Leistungsbilanzüberschüsse (Japan zwischen zwei und drei Prozent des BSP, Deutschland bis 4,7% (1989) mit inzwischen deutlich sinkender Tendenz im Zusammenhang mit der Deutschen Einheit; zuletzt ist sogar ein Defizit zu verzeichnen). Die Bundesrepublik Deutschland hat ein Finanzierungsdefizit von mittlerweile deutlich mehr als zwei Prozent des BSP (analog gilt das z.B. auch für das Überschußland Niederlande); das Überschußland Japan dagegen weist seit 1987 zunehmende Budgetüberschüsse aus (ähnlich ist es bei der Schweiz, die auch Leistungsbilanzüberschüsse aufweist). Bekanntlich sind in den USA hohe Budgetdefizite zu verzeichnen (über zwei Prozent des BSP).

Das Kapitalbilanzdefizit der BRD geht in den Jahren 1988 und 1989 deutlich über den Leistungsbilanzüberschuß hinaus; dies wird begleitet u.a. von

---

[1] Zu den aktuellen Zahlen vgl. Sachverständigenrat 1990 S. 27 und International Monetary Fund 1990.

Die hohen aggregierten Leistungsbilanzdefizite können u.a. auf unterschiedliche Bewertungen bei Exporteuren und Importeuren oder auch darauf zurückzuführen sein, daß Tochtergesellschaften multinationaler Unternehmen ihre Abführungen an die Muttergesellschaft auch in der Zahlungsbilanz erscheinen lassen; letztere den Eingang aber nicht.

Eine neue Erklärung liefern die Scholares Trebeisis (1989), wo anhand „relativitätstheoretischer (und relativ theoretischer) Überlegungen“ (S. 8) argumentiert wird, daß für solche Salden bisher vernachlässigte intergalaktische Beziehungen verantwortlich zu machen seien. Unbefriedigend hierbei bleibt jedoch, daß man vermuten sollte, nach herkömmlicher Meinung unbesiedelte außerirdische Gestirne müßten eher Nettokapitalimporteure sein (falls Kapital und unbearbeiteter Boden nicht als enge Substitute betrachtet werden können), während nach der Analyse der Scholares das Gegenteil der Fall zu sein scheint.

einem deutlichen Rückgang der Nettoauslandsaktiva der Bundesbank. An ihren Nettokapitalexporten sind kurzfristige Transaktionen in den Jahren 1987 – 89 mit ca. 55% beteiligt, Direktinvestitionen nur zu weniger als 15%. Das Kapitalbilanzdefizit Japans bleibt hinter seinem Leistungsbilanzüberschuß zurück; im Ausland getätigte Direktinvestitionen tragen hier mit über 60% zum Kapitalexport bei, kurzfristig verfügt Japan sogar über hohe Kapitalimporte. Die Vereinigten Staaten weisen in allen Teilbilanzen der Kapitalbilanz Überschüsse auf; Direktinvestitionen tragen zu etwa 30% zu diesen Überschüssen bei.

Soweit Spekulationen bezüglich der künftigen Entwicklung erlaubt sind, steht das Folgende zu vermuten: die wirtschaftliche Entwicklung in den neuen Bundesländern wird den privaten Finanzierungsüberschuß vermindern und das Defizit der öffentlichen Haushalte erhöhen, was nur mit einem geringeren Leistungsbilanzüberschuß und Nettokapitalexport vereinbar ist. Ein Abbau des US-amerikanischen Budgetdefizit wird angesichts der Belastungen durch den Golfkrieg (der auch zu einem höheren Budgetdefizit in der Bundesrepublik führen kann und hier den genannten Spielraum weiter vermindert) schwierig werden. Sollen dort die privaten Investitionen nicht gesenkt werden – was nicht nur in bezug auf die Wirtschaftsentwicklung in den USA problematisch einzuschätzen wäre –, wird es (zumal auch in Japan kaum mit entsprechenden Zuwächsen der Nettokapitalexporte zu rechnen ist) verstärkt zu internationalen Ungleichgewichten kommen, zumal durch eine solche Entwicklung die Hilfe für die Dritte Welt weiter gefährdet wäre. Japan und die Bundesrepublik haben aus diesem Grund Steuererhöhungen beschlossen, was hierzulande wegen früherer voreiliger Ankündigungen die Regierung in Argumentationsschwierigkeiten brachte.

2. Die interne Stabilität einer Volkswirtschaft ist erfüllt, wenn der geplante Überschuß der privaten Ersparnis über die private Investition abzüglich dem Budgetdefizit dem geplanten Leistungsbilanzsaldo entspricht; die externe Stabilität ist erfüllt, wenn der geplante Leistungsbilanzsaldo dem Saldo des Kapitalverkehrs entspricht, wobei dieser einen *geplanten* Devisenzu- oder -abgang enthalten kann. Ist die externe Stabilität erreicht, werden sich die Wechselkurse nur im Rahmen der Zielvorgabe ändern. Somit sind vier Konstellationen möglich:

a) externes Gleichgewicht: ja,	internes Gleichgewicht: ja
b) externes Gleichgewicht: ja,	internes Gleichgewicht: nein
c) externes Gleichgewicht: nein,	internes Gleichgewicht: ja
d) externes Gleichgewicht: nein,	internes Gleichgewicht: nein

Letztlich wird aber auch in den Fällen (b) und (c) das externe bzw. interne Gleichgewicht aufgrund der Marktinterdependenz kaum Bestand haben können. Im Zweiländerfall sind 16 Konstellationen möglich, von denen jedoch nur die Konstellation (aa) internationale Stabilität verheißt. Im Rahmen dieser Kreislaufbetrachtung ist somit unstrittig, daß Kapital- und entgegengerichtete Leistungsbilanzsalden mit wirtschaftlichem Gleichgewicht vereinbar sind. Die bisherige Überlegung läßt auch keine Grenzen für solche Salden erkennen. Somit sind beispielsweise Ziele der Bundesregierung, der Außenbeitrag soll in etwa 2% des BSP nicht überschreiten (um z.B. Entwicklungshilfe und andere unentgeltliche Leistungen zu finanzieren) – was bekanntlich i.d.R. nicht erreicht wurde – eben politische Ziele und keine wissenschaftlich belegbare Vorgaben. Allerdings wird man dann, wenn die Wechselkurse sich dauerhaft in die gleiche Richtung entwickeln oder im Festkurssystem die Devisenreserven ständig steigen oder fallen, von außenwirtschaftlichem Ungleichgewicht reden können; ob jedoch auch in anderen Fällen, bleibt abzuwarten.

Eine offene Frage ist auch, ob sich der Leistungsbilanzsaldo an dem erwarteten Saldo zwischen privater Ersparnis und privater Investition zuzüglich dem Budgetsaldo ausrichtet oder ob sich der Leistungsbilanzsaldo aufgrund „autonomer" Export- und Importdispositionen entwickelt und die binnenwirtschaftlichen Salden sich als notwendige Folge herausbilden müssen, soll interne Stabilität erreicht werden; gleiches gilt analog für Kapital- und Leistungsbilanzsaldo. In der gegenwärtigen Diskussion wird vielfach angenommen, das US-amerikanische Leistungsbilanzdefizit folge aus dem hohen Budgetdefizit und der im Vergleich zur Inlandsinvestition zu geringen privaten Ersparnis. Ebenso wird vermutet (z.B. Pohl 1989 S. 27), daß in der Bundesrepublik das private Sparverhalten und das Verhalten des Staates bezüglich seiner Budgetsalden für den Nettokapitalexport und den Leistungsbilanzsaldo verantwortlich seien; dieser ist dann endogen. Nach unserer Meinung ist eine solche einseitige Ursache-Folge Beziehung in der Regel jedoch ebenso wenig gegeben wie die entgegengerichtete.

In diesem Zusammenhang sei auf einen bisweilen zu beobachtenden besonders pikanten Widerspruch hingewiesen: einerseits werden die Exportüberschüsse der Bundesrepublik als Ausdruck hoher Leistungsfähigkeit der deutschen Wirtschaft gelobt, zum anderen die mit ihnen notwendigerweise verknüpften Nettokapitalexporte (zumindest soweit es die Direktinvestition betrifft) als Beleg für die Standortschwäche unserer Wirtschaft gesehen.

Auch wenn mittlerweile kaum bestritten wird, daß zumindest kurzfristig Salden im Leistungs- und Kapitalverkehr mit einem Gleichgewicht vereinbar sind, gibt es doch divergierende Meinungen darüber, wie hoch solche Salden – z.B. in Relation zum Bruttosozialprodukt – sein dürfen und um welche Kapitalbewegungen es sich handeln darf, um Leistungsbilanzsalden auszugleichen.[2] Selbst bei einem und demselben Autor können wir feststellen, daß

---

[2] In einem gerade erschienenen Lehrbuch ist allerdings H. Wagner (1990, S. 24ff.) der Meinung, Leistungs- und Kapitalbilanzsalden seien Zeichen für außenwirtschaftliche Ungleichgewichte. Dieser Auffassung vermögen wir uns nicht anzuschließen.

seine Ansicht hierzu nicht unbedingt eindeutig ist: wir wählen als Beispiel Claus Köhler: in seinem 1979 erschienenen Lehrbuch „Zahlungsbilanz und Wechselkurs“ nimmt Köhler das Beispiel zweier Bundesländer (S. 154f.): Nordrhein-Westfalen hat hohe Leistungsbilanzüberschüsse, während Schleswig-Holstein deutliche Leistungsbilanzdefizite aufweist. Dies ist nicht nur unproblematisch, sondern geradezu erforderlich für ein hohes Wohlfahrtsniveau in der Bundesrepublik. Möglich ist es, weil innerhalb dieses gemeinsamen Marktes unabänderlich feste Wechselkurse bestehen, der Geld- und Kapitalverkehr völlig liberalisiert ist und keine Handels- oder Steuerhemmnisse für Güter- und Faktoraustausch bestehen; die Bundesländer verzichten weitgehend auf wirtschaftspolitische Autonomie. Aber, so Köhler weiter: „Bei hohen Leistungsbilanzsalden genügt es allerdings nicht, wenn diese Mittel als Kredite ... gewährt werden. Vielmehr müssen sie zu einem großen Teil à fonds perdu bereitgestellt werden.“ Der Finanzausgleich zwischen den Bundesländern geht aber doch in die Leistungsbilanz selbst ein, so daß die von Köhler genannten Leistungsbilanzsalden insoweit gar nicht entstehen. Läuft Köhlers Forderung darauf hinaus, daß auch im zu erwartenden Europäischen Binnenmarkt der erhoffte Wohlstandszuwachs von einem ähnlichen Finanzausgleich begleitet sein muß oder kann man sich nicht auch vorstellen, daß Leistungsbilanzsalden durch Nettokreditbeziehungen finanziert werden und wegen der einheitlichen Wirtschafts- und Währungspolitik hier kein Stabilitäts-oder Wachstumsrisiko aufzutreten braucht?

Im vier Jahre später erschienenen dritten Band seiner „Geldwirtschaft“ weist Köhler darauf hin (S. 69f.), daß die Zielsetzung „außenwirtschaftliches Gleichgewicht“ vor allem für Länder mit einer hohen Außenhandelsquote wichtig ist, daß andererseits die Verwirklichung dieses Ziels die Verbesserung des Lebensstandards in der Welt behindern kann. Und wieder taucht der Gedanke auf, daß die Schulden begrenzt sein müssen (S. 122), denn außenwirtschaftliches Gleichgewicht ist gegeben, wenn ein *bestimmter* (welcher?) Saldo des Außenbeitrages im Verhältnis zum Bruttosozialprodukt erreicht ist. Schließlich befürchtet Köhler (S. 125), daß außenwirtschaftliche Ungleichgewichte Umverteilungsprozesse auslösen (die aber auch eintreten können, wenn kreditfinanzierte Leistungsbilanzsalden bei außenwirtschaftlichem Gleichgewicht vorliegen), die die volkswirtschaftliche Sparquote gegenüber der bei ausgeglichener Leistungsbilanz ändern (vgl. Ziff. 4).

Schließlich wendet sich Köhler in seinem jüngsten Buch „Internationalökonomie“ dieser Frage erneut zu (S. 84f.): hier hält er es für sinnvoll, Leistungsbilanzsalden in Höhe getätigter bzw. empfangener Direktinvestitionen zu begrenzen, damit außenwirtschaftliches Gleichgewicht gewährleistet bleibt. An anderer Stelle (S. 93) meint Köhler, Gleichgewicht im grenzüberschreitenden Kapitalverkehr bedeute, den Saldo der Leistungsbilanz durch „freiwillige“ Kredittransaktionen zu finanzieren; diese setzen bei weitgehend integrierten Kapitalmärkten allerdings kleine Zinsdifferenzen voraus. Muß dies der Fall sein? Innerhalb einer Volkswirtschaft finden tagtäglich Kreditbeziehungen bei ausgeglichenen Zinsen statt, ohne solche Kreditbeziehungen käme es dagegen sicherlich zu Zinsdifferenzen.

Der Zusammenhang zwischen Leistungsbilanzsalden und Direktinvestitionen erinnert an die Auffassung, Zahlungsbilanzgewicht verlange den Ausgleich der Grundbilanz. Die zunächst einleuchtende Vorstellung, „störende" kurzfristige Nettokapitalbewegungen belasteten das außenwirtschaftliche Gleichgewicht, ist jedoch deshalb nicht haltbar, da zwischen (autonomen?) langfristigen und kurzfristigen Kapitalbewegungen in der Realität meist nicht zu unterscheiden ist. Uns mag daher auch nicht einleuchten, warum Leistungsbilanzsalden auf den Saldo der Direktinvestitionen begrenzt bleiben sollen, da auch andere Kreditbeziehungen durchaus mit gleichgewichtigen Anlagewünschen der Wirtschaftssubjekte vereinbar sind.

3. Wie in Ziff. 1 erwähnt, können z.B. Länder mit Leistungsbilanzüberschüssen Budgetüberschüsse oder -defizite aufweisen, Defizitländer können ebenfalls Budgetsalden mit entgegengesetztem Vorzeichen haben. Bei den Überschußländern beispielsweise wird der private Finanzierungssaldo auf jeden Fall deutlich positiv sein, wenn der staatliche Finanzierungssaldo passiv ist, während Länder mit Budgetüberschüssen mit diesen ihren Leistungsbilanzüberschuß weitgehend finanzieren können. Hier braucht anders als bei der ersten Gruppe die private Investitionsquote im Vergleich zur Sparquote dabei auch nicht niedrig zu sein, weshalb von dieser Seite keine Gefahren für das Wachstum des Bruttoinlandsproduktes bestehen müssen.

Betrachten wir nun einige Fälle, in denen Komponenten der Gleichung für das Gleichgewicht in einer offenen Wirtschaft Änderungen erfahren:[3]

a) Ausgangspunkt sei ein durch zusätzliche Investitionen hervorgerufener Wachstumsprozeß. Der private Finanzierungsüberschuß wird sinken; aufgrund des Wachstums werden die Steuereinnahmen steigen, so daß das Budgetdefizit abnimmt; hiermit ist also eine Zunahme wie ein Rückgang des Leistungsbilanzüberschusses vereinbar. Bei relativ starkem Rückgang des privaten Finanzierungsüberschusses nehmen die Möglichkeiten für Kapitalexporte ab. Die hieraus sich ergebende Devisennachfrage geht also zurück, was bei flexiblen Wechselkursen zur Aufwertung führt, welche die Leistungsbilanzverschlechterung, die auch als Folge der wachstumsbedingten Importzunahme zu beobachten ist, unterstützt. Werden die erhöhten Investitionen großenteils durch gestiegene Ersparnisse finanziert, so mag wegen des zurückgehenden Budgetdefizits der Leistungsbilanzüberschuß sogar steigen. Die dann zu verzeichnende Abwertungstendenz muß hier den Effekt der wachstumsbedingten Importzunahme überkompensieren.

[3] Vgl. hierzu auch R. Pohl (1989). Fälle, in denen Budgetdefizite mit Leistungsbilanzüberschüssen oder -defiziten verbunden sein können und in beiden Fällen von Abwertungen oder Aufwertungen begleitet sein können, diskutiert R. Ohr (1991).

b) Nimmt das Wachstum aufgrund einer Produktivitätssteigerung zu, so sind erhöhte Einkommen, Ersparnisse und Steuereinnahmen zu verzeichnen, während die Investitionen nicht unbedingt zu steigen brauchen. Somit sind Chancen für erhöhte Auslandsanlagen gegeben, die eine Abwertung unterstützen, welche den Leistungsbilanzüberschuß erhöhen. Überwiegt wiederum der Effekt der gestiegenen Importe, so muß es letztlich zu einer Leistungsbilanzverschlechterung kommen, welche mit einem Nettokapitalimport gekoppelt ist, der zur Finanzierung der nicht durch zusätzliche Geldschöpfung gestiegenen Kassenhaltungsnachfrage des privaten Sektors dient.

c) Die wirtschaftliche Entwicklung werde durch einen Exportanstieg angeregt; falls die Inlandsinvestitionen nicht nennenswert steigen, erweitern die durch die Einkommenssteigerung möglichen zusätzlichen Ersparnisse und Steuereinnahmen den Spielraum für Kapitalexporte. Hierdurch werden Abwertungssignale ausgelöst, die der durch die Exportsteigerung ausgelösten Aufwertung entgegenwirken.

d) Stimuliert ein wachsendes Budgetdefizit das Wirtschaftswachstum, so ist, falls dessen Wirkung auf die privaten Ersparnisse nicht das gestiegene Finanzierungsdefizit der öffentlichen Hand zu kompensieren vermag, mit abnehmenden Kapitalexporten zu rechnen. Aufwertungstendenzen werden den Leistungsbilanzüberschuß verringern. Ist das erhöhte Budgetdefizit jedoch von crowding-out-Effekten begleitet, werden die privaten Investitionen sinken; die Wirkung auf Kapital- und Leistungsbilanz bleibt unbestimmt, ebenso die auf die Einkommensentwicklung.

e) Nehmen wir an, aufgrund geänderter Portfolioentscheidungen (die nicht unbedingt Folge von Zinsänderungen zu sein brauchen) erhöhe sich die Präferenz für Auslandsanlagen. Die Währung wertet ab, was eine für das Zahlungsbilanzgleichgewicht nötige Erhöhung des Leistungsbilanzüberschusses bewirkt, der wiederum einen Einkommensanstieg erlaubt, falls die erhöhte Auslandsanlage nicht zu einem entsprechenden Rückgang der inländischen Investitionen führt (in diesem Fall würde es auch nicht unbedingt zu einem Anstieg des Leistungsbilanzüberschusses kommen; die verminderte Importnachfrage würde dem Abwertungseffekt entgegenwirken; trotz geänderter Präferenzen käme es aufgrund der durch den Einkommensrückgang bewirkten Verminderung der Ersparnisse letztlich nicht zu zusätzlichen Kapitalexporten).

In allen genannten Fällen kann – von Anpassungsproblemen abgesehen – das außenwirtschaftliche Gleichgewicht erhalten bleiben; weder brauchen sich die Devisenreserven zu verändern, noch nachhaltige Wechselkursschwankungen einzutreten. Will man Salden im Leistungs- und Kapitalverkehr ausschließen, so sind in bezug auf beide gegenläufige Maßnahmen zu kombinieren bzw. entgegengerichtete Entwicklungen des privaten und öffentlichen Finanzierungssaldos herbeizuführen. Das wird zumindest kurzfristig oft nicht möglich sein, so daß Einkommenseinbußen und damit eine Gefährdung der inneren Stabilität hinzunehmen wären. Langfristig kann mit größerer Flexibilität gerechnet werden, so daß entsprechende Maßnahmen eher kombiniert werden könnten.

4. Selbst wenn langfristig in bezug auf die Kapitalbilanz neutrale Maßnahmen erreichbar sind, fragt sich, ob dies auch wünschenswert oder gar notwendig ist. Gelegentlich wird auch heute noch die alte These von E. Wagemann (1931, S. 128) vertreten, wonach sich ein Land vom jungen Schuldnerland (Handels- und Leistungsbilanzdefizit) zum reifen Schuldnerland (Handelsbilanzüberschuß und wegen der Zinsverpflichtungen Leistungsbilanzdefizit), dann zum jungen Gläubigerland (Überschuß beider Bilanzen) und schließlich zum reifen Gläubigerland (der Überschuß in der Dienstleistungsbilanz aufgrund eingehender Zinszahlungen erlaubt ein Handelsbilanzdefizit) entwikkeln könne bzw. solle. Niemand erwartet dagegen, daß beispielsweise die Gesamtheit der privaten Haushalte ihre Gläubigerposition abbauen und die privaten Unternehmen entsprechend ihre Fremdkapitalbestände verringern sollten. Im letzten Falle geht man zu Recht davon aus, daß Unternehmen auf diese Weise ihre Investitionen und Einnahmen vergrößern können, was ihnen steigende Zinszahlungen an die Haushalte ermöglicht; freilich wäre eine solche Entwicklung nicht möglich, wenn die Unternehmen Kredite in größerem Maße z.B. zur Finanzierung ihrer Lohnkosten verwenden würden. Ähnlich wie bei der Diskussion der öffentlichen Verschuldung – wo ebenso fälschlicherweise eindeutige Grenzen vermutet werden – scheint auch bei der Auslandsverschuldung die Meinung zu bestehen, daß dauerhaft (selbst bei gegebener volkswirtschaftlicher Rentabilität) die privatwirtschaftliche Rentabilität nicht ausreicht, um die Zinszahlungen und zumindest eine „unechte" Tilgung zu gewährleisten. Die Situation vieler Schuldnerländer, z.B. in Lateinamerika, scheint solche Befürchtungen zu bestätigen; dort wurden viele Kredite nicht investiv, sondern konsumtiv und damit letztlich unproduktiv verwendet.

Bereits vor vierzig bzw. 47 Jahren hat Domar gezeigt, daß es darauf ankommt, Wachstumsraten (der Forderungen bzw. Schulden oder des Sozialproduktes) mit dem Zinssatz zu vergleichen. Auch neoklassische Modelle lassen erkennen, daß es dauerhafte Schuldner- und Gläubigerpositionen geben kann, die durchaus mit dem außenwirtschaftlichen Gleichgewicht vereinbar sind.[4]

[4] Vgl. E. Domar 1944 und 1950 (bzw. 1957), ferner Heinemann 1963, S. 317ff. Dort wird gezeigt, daß unter der Annahme, daß die auf das Volkseinkommen bezogene Sparneigung konstant ist und daß für Investitionen das Akzeleratorprinzip gilt, das Vorzeichen des Leistungsbilanzsaldos nicht wechselt und das des Handelsbilanzsaldos nur unter der Voraussetzung, daß der Zins auf Auslandsforderungen über ihrer Wachtsumsrate liegt: dann wird nach einer von beiden Faktoren und den Sparneigungen in bezug auf Inlandsprodukt und auf Zinseinkommen abhängigen Zeit z.B. aus einem Handelsbilanzüberschuß ein Handelsbilanzdefizit (S. 320). Zu den neoklassischen Modellen vgl. Hamada (1966), Ruffin (1979) und Schmid (1991).

In zwei kürzlich erschienenen Beiträgen diskutieren O. Issing und K. Masuch (1989, 1990) die Frage gleichgewichtiger Leistungsbilanzsalden in einem Zweiperiodenmodell. Entsprechend ihrer Zeitpräferenz verzichten die Wirtschaftssubjekte in der ersten Periode auf Konsum und bilden Geldvermögen, um einen entsprechend höheren Konsum in der nächsten Periode realisieren zu können. Der gleichgewichtige Aktivsaldo der Leistungsbilanz ist erwartungsgemäß umso höher, je geringer die Zeitpräferenzrate und je ungünstiger die Investitionsmöglichkeiten im Vergleich zum Ausland sind (1989, S. 5) Natürlich läßt sich das Zweiperiodenmodell auf einen längeren Zeitraum übertragen, so daß auch hier gleichgewichtige längerfristige Kapital- und Leistungsbilanzsalden möglich sind. Kapitalströme in die „falsche“ Richtung, also in die USA statt in kapitalarme Entwicklungsländer sind aus der Sicht der Anleger rational; Maßnahmen zu ihrer Vermeidung wären allokationsschädlich und somit ein Verstoß gegen das internationale Gleichgewicht. Das gleichwohl hier erkennbare Dilemma ist nur lösbar, wenn sich die wirtschaftspolitischen Rahmenbedingungen in den Entwicklungsländern grundlegend ändern (S. 10). Issing und Masuch wenden sich daher – u. E. völlig zu Recht – gegen eindeutige Zielvorgaben für die Leistungsbilanz, insbesondere dann, wenn hier stabilitätspolitische Überlegungen einbezogen werden. Die von W. Schröder (1989) geübte Kritik, die in der Forderung mündet, daß grundsätzlich Güterversorgung und Sachvermögensbildung im Inland den Vorrang vor einem Ressourcentransfer in das Ausland haben müßten, geht u.E. ins Leere, zumal hier zuwenig berücksichtigt wird, daß ein Land durch Nettokapitalexporte sein Inländereinkommen über das bei ausgeglichener Kapitalbilanz erreichbare erhöhen kann.

Allerdings werden von dauerhaften (und gegebenenfalls steigenden) Nettokapitalexporten bzw. -importen die Entwicklung des Inlandsproduktes, die Wirtschaftsstruktur, die Einkommensverteilung und die Konsummöglichkeiten nicht unberührt bleiben.[5] Auch dann, wenn internationale Kapitalbewegungen zur Verbesserung der internationalen Allokation des Kapitals führen, indem sie aus Ländern mit niedrigerer in solche mit höherer Grenzproduktivität des Kapitals fließen,[6] ist i.d.R. hiermit eine Abnahme der Inlandsinvestitionen und des Wachstums des Bruttoinlandsproduktes verbunden (es sei denn, die Kapitalexporte würden voll aus zusätzlicher Ersparnis alimentiert). Zwar wird das Inländereinkommen dann nicht sinken; jedoch werden die Konsummöglichkeiten v.a. für die geringer, deren Einkommen wenig an den Zinseinkünften partizipieren. Bei unveränderter Technologie verschlechtert

---

[5] Vgl. u.a. Heinemann 1973 und 1990.

[6] Dies ist v.a. aus politischen Gründen heute keineswegs immer gegeben, auch aus portfoliotheoretischer Sicht gibt es Gründe für Kapitalexporte bei niedrigerer Anlage im Inland, selbst falls keine Abwertungserwartungen für die eigene Währung bestehen, sofern die Anlagerisiken nicht positiv korreliert sind. Zu diesem Problem vgl. auch Pohl (1989, S. 50ff.).

sich die Einkommensverteilung für die Lohnbezieher, während die Bezieher in- und ausländischer Kapitaleinkünfte sich besser stellen.

Diese Aussagen sind in zweierlei Hinsicht zu modifizieren:

(a) Internationale Wirtschaftsbeziehungen verbessern nicht nur über den Handelsverkehr den Wohlstand der beteiligten Länder, sondern auch über die zwischenstaatliche Faktormobilität. Hierbei ist zu dem traditionellerweise im Vordergrund stehenden statischen Handelsgewinn eine die Wachstumsrate selbst begünstigende Verbesserung der Produktivität (dynamischer Handelsgewinn) zu addieren. Wie es weniger die Leistungsbilanz*salden*, sondern Struktur und Umfang des Handels sind, welche wohlfahrtssteigernd wirken, sind es auch nicht in erster Linie die *Netto*kapitalströme, sondern Kapitalexporte *und* Kapitalimporte, die die Wachstumsrate gerade auch des Inlandsproduktes günstig beeinflussen.[7] Allerdings ist nicht auszuschließen, daß der Umfang von Handelsvolumen und Bruttokapitalbewegungen von der Bereitschaft abhängt, einen positiven oder negativen Außenbeitrag und Kapitalbilanzsalden zuzulassen.

(b) Wahrscheinlich ist nicht zu erwarten, daß im Maße von Nettokapitalexporten bzw. -importen die inländische Geldvermögensbildung über (unter) der bei ausgeglichener Leistungsbilanz liegt, was die Inlandsinvestition nicht tangieren würde. In der geschlossenen Volkswirtschaft (bzw. in einem Land mit ausgeglichener Kapital- und Leistungsbilanz) wird der Konsum langfristig maximiert, wenn (bei angenommener Cobb-Douglas Produktionsfunktion und Entlohnung der Faktoren mit ihren Grenzprodukten) die Spar-(und also Investitions-)quote der Produktionselastizität des Kapitals, d.h. der Gewinnquote entspricht. Liegen dagegen Leistungsbilanzsalden vor, so läßt sich analog für die Sparquote zeigen

$$s = m + nb = b + m(1 - b) \tag{1}$$

wobei s die Sparquote, m die Produktionselastizität des Kapitals, n die der Arbeit und b den Anteil des Leistungsbilanzüberschusses am Nettoinlandsprodukt angeben. Für die inländische Investitionsquote v ergibt sich hieraus

$$v = s - b = m(1 - b) \tag{2}$$

Trotz des mit steigendem Leistungsbilanzüberschuß wachsenden negativen Einflusses auf die Investitionsquote kann wegen des positiven Produktivitätseffektes (vgl. (a)) nicht ausgeschlossen werden, daß die Wachstumsrate des Inlandsproduktes von Kapitalexporten eher positiv denn negativ berührt wird.

---

[7] Vgl. hierzu Heinemann (1990, S. 263f. und S. 265ff.). Dort wird der Zusammenhang zwischen Internationalen Wirtschaftsbeziehungen, Produktivität, Risikopräferenz, Wachstumsrate und Importquote diskutiert.

Wegen (1) ist allerdings selbst dann ein Rückgang des Konsums aus dem Inlandsprodukt zu erwarten. Ob dies auch für den Konsum unter Einschluß der Zinseinkünfte gilt, hängt von der Neigung der Zinseinkommensbezieher ab, aus diesen Einkünften Geldvermögen zu bilden.[8]

Erhöhen Leistungsbilanzüberschüsse die Faktorproduktivitäten jedoch nicht nachhaltig, so sind die erwähnten Verteilungseffekte zu erwarten. Dann ist auch anzunehmen, daß Nettokapitalexporte (-importe) die Wirtschaftsstruktur eines Landes in Richtung auf arbeitsintensivere (kapitalintensivere) Produkte verglichen mit der Situation bei angeglichener Kapitalbilanz verändern. Dies ist ebenso dann wahrscheinlich, wenn zwar ein deutlicher Produktivitätseffekt auftritt, dieser aber die Faktorpreisrelation nicht entsprechend verändert.

5. Versuchen wir, ein Fazit zu ziehen. Kapitalbilanzsalden sind auch langfristig keineswegs ein deutliches Zeichen für Ungleichgewichte. Der verstärkte internationale Kapitalverkehr schafft sicherlich zusätzliche Spannungen und Unsicherheiten; er ist in einer Welt, in der hohe Zahlungsbilanzsalden und starke Wechselkursschwankungen aufgrund wachsender Leistungsbilanzsalden nicht hingenommen werden, aber ein notwendiges Regulativ und eröffnet zugleich die Chance für zunehmende Vorteile aus internationalen Wirtschaftsbeziehungen. Diese – auch von R. Pohl geteilte – positive Einschätzung findet allerdings dort ihre Grenze, wo zwischenstaatliche Kapitalbewegungen sich nicht mehr insbesondere an Differenzen der volkswirtschaftlichen Kapitalproduktivitäten orientieren und wo sie das weltwirtschaftliche Investitionsvolumen nicht erhöhen, sondern wegen konsumtiver Kreditverwendung der Schuldnerländer vermindern. Der hier vertretene Standpunkt deckt sich im wesentlichen mit der bereits vor mehr als dreißig Jahren von W. Stützel vorgelegten Analyse, die u.E. auch heute noch vorbildlich ist und keineswegs durch spätere Untersuchungen überholt erscheint (Stützel 1958, insbes. 4. Kapitel). Für Richtung und Umfang internationaler Kapitalströme sind die Kreditkonditionen in den beteiligten Ländern ausschlaggebend. Die gleichzeitige Verwirklichung binnen- und außenwirtschaftlichen Gleichgewichts hängt von diesen Kreditkonditionen und der Abstimmung der Einnahme-/Ausgabedispositionen der Wirtschaftssubjekte ab. Ob Nettokapitalexporte gleichgewichtig sind oder nicht, ist auch keineswegs davon abgängig, ob zwischen den Ländern feste oder flexible Wechselkurse bestehen.

Im Europäischen Binnenmarkt nimmt die Unsicherheit aus außenwirtschaftlicher Abhängigkeit ab, die Bereitschaft zu verstärkten Handels- und

---

[8] Zu diesen Problemen vgl. Heinemann (1973, S. 9ff.). Dort und auch in den früheren Passagen des Beitrags wird gezeigt, daß allenfalls bei sehr langen Zeithorizonten Konsumzuwächse aus einer Gläubigerposition zu erwarten sind. Dort wurde allerdings der Produktivitätseffekt internationaler Wirtschaftsbeziehungen auf die gleichgewichtige Wachstumsrate des Inlandsproduktes vernachlässigt.

Faktorbewegungen dagegen zu. Dies wird – wie auch Köhler im Beispiel NRW/Schleswig-Holstein gezeigt hat – Kapitalbilanzsalden zwischen den Mitgliedsländern verstärken. Die einheitliche Wirtschaftspolitik und die Regularien der zu erwartenden Währungsunion verbieten allerdings manche der angesprochenen Anpassungsmaßnahmen (Ziff. 3), insbesondere auch kurzfristige Wechselkursänderungen, was eine bessere Koordinierung und Flexibilität der Wirtschaftspläne verlangt. Insoweit Gläubigerländer nicht zu entsprechender Rentnermentalität und Defizitländer nicht zu entsprechender Verschuldungsbereitschaft neigen, sind Nettokapitalbewegungen (keineswegs aber Bruttokapitalbewegungen) begrenzt; die nationalen Investitionsquoten müssen sich stärker an ihren Sparquoten ausrichten. Je weniger dies geschieht, umso stärker gefährden (dann ungeplante) Kapitalbilanzsalden das wirtschaftliche Gleichgewicht.

Anhang zu Ziff. 4

r = Wachstumsrate des Inlandsproduktes in der geschlossenen Wirtschaft
r' = Wachstumsrate des Inlandsproduktes in der offenen Wirtschaft mit Leistungsbilanzüberschüssen
b = Anteil des Leistungsbilanzsaldos am Inländereinkommen
i = Zinssatz auf Auslandsforderungen
Y = Inlandsprodukt in der geschlossenen Wirtschaft
Y' = Inlandsprodukt in der offenen Wirtschaft
$\tilde{Y}'$ = Inländereinkommen in der offenen Wirtschaft
L_o = Ausgangsbeschäftigung
m, n = Produktionselastizitäten für Kapital und Arbeit

Nach Erreichen des golden age gilt für das Inlandprodukt

(3) $$Y = \left[\frac{m}{r}\right]^{m/n} \cdot L_o e^{rt}$$

bzw.

(4) $$Y' = \left[\frac{m(1-b)}{r'}\right]^{m/n} \cdot L_o e^{r't}$$

Hierbei wurde Gebrauch von der Konsummaximierungshypothese gemacht, die zu den Gleichungen (1) und (2) in Ziffer 4. führte. Ferner gilt (Annahme: b hat den gleichen Wert für das Inlandsprodukt wie für die Zinseinkünfte[9])

(5) $$\tilde{Y}' = \left[\frac{m(1-b)}{r'}\right]^{m/n} \left[1 + \frac{ib}{r' - ib}\left(1 - e^{-(r' - ib)t}\right)\right] \cdot L_o e^{r't}$$

[9] In Heinemann (1963 und 1973) werden für beide Einkommenskategorien unterschiedliche Werte angenommen. Hier wird auf den Vergleich der Konsumströme verzichtet, der in dem Aufsatz von 1973 im Mittelpunkt steht.

Ferner wird wegen des Produktivitätseffektes internationaler Wirtschaftsbeziehungen angenommen, daß $r' > r$ gilt. Uns interessieren $\alpha = Y'/Y$ und $\beta = \tilde{Y}'/Y$

$$(6) \qquad \alpha = \left[(1-b)\frac{r}{r'}\right]^{m/n} e^{(r'-r)t}$$

Unter unseren Annahmen ist für $t = 0$ $\alpha < 1$; ferner ist $d\alpha/dt > 0$. Nach

$$(7) \qquad t = \frac{1}{r'-r} \ln \left\{\left[(1-b)\frac{r}{r'}\right]^{-m/n}\right\}$$

Perioden überschreitet α den Wert 1. Für $b = 0.03$, $r = 0.05$, $r' = 0.055$, $m = 1/3$, $n = 2/3$ gilt $t = 12.6$ Perioden.

$$(8) \qquad \beta = \left[(1-b)\frac{r}{r'}\right]^{m/n} \left[1 + \frac{ib}{r'-ib}\left(1 - e^{-(r'-ib)t}\right)\right] e^{(r'-r)t}$$

Für $t = 0$ gilt $a = \beta < 1$. Wegen $d\beta/dt > 0$ wird auch β den Wert 1 überschreiten und zwar wegen Einbeziehung der Zinseinkünfte früher als α, nämlich bereits in der zehnten Periode. Wegen $r' > r$ wird trotz Kapitalabflusses auch der Lohn den in der geschlossenen Wirtschaft überschreiten.

Literatur

Domar, E. D. (1944): The Burden of the Debt and the National Income, Am. Ec. Rev. XXXIV, abgedr. in Domar ed, Essays in the Theory of Economic Growth, New York 1957. – *Domar,* E. D. (1950): The Effect of Foreign Investment on the Balance of Payments, Am. Ec. Rev. XL, abgedr. in Domar ed, Essays. – *Hamada,* K. (1966): Economic Growth and Long-Run Capital Movements, Yale Economic Essays, Bd. 6. – *Heinemann,* H. J. (1963): Wirtschaftliches Wachstum und Entwicklungshilfe – dargestellt an einem Harrod-Domar-Modell, Zeitschrift für Nationalökonomie, Bd. XXIII. – *Heinemann,* H. J. (1973): Leistungsbilanzsalden, Wirtschaftswachstum und Konsummöglichkeiten, IFO-Studien, 19. Jg. – *Heinemann,* H. J. (1990): Europäischer Binnenmarkt: Regionaler Protektionismus oder Chance für weltweite Liberalisierung?, in v. d. Schulenburg & Sinn Hrsg., Theorie der Wirtschaftspolitik, Tübingen, S. 260ff. – International Monetary Fund (1990): International Financial Statistics, Dezember. – *Issing,* O. u. K. *Masuch* (1989): Zur Frage der normativen Interpretation von Leistungsbilanzsalden, Kredit und Kapital, 22. Jg. – *Issing,* O. u. K. *Masuch* (1990): Leistungsbilanzsalden und Wirtschaftspolitik Eine Replik, Kredit und Kapital, 23. Jg. – *Köhler,* C. (1979): Geldwirtschaft II: Zahlungsbilanz und Wechselkurs, Berlin. – *Köhler,* C. (1983): Geldwirtschaft III: Wirtschaftspolitische Ziele und wirtschaftspolitische Strategie, Berlin. – *Köhler,* C. (1990): Internationalökonomie – Ein System offener Volkswirtschaften, Berlin. – *Ohr,* R. (1991): Finanzpolitik, Leistungsbilanz und realer Wechselkurs, in J. Siebke (Hrsg.), Monetäre Konfliktfelder der Weltwirtschaft, Berlin, S. 99ff. – *Pohl,* R. (1989): Kapitalexporte der Bundesrepublik Deutschland, Hamburger Beiträge zur Wirtschafts- und Währungspolitik in Europa, herausgeg. von W. Nölling, Heft 6. – *Ruffin,* R. (1979): Growth and the Long Run Theory of International

Capital Movements, Am. Ec. Rev. LXIX. – Sachverständigenrat zur Begutachtung der gesamtwirtschaftlichen Entwicklung (1990): Jahresgutachten 1990/91. – *Schmid,* M. (1991): Auslandsverschuldung und Schuldenerlaß. Implikationen Keynesianischer und neoklassischer Modellansätze, in J. Siebke (Hrsg.), Monetäre Konfliktfelder der Weltwirtschaft, Berlin, S. 145ff. – Scholares Trebeisis (1989): De Oeconomia Intergalactica – Von schnellen Volkswirtschaften, kosmischen Handelshemmnissen und extraterrestischer Kapitalflucht, Faude. – *Schröder,* W. (1989): Anmerkungen zur normativen Interpretation von Leistungsbilanzsalden, Kredit und Kapital, 22. Jg. – *Stützel,* W. (1958): Volkswirtschaftliche Saldenmechanik, Tübingen. – *Wagemann,* E. (1931): Struktur und Rhythmus in der Weltwirtschaft, Hamburg. – *Wagner,* H. (1991): Einführung in die Weltwirtschaftspolitik, München.

Internationale Einflüsse auf die nationale Geldpolitik: Die Rolle von Wechselkursänderungserwartungen

Von Armin Rohde, Hannover

Im März 1973 war das Festkurs- oder Paritätensystem von Bretton Woods nach vorherrschender Meinung endgültig gescheitert. An den darauf folgenden Übergang zu einem System weitgehend flexibler Wechselkurse zwischen den Währungen der westlichen Industrieländer (außerhalb des europäischen Wechselkursverbundes) wurden große Hoffnungen und Erwartungen geknüpft. Dies betraf insbesondere die Möglichkeiten, die heimischen Volkswirtschaften stärker vor störenden internationalen Einflüssen abzuschirmen und ihnen einen größeren Spielraum für stabilitätspolitische Maßnahmen zu eröffnen.

Ein wesentliches Element dieser Erwartungen war, daß starke reale Wechselkursschwankungen von den Verfechtern flexibler Wechselkurse weitgehend ausgeschlossen wurden. So führte Friedman in seinem die Diskussionen über flexible Wechselkurse maßgeblich beeinflussenden Beitrag „The Case for Flexible Exchange Rates“ bereits Anfang der 50er Jahre aus, daß die Befürwortung flexibler Wechselkurse nicht gleichbedeutend sei mit der Befürwortung instabiler Kurse. Das Ziel sei letztlich eine Welt, in der die Wechselkurse, obwohl frei beweglich, sich dennoch äußerst stabil entwickeln würden.[1]

Dahinter stand die Hoffnung, daß die Wechselkursbewegungen dominierend von der Veränderung der Kaufkraftparitäten zwischen den Ländern geprägt würden.[2] Allein aus Beobachtung der inländischen und der ausländischen Preisniveausteigerungsraten erhalten die Marktteilnehmer dann den Trend für die zukünftige Wechselkursentwicklung. Auf diese Weise würde

---

[1] Vgl. Friedman, Milton: The Case for Flexible Exchange Rates, in: Friedman, M. (Hrsg.), Essays in Positiv Economics, Chicago 1953, S. 158. Auf S. 173 a.a.O. wiederholt Friedman: „A flexible exchange rate need not be an instable rate.“ Ähnlich äußerte sich auch Sohmen: „Es sei nochmals betont, daß flexible Wechselkurse nicht mit unstabilen Wechselkursen identifiziert werden dürfen. Die Abwesenheit starrer Schwankungsgrenzen einer ökonomischen Variablen bedeutet nicht, daß diese Variable wild und unkontrolliert oszillieren muß.“ Sohmen, Egon: Wechselkurs und Währungsordnung, Tübingen 1973, S. 9.

[2] Vgl. Halm, George N.: Feste oder flexible Wechselkurse?, in: Kyklos, Band 16, 1963, S. 29 oder Johnson, Harry G.: Argumente für flexible Wechselkurse – 1969, in. Johnson H.G. (Hrsg.), Beiträge zur Geldtheorie und Währungspolitik, Berlin 1976, S. 202.

sich am Markt eine feste Kurserwartung einstellen. „Feste Kurserwartungen aber begünstigen die Bildung von Terminmärkten, und zwar auch für längere Fristen."[3] Die Terminkurse spiegeln dann den zukünftig erwarteten, von der Entwicklung der Preisniveausteigerungsraten geprägten Kassakurs wider.

Unter derartigen Bedingungen würde die Spekulation, wie von den damaligen Befürwortern flexibler Wechselkurse herausgestellt,[4] zu einer stabilen Wechselkursentwicklung beitragen. Die Spekulation würde die tatsächliche Wechselkursentwicklung ständig auf dem Pfad der erwarteten Wechselkursentwicklung halten bzw. bei Abweichungen, diese sofort dorthin zurückführen und dadurch für die Realisation der Erwartungen am Markt sorgen. Starke Wechselkursbewegungen würden somit verhindert.

Vor dem Hintergrund der Erfahrungen mit flexiblen Wechselkursen seit 1973 ist allerdings eine weitgehende Ernüchterung eingetreten, was die erhoffte Rolle der Entwicklung der Preisniveaudifferenzen zwischen den Ländern als fundamentaler Faktor zur Bestimmung der Grundrichtung der Wechselkursbewegung anbelangt. Die *Tabelle 1* verdeutlicht diese Vorbehalte beispielhaft anhand der seit 1973 vollzogenen jahresdurchschnittlichen Veränderungsraten des Wechselkurses der D-Mark gegenüber dem US-Dollar.

Das folgende Urteil von Pohl über die Erfahrungen mit einem System flexibler Wechselkurse findet darin seine Bestätigung: „Kaum eine ökonomische These ist in den letzten Jahren so gründlich durch die Erfahrungen widerlegt worden wie die, daß flexible Wechselkurse die Geldpolitik vor Auslandseinflüssen wirksam abschirmen könnten. Erratische Wechselkursbewegungen der D-Mark gegenüber den floatenden Währungen, insbesondere gegenüber dem US-Dollar, haben zu drastischen Abweichungen der Kurse von der Kaufkraftparität geführt. Sowohl das Ausmaß als auch das Tempo von Wechselkursänderungen gehen weit über das hinaus, was bei Einführung des Systems flexibler Wechselkurse erwartet worden war."[5]

---

[3] Köhler, Claus: Geldwirtschaft. Zweiter Band, Zahlungsbilanz und Wechselkurs, Berlin 1979, S. 179.

[4] Vgl. Friedman, Milton: The Case for ..., a.a.O., S. 174ff.; Lutz, Friedrich A.: Eine Lanze für flexible Wechselkurse, in: Lutz, F.A.(Hrsg.): Geld und Währung, Tübingen 1962, S. 181; Johnson, Harry G.: Argumente für..., a.a.O., S. 204ff.; Sohmen, Egon: Wechselkurs und..., a.a.O., S. 59ff.

[5] Pohl, Rüdiger: Möglichkeiten und Grenzen der Geldpolitik: Eine Bestandsaufnahme, in: Ehrlicher,W. und Simmert, D.B. (Hrsg.): Wandlungen des geldpolitischen Instrumentariums der Deutschen Bundesbank, Beihefte zu Kredit und Kapital, Heft 10, Berlin 1988, S. 41. Eine ähnliche Einschätzung vertritt Francke, vgl. Francke, Hans-Hermann: Theoretische Grenzen und Möglichkeiten für die Geldpolitik bei flexiblen Wechselkursen, in: Francke, Hans-Hermann/Friedrich, Dieter/Leibinger, Hans-Bodo/Österlin, Sybille/Rohwer, Bernd: Möglichkeiten einer binnenwirtschaftlich orientierten Geldpolitik bei weltweit hohen Zinsen, Berlin 1985, S. 19f.

Tabelle 1

Entwicklung des D-Mark/US-Dollar-Kurses 1973 bis 1991

Zeitraum	Wechselkursentwicklung von		bis	Jahresdurchschnittliche Veränderungsrate in v.H.
März 1973 - Januar 1980	$\frac{2,82\ DM}{1\ US\$}$	–	$\frac{1,71\ DM}{1\ US\$}$	Aufwertungsrate 7% p.a.
Januar 1980 - Februar 1985	$\frac{1,71\ DM}{1\ US\$}$	–	$\frac{3,47\ DM}{1US\$}$	Abwertungsrate 15% p.a.
Februar 1985 - Dezember 1987	$\frac{3,47\ DM}{1\ US\$}$	–	$\frac{1,58\ DM}{1\ US\$}$	Aufwertungsrate 24% p.a.
Dezember 1987- Juni 1989	$\frac{1,58\ DM}{1\ US\$}$	–	$\frac{2,04\ DM}{1\ US\$}$	Abwertungsrate 19% p.a.
Juni 1989 - Februar 1991	$\frac{2,04\ DM}{1\ US\$}$	–	$\frac{1,45\ DM}{1\ US\$}$	Aufwertungsrate 17% p.a.

Quelle für die Grundzahlen: Deutsche Bundesbank, Statistische Beihefte zu den Monatsberichten der Deutschen Bundesbank, Reihe 5: Die Währungen der Welt, versch. Jahrgänge.

Die Ergebnisse der *Tabelle 1* verdeutlichen aber bereits durch bloßen Augenschein, daß auch andere als fundamental erachtete Faktoren (wie z. B. Zinsdifferenzen, Leistungsbilanzsalden, Differenzen in der Geldmengenentwicklung bzw. in der Entwicklung des Sozialproduktwachstums zweier Länder) ebenfalls nicht zur Bestimmung der Grundrichtung der Wechselkursbewegungen herangezogen werden können. Zu diesem Ergebnis kommt auch Gaab, wenn er sich wie folgt äußert: Obwohl seit dem Übergang zu flexiblen Wechselkursen „... eine beachtliche Zahl von unterschiedlichen Wechselkursmodellen entwickelt wurde, ist keines der zur Zeit existierenden Modelle in der Lage, auf der Basis sog. fundamentaler Einflußfaktoren (...) die Wechselkursentwicklung ex post über einen längeren Zeitraum befriedigend zu erklären. (...) Es ist deshalb nicht verwunderlich, daß diese Modelle auch keinen oder nur einen geringen Erklärungsbeitrag bezüglich der künftigen Wechselkursentwicklung liefern können."[6]

Ein Grund dafür, daß Fundamentalfaktoren den Marktteilnehmern keine verläßlichen Orientierungsdaten über die zu erwartende Wechselkursentwicklung ermöglichen, ist in der zunehmenden Verselbständigung des grenzüber-

[6] Gaab, Werner: Möglichkeiten und Grenzen des Erkennens spekulativer Bubbles an den Devisenmärkten, in: Filc, W. und Köhler, C. (Hrsg.): Kooperation, Autonomie und Devisenmarkt, Berlin 1990, S. 67.

schreitenden Kapitalverkehrs gegenüber dem internationalen Leistungsverkehr zu sehen.[7] Zu dieser Verselbständigung ist es gekommen, weil die mit Wechselkursänderungen verbundenen Gewinnerwartungen ein eigenständiges Motiv für den internationalen Geld- und Kapitalverkehr bilden. Wenn die Fundamentalfaktoren nun den Trend der Wechselkursentwicklung nicht eindeutig und glaubhaft vorzeichnen, dann bildet sich der Markt seine eigenen Wechselkursänderungserwartungen, etwa geprägt durch subjektive Erwartungen starker Marktteilnehmer oder erfolgreicher Chartanalytiker bzw. „professioneller Prognostiker" oder „Gurus".[8] Gefördert wird dies auch dadurch, daß solche Meinungen, wie begründet oder unbegründet diese in ökonomischer Hinsicht auch sein mögen, über die vorhandenen Informationstechnologien jedem Marktteilnehmer rund um den Globus zur gleichen Zeit zur Verfügung stehen und es dann für den einzelnen Händler nur noch darum geht, wie der „Markt" (dies sind die anderen Marktteilnehmer) auf diese Meldungen reagieren dürfte. Um erfolgreich zu sein, muß man so schnell wie möglich die voraussichtliche Entwicklung des Marktes, also die vorherrschenden Erwartungen am Markt, erfassen und sogleich entsprechend disponieren, also Kauf- oder Verkaufsorder auslösen. Dies vermag sog. band-waggon-Effekte (Trittbrettstrategien) auszulösen, wodurch die Wechselkursentwicklung hinsichtlich Tempo und Richtung für einen längeren Zeitraum nachhaltig beeinflußt werden kann, und zwar unabhängig von den Fundamentalfaktoren.[9] Aus *Tabelle 1* wird deutlich, welche Kraft der internationale Geld- und Kapitalverkehr besitzt, die Wechselkurse zu bewegen, und welches Gewinnpotential sich der Markt erschließen und verwirklichen kann.[10]

Von den Fundamentalfaktoren losgelöste Wechselkursänderungserwartungen, die zu starken realen Wechselkursveränderungen führen, können auf der einen Seite realwirtschaftliche Konsequenzen haben.[11] Durch die Tatsache nämlich, daß reale Wechselkursveränderungen nicht handelsneutral sind, erhöhen sich im Falle starker realer Kursbewegungen die Unsicherheiten im internationalen Handel. Zwar gibt es eine Fülle von Abwehrstrategien gegen Wechselkursfluktuationen, doch diese Absicherungsinstrumente verhindern die Kursschwankungen nicht. „Im Gegenteil, werden Absicherungsinstrumente nicht zur Absicherung offener Positionen verwendet, sondern werden

---

[7] Vgl. Köhler, Claus: Internationalökonomie. Ein System offener Volkswirtschaften, Berlin 1990, S. 58.

[8] Vgl. Köhler, Claus: Internationalökonomie, a.a.O., S. 59.

[9] Vgl. Köhler, Claus: Internationalökonomie, a.a.O., S. 58. Filc und Bredemeier sprechen in diesem Zusammenhang vom „Gesetz der sich selbst rechtfertigenden Erwartungen." Filc, Wolfgang und Bredemeier, Sonning, EWS und US-Dollar: Analyse und Prognose der Wechselkursentwicklung, in: Deutscher Sparkassen- und Giroverband e.V. (Hrsg.). Sparkassenheft 94, Stuttgart 1989, S. 60.

[10] Vgl. Köhler, Claus: Internationalökonomie, a.a.O., S. 67.

[11] Vgl. Herrmann, Anneliese: Wechselkursrisiko und Außenhandel, in: Filc, W. und Köhler, C. (Hrsg.): Kooperation, Autonomie und Devisenmarkt, a.a.O., S. 145 – 168.

durch ihren Einsatz erst offene Positionen geschaffen, werden sie also als Instrument der Spekulation benutzt, dann kann das die Kurs- und Zinsschwankungen noch verstärken."[12] Auf der anderen Seite können sich aus realen Wechselkursveränderungen Konsequenzen und Probleme für die nationale Geldpolitik ergeben. Diese stehen der Themenstellung entsprechend im Vordergrund der weiteren Ausführungen.

So kann das Auftreten von Wechselkursänderungserwartungen unmittelbar die Zinspolitik einer Zentralbank beeinflussen. „Die Zinspolitik ist natürlich in erster Linie auf binnenwirtschaftliche Ziele gerichtet. Aber bei freiem grenzüberschreitenden Geld- und Kapitalverkehr muß die Zinspolitik auch auf internationale Kapitalströme achten."[13] Kommt es nun durch entsprechende Wechselkursänderungserwartungen zu ausgeprägten Wechselkursbewegungen, so kann eine solche Wechselkursentwicklung, infolge möglicher realwirtschaftlicher Konsequenzen, die binnenwirtschaftliche Zielerreichung gefährden. Will die Zentralbank die Wechselkursbewegungen abschwächen oder vermeiden, so muß sie mit zinspolitischen Schritten die vermuteten Wechselkursänderungserwartungen zumindest kompensieren, wenn nicht sogar überkompensieren. Selbst wenn man unterstellt, daß ex ante die jeweils bestehenden Wechselkursänderungserwartungen wesentlich geringer sind, als die ex post in bestimmten Zeiträumen realisierten Wechselkursveränderungen (wie sie in *Tabelle 1* aufgeführt sind), so wird doch deutlich, daß dies u. U. die Schaffung von sehr hohen Zinsdifferenzen zum Ausland verlangt, die mit den binnenwirtschaftlichen Erfordernissen nicht mehr vereinbar sind.

Ein weiteres Problem für die Zinspolitik ist darin zu sehen, daß das Durchwirken der zinspolitischen Impulse einer Zentralbank vom Geldmarkt zum Kapitalmarkt unter dem Einfluß der von Wechselkursänderungserwartungen ausgelösten internationalen Kapitalströme nicht mehr jederzeit im erforderlichen Umfang gewährleistet erscheint. Konnte sich die Bundesbank in der Vergangenheit lange auf eine hohe Geldmarktabhängigkeit des deutschen Kapitalmarktes verlassen,[14] so ist spätestens seit Mitte der 80er Jahre ein stärkerer Einfluß des Auslandes auf dem deutschen Kapitalmarkt unverkennbar.[15]

---

[12] Köhler, Claus: Internationalökonomie, a.a.O., S. 49.

[13] Köhler, Claus: Der deutsche Kapitalmarkt im internationalen Zinszusammenhang, in: Bruns, G. und Häuser, K. (Hrsg.): Strukturwandel am deutschen Kapitalmarkt, Schriftenreihe des Instituts für Kapitalmarktforschung an der J.W. Goethe-Universität Frankfurt am Main, Kolloquien-Beiträge Nr. 31, Frankfurt am Main 1989, S. 97.

[14] Zur Geldmarktabhängigkeit des deutschen Kapitalmarktes vgl. Häuser, Karl: Die Geldmarktabhängigkeit des deutschen Kapitalmarktes, in: Ehrlicher, W. und Simmert, D.B. (Hrsg.): Geld- und Währungspolitik in der Bundesrepublik Deutschland, Beihefte zu Kredit und Kapital, Heft 7, Berlin 1982, S. 309 – 318.

[15] Vgl. dazu auch Köhler, Claus: Internationalökonomie, a.a.O., S. 62 bzw. ders.: Der deutsche Kapitalmarkt im..., a.a.O., S.93ff.

Dahinter steht die Überlegung, daß das Ausland, sofern es z.B. eine Aufwertung der D-Mark erwartet, verstärkt D-Mark nachfragt, um Wechselkursgewinne zu realisieren. Hinzu kommt eine zinstragende Anlage dieser D-Mark-Beträge in fungiblen festverzinslichen Wertpapieren. Dabei spielt die jeweilige Höhe der direkten Verzinsung eine untergeordnete Rolle, vielmehr erhofft man sich bei zunehmend gleichgerichtetem Verhalten der ausländischen Anleger zusätzliche Erträge aus Wertpapierkurssteigerungen. Da der sog. „Kurshebel" um so größer ist, je länger die Restlaufzeit der entsprechenden Wertpapiere ist,[16] dürfte sich das Ausland vorwiegend auf längerfristige Papiere konzentrieren. Bei einem hinreichend starken Engagement des Auslandes steigen dadurch die Wertpapierkurse und die Zinsen am Kapitalmarkt sinken.

Kommt es hingegen zu Abwertungserwartungen gegenüber der D-Mark, so stößt das Ausland seine Kapitalmarktanlagen ab und wechselt in andere Währungen. Dies löst Zinssteigerungstendenzen am Kapitalmarkt aus. Köhler spricht in diesem Zusammenhang vom dualen Effekt spekulativer Transaktionen,[17] durch den auf der einen Seite das Tempo der Wechselkursveränderungen beschleunigt wird und auf der anderen Seite der nationale Zinszusammenhang geringer werden kann.

Erste Anhaltspunkte für die empirische Relevanz dieser Sichtweise vermittelt die *Tabelle 2a*. Dort ist der Anteil des Auslandes am Erwerb festverzinslicher Wertpapiere in der Bundesrepublik Deutschland und die Wechselkursentwicklung der D-Mark gegenüber dem US-Dollar jeweils für bestimmte Zeiträume zwischen 1980 und 1989 aufgeführt. In Abwertungsphasen der D-Mark (1980 - 1984 und 1988 - 1. Hj. 1989) ist der entsprechende Auslandsanteil am Erwerb festverzinslicher Wertpapiere mit 6,6 v.H. bzw. 2,0 v.H. sehr gering. In Aufwertungsphasen (1985 - 1987 und 2.Hj.1989) ist dieser Anteil mit 39,2 v.H. und 32,7 v.H. sehr ausgeprägt.

Daß es sich dabei auch tatsächlich um von D-Mark/US-Dollar-Kursen (bzw. Kurserwartungen) induzierte Kapitaltransaktionen handelt, läßt sich auf den ersten Blick aus einer regionalen Analyse der Wertpapierkäufe des Auslandes in der Bundesrepublik Deutschland nicht entnehmen. Die Statistik weist nämlich in diesem Zusammenhang eine eindeutige Dominanz der europäischen Staaten auf.[18] Allerdings konzentrieren sich diese Geschäfte wiederum schwergewichtig auf Großbritannien und mit Abstand auf die Schweiz. Der Grund

---

[16] Vgl. Andreas, Kurt: Kapitalmarkt, in Kloten,N. und von Stein, J.H. (Hrsg.): Obst/Hintner, Geld-, Bank- und Börsenwesen, 37.,völlig neu bearbeitete Auflage, Stuttgart 1982, S. 795.

[17] Vgl. Köhler, Claus: Internationalökonomie, a.a.O., S. 62.

[18] Vgl. Deutsche Bundesbank: Statistische Beihefte zu den Monatsberichten der Deutschen Bundesbank, Reihe 3, Zahlungsbilanzstatistik, Tabelle 5 e, Wertpapieranlagen nach Ländergruppen und Ländern.

Tabelle 2a

Anteil des Auslandes am Erwerb festverzinslicher Wertpapiere in der Bundesrepublik Deutschland und Wechselkursentwicklung 1980 - 1989

Zeitraum	Anteil des Auslandes	Wechselkursentwicklung
1980-1984	6,6 v.H.	$\frac{1,71 \text{ DM}}{1 \text{ US } \$}$ auf $\frac{3,47 \text{ DM}}{1 \text{ US } \$}$ Januar 1980 bis Februar 1985
1985-1987	39,2 v.H.	$\frac{3,47 \text{ DM}}{1 \text{ US } \$}$ auf $\frac{1,58 \text{ DM}}{1 \text{ US } \$}$ Februar 1985 bis Dezember 1987
1988-1.HJ.1989	2,0 v.H.	$\frac{1,58 \text{ DM}}{1 \text{ US } \$}$ auf $\frac{2,04 \text{ DM}}{1 \text{ US } \$}$ Dezember 1987 bis Juni 1989
2. HJ.1989	32,7 v.H.	$\frac{2,04 \text{ DM}}{1 \text{ US } \$}$ auf $\frac{1,70 \text{ DM}}{1 \text{ US } \$}$ Juni 1989 bis Dezember 1989

Quelle für die Grundzahlen: Deutsche Bundesbank, Statistische Beihefte zu den Monatsberichten der Deutschen Bundesbank, Reihe 2, Wertpapierstatistik, Tabelle 1b „Absatz und Erwerb von Wertpapieren", versch. Jahrgänge, Reihe 5, Die Währungen der Welt, versch. Jahrgänge.

dafür ist darin zu sehen, daß die international disponierenden institutionellen Investoren ihre Wertpapiergeschäfte über die großen Finanzzentren (insbes. über London) tätigen. Da sich nun ausländische Anlagen in deutschen Wertpapieren mangels Informationen über die jeweiligen Gläubiger der Titel nur dem Land des unmittelbaren Partners der Kauf- oder Verkaufstransaktionen zuordnen lassen,[19] ergeben sich in der Statistik die hohen Anteile Großbritanniens am Erwerb bzw. an der Veräußerung von deutschen Wertpapieren.

Tabelle 2b vermittelt insbesondere anhand der Aufwertungsphase vom Februar 1985 bis Ende Dezember 1987 Anzeichen, daß Wechselkursänderungserwartungen nicht zwangsläufig über den gesamten Zeitraum einer ex post feststellbaren Kursänderungsperiode bestehen. Nimmt man das Interesse des Auslandes an deutschen Wertpapieren als ein solches Indiz für Wechselkursänderungserwartungen, dann zeigt sich, daß bereits im ersten Halbjahr 1987 die Aufwertungsphantasie an Triebkraft verloren hat und im zweiten Halbjahr 1987 eher in eine Abwertungserwartung umgeschlagen sein könnte.

[19] Vgl. Deutsche Bundesbank: Die Zahlungsbilanzstatistik der Bundesrepublik Deutschland, Inhalt, Aufbau und methodische Grundlagen, Sonderdrucke der Deutschen Bundesbank Nr.8, 2.Auflage, Frankfurt, Mai 1990, S. 101.

Tabelle 2b

Anteil des Auslandes am Erwerb festverzinslicher Wertpapiere in der Bundesrepublik Deutschland 1985 - 1989

	1. Halbjahr	2. Halbjahr
1985	23,6 v.H.	37,6 v.H.
1986	55,8 v.H.	58,9 v.H.
1987	49,0 v.H.	- 0,5 v.H.
1988	2,3 v.H.	2,3 v.H.
1989	1,5 v.H.	32,7 v.H.

Quelle für die Grundzahlen: Deutsche Bundesbank, Statistische Beihefte zu den Monatsberichten der Deutschen Bundesbank, Reihe 2, Wertpapierstatistik, Tabelle 1b, versch. Jahrgänge.

Zusätzliche Hinweise auf die zinspolitische Bedeutung der von Wechselkursänderungserwartungen abhängigen Auslandseinflüsse auf den deutschen Kapitalmarkt lassen sich der *Abbildung 1* entnehmen. Aufgeführt ist dort der Tagesgeldzins als Indikator der zinspolitischen Vorstellungen der Bundesbank und die Umlaufrendite festverzinslicher Wertpapiere als Kapitalmarktzins. Die Umlaufrendite für Papiere mit einer Restlaufzeit von über 9 bis 10 Jahren wurde gewählt, weil das Ausland infolge des größeren „Kurshebels" eine Präferenz für längerfristige Wertpapiere haben dürfte. Zinspolitisch interessant für die Beurteilung der Frage, ob der nationale Zinszusammenhang durch Einflüsse des Auslandes gestört werden kann, sind Phasen, in denen sich Geldmarktzins und Kapitalmarktzins über einen längeren Zeitraum nicht parallel bzw. nicht einmal tendenziell in die gleiche Richtung entwickeln. Sechs solcher Zeiträume lassen sich zwischen Juli 1985 und März 1991 erkennen. Die zugehörigen Daten sind in der *Tabelle 3* aufgeführt.

Im ersten Zeitraum (Oktober 1985 - April 1986) steigt der Geldmarktzins leicht an, während der Kapitalmarktzins recht kräftig fällt. In dieser sieben Monate währenden Phase betrug der Anteil des Auslandes am Erwerb festverzinslicher Wertpapiere am deutschen Kapitalmarkt über 50 v.H. In der zweiten Phase, die immer noch in der Aufwertungsperiode der D-Mark liegt (Oktober 1986 - Dezember 1986), steht dem steigenden Geldmarktzins erneut ein fallender Kapitalmarktzins gegenüber. Der Anteil des Auslandes am Erwerb von Wertpapieren erhöhte sich in diesen drei Monaten auf 83,7 v.H. Der dritte Zeitraum (Mai 1987 - Oktober 1987), mit fast unverändertem Geldmarktzins aber stark steigendem Kapitalmarktzins, fällt mit einem kräftigen Abbau der Wertpapieranlagen des Auslandes zusammen. Der prozentuale Anteil am Gesamterwerb ging auf $-11{,}3$ v.H. zurück. In der vierten

Abbildung 1

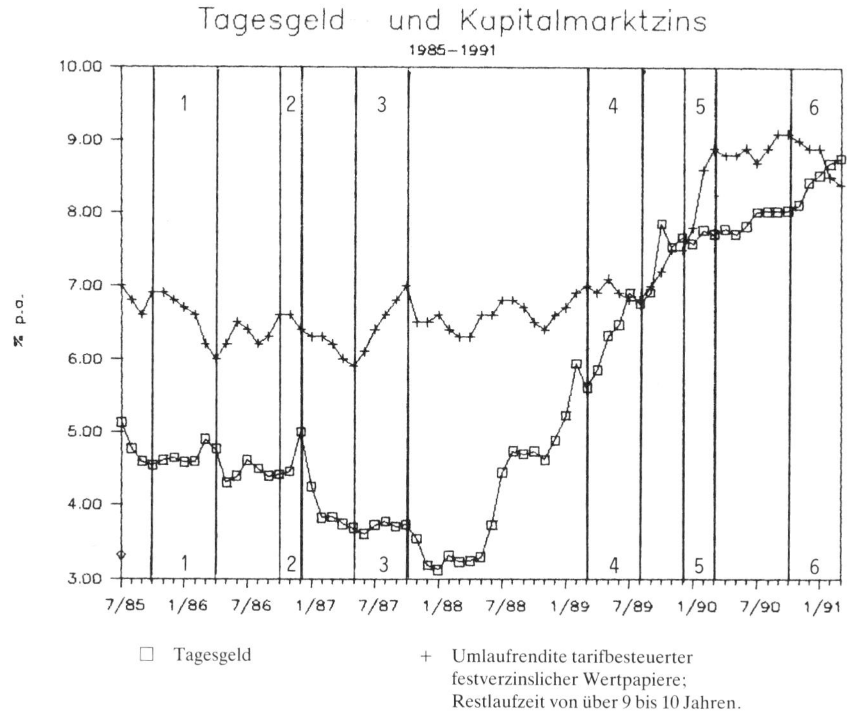

Quelle für die Grundzahlen: Deutsche Bundesbank, Monatsberichte der Deutschen Bundesbank, Statistischer Teil, Tabelle V.6, verschiedene Jahrgänge und Statistische Beihefte zu den Monatsberichten der Deutschen Bundesbank, Reihe 2, Wertpapierstatistik, Tabelle 8c, verschiedene Jahrgänge.

Phase (März 1989 - August 1989) steigt der Geldmarktzins kräftig an, während der Kapitalmarktzins leicht rückläufig ist. Dies vollzog sich bei einem Auslandsanteil am Erwerb festverzinslicher Wertpapiere von über 38 v.H. Im fünften Zeitraum (Dezember 1989 – März 1990) ergibt sich bei fast konstantem Geldmarktzins ein sehr ausgeprägter Renditenanstieg am Kapitalmarkt, wobei das Ausland im großen Umfang DM-Wertpapiere verkauft hat. Hintergrund könnten DM-Abwertungsbefürchtungen im Zusammenhang mit der zu diesem Zeitpunkt diskutierten deutsch-deutschen Wirtschafts- und Währungsunion gewesen sein. Tatsächlich blieb der nominale D-Mark/US-Dollar-Kurs im ersten Halbjahr 1990 praktisch unverändert.[20] Im zweiten Halbjahr 1990 setzte dann erneut eine Aufwertung der D-Mark gegenüber dem US-Dollar ein.[21] In diesen Aufwertungszeitraum fällt auch die sechste Phase (Oktober

[20] Im Dezember 1989 betrug der DM-Dollar-Kurs 1,70 DM und im Juni 1990 1,68 DM.

[21] Der Wechselkurs entwickelte sich von 1,68 DM im Juni 1990 auf 1,49 DM im Dezember 1990.

Tabelle 3

Zinsentwicklung in verschiedenen Zeiträumen und Anteil des Auslandes am Erwerb festverzinslicher Wertpapiere in der Bundesrepublik Deutschland

Zeiträume	Tagesgeldzins	Umlaufsrendite von über 9 bis 10 Jahren	Anleihen der öffentl.Hand üb.9 bis 10J.	Umlaufsrendite	Anteil des Auslandes am Erwerb
Okt. 1985 -Apr.1986	von 4,54% auf 4,76%	von 6,90 % auf 6,00 %	von 6,70 % auf 5,70 %	von 6,60% auf 5,60%	50,2 %
Okt. 1986 -Dez.1986	von 4,41% auf 5,00%	von 6,60 % auf 6,40 %	von 6,30 % auf 6,10 %	von 6,00% auf 6,00%	83,7 %
Mai 1987 -Okt.1987	von 3,69% auf 3,74%	von 5,90 % auf 7,00 %	von 5,70 % auf 6,90 %	von 5,40% auf 6,50%	-11,3 % *)
Mrz. 1989 -Aug.1989	von 5,61% auf 6,76%	von 7,00 % auf 6,80 %	von 7,00 % auf 6,80 %	von 7,00% auf 6,90%	38,3 % **)
Dez. 1989 -Mrz.1990	von 7,67% auf 7,72%	von 7,50 % auf 8,90 %	von 7,30 % auf 8,80 %	von 7,80% auf 9,00%	-20,0%
Okt. 1990 -Mrz.1991	von 8,04% auf 8,76%	von 9,10 % auf 8,40 %	von 9,00 % auf 8,40 %	von 9,20% auf 8,60%	41,2% ***) Dez.64,9%

*) Jun. - Okt.
**) Apr. - Aug.
***) Nov., Dez., Feb.

Quelle: Deutsche Bundesbank, Monatsberichte der Deutschen Bundesbank, Statistischer Teil, Tabelle V.6 und Statistische Beihefte zu den Monatsberichten der Deutschen Bundesbank, Reihe 2, Wertpapierstatistik, Tabelle 1b und Tabelle 8b und 8c, jew. versch. Jahrgänge.

1990 - Februar/März 1991) gegenläufiger Zinsentwicklung am Geldmarkt und am Kapitalmarkt. Begleitet wurde die Senkung der Kapitalmarktzinsen wiederum von einem stark steigenden Engagement des Auslandes am deutschen Kapitalmarkt.[22]

Daneben gibt es zahlreiche Phasen, in denen das Ausland sich ebenfalls recht kräftig am deutschen Kapitalmarkt engagiert hat, bzw. in denen es sich durch umfangreiche Verkäufe stark vom Markt zurückgezogen hat, mit entsprechenden, zu erwartenden Zinsänderungen am Kapitalmarkt, die hier aber deshalb nicht gesondert aufgeführt werden, weil es jeweils zu einem Gleichlauf von Geldmarktzins und Kapitalmarktzins gekommen ist.

[22] Statistisch erfaßbar lag der Höhepunkt des Engagements des Auslandes mit knapp 65% im Dezember 1990. Ein ähnlich hoher Wert dürfte sich jedoch auch in der ersten Hälfte des Februars 1991 ergeben haben. Statistisch nachvollziehbar ist dies mit dem veröffentlichten Zahlenmaterial der Bundesbank allerdings nicht, da über das Auslandsengagement nur Monatswerte vorliegen. Zeitungsberichten zufolge hat das Interesse des Auslandes an deutschen Wertpapieren bis zum Wechselkurshöhepunkt am 12. Februar 1991 angehalten und ist danach, im Zuge der einsetzenden Abwertungstendenzen der D-Mark abgeflaut. Über den gesamten Monat Februar 1991 ergab sich somit noch ein Anteil des Auslandes von 37,5%.

Insgesamt ergeben sich aber mit Zeiträumen von bis zu sieben Monaten recht dauerhafte Störungen der nationalen Zinszusammenhänge. Die von Wechselkursänderungserwartungen beeinflußten Portfoliodispositionen des Auslandes scheinen dazu nicht unwesentlich beizutragen.[23] Dies stellt eine empfindliche Effizienzminderung der Zinspolitik der Bundesbank durch internationale Einflüsse dar.

Die von Wechselkursänderungserwartungen geprägten Verhaltensweisen von Wirtschaftssubjekten können aber die nationale Geldpolitik noch auf eine andere Art und Weise berühren. So wurde insbesondere in der Aufwertungsphase der D-Mark von 1985 bis 1987 die Vermutung geäußert, daß ein Grund für die in diesen Jahren zu verzeichnenden Überschreitungen der Geldmengenziele der Bundesbank darin zu sehen sei, daß bei Aufwertungserwartungen ausländische Abnehmer von deutschen Waren möglichst umgehend bei Bestellung der Güter Vorauszahlungen leisten, um den erwarteten, wechselkursbedingten Mehraufwendungen zu entgehen. Diese Vorauszahlungen würden bei den betreffenden Unternehmen zunächst auf den Sichtgeldkonten eingehen, um dann auf höher verzinsliche Termineinlagen umgeschichtet zu werden. Die geldpolitische Konsequenz daraus wäre ein verstärktes Wachstum der monetären Aggregate.

In Abwertungsphasen mit entsprechenden Abwertungserwartungen verlangsamt sich die monetäre Expansion, gemessen an der Entwicklung der Geldmengenaggregate, weil Vorauszahlungen und damit entsprechende Zahlungseingänge einen geringeren Umfang annehmen dürften. Eher werden unter solchen Bedingungen ausländische Abnehmer auf Zahlungsziele drängen und inländische Importeure ihrerseits an Vorauszahlungen interessiert sein.

Tabelle 4 liefert Anzeichen zur Stützung dieser Auffassung. In den beiden Abwertungsphasen der D-Mark von 1980 bis 1985 und 1988 bis zum ersten Halbjahr 1989 expandierten die Sichteinlagen und Termineinlagen jeweils von Unternehmen und Privatpersonen mit jahresdurchschnittlichen Änderungsraten von 6,5 v.H. und 4,0 v.H. wesentlich moderater, als in den Aufwertungsphasen von 1985 bis 1987 sowie vom zweiten Halbjahr 1989 bis Ende 1990, in denen mit 11,7 v.H. bzw. 19,8 v.H. sehr ausgeprägte jahresdurchschnittliche Zuwachsraten erreicht wurden.

---

[23] In diesem Sinne äußert sich auch die Bundesbank:"Vor allem über das schwankende Engagement der professionellen ausländischen Anleger am deutschen Rentenmarkt – insbesondere der institutionellen Investoren in den großen Finanzzentren (wie London) – wird der deutsche Kapitalmarkt in den internationalen Zinszusammenhang eingebunden. Da der Anlageerfolg – soweit eine offene DM-Position besteht – sowohl von der Zins- als auch von der Wechselkursentwicklung bestimmt wird, tragen die ausländischen Anleger außerdem wesentlich zur Wechselkursabhängigkeit des deutschen Kapitalmarktes bei." Deutsche Bundesbank: Der Wertpapierverkehr der Bundesrepublik Deutschland mit dem Ausland in der zweiten Hälfte der achtziger Jahre, in: Deutsche Bundesbank, Monatsberichte der Deutschen Bundesbank,43.Jg. Nr.4, April 1991, S.26.

Tabelle 4

Veränderung der Sicht- und Termineinlagen von Unternehmen und Privaten 1980 - 1990*

Zeitraum	Entwicklung in Mrd.DM von		bis	Jahresdurchschnittliche Veränderungsrate in %
01/80 - 02/85	275,1	-	380,0	+ 6,5 % p.a.
02/85 - 12/87	380,0	-	465,7	+ 11,7 % p.a.
12/87 - 06/89	465,7	-	494,0	+ 4,0 % p.a.
06/89 - 12/90	494,0	-	647,9	+ 19,8 % p.a.

* Zahlenangaben von Juli 1990 bis Dezember 1990: Teilbereich ehemaliges Gebiet der Bundesrepublik Deutschland.

Quelle für die Grundzahlen: Deutsche Bundesbank, Monatsberichte der Deutschen Bundesbank, Tabelle I.2b, Statistischer Teil, versch. Jahre, Zahlenangaben für den Teilbereich ehemaliges Gebiet der Bundesrepublik Deutschland letztmalig im Monatsbericht Februar 1991.

Die Vermutung, daß sich dahinter nur die eigentlich zu erwartenden monetären Konsequenzen der aus in diesen Phasen üblichen Interventionen am Devisenmarkt und deren Liquiditätswirkungen widerspiegeln, läßt sich durch das faktische Verhalten der Bundesbank entkräften. So ist die Bundesbank sehr darauf bedacht, interventionsbedingte Liquiditätswirkungen aus Kursstützungsoperationen am Devisenmarkt sofort zu sterilisieren bzw. zu neutralisieren.[24] Auch ein Zinseinfluß dürfte bei der Erklärung der aufgeführten jahresdurchschnittlichen Veränderungsraten nicht in Betracht kommen, weil Sichteinlagen auf der einen und Termineinlagen auf der anderen Seite ausgeprägt gegenläufig auf Zinsänderungen reagieren. Vertritt man deshalb die These, daß es sich hierbei um einen von Wechselkursänderungserwartungen geprägten Auslandseinfluß auf nationale monetäre Aggregate handelt, so resultiert daraus in bestimmten Phasen eine weitere Schwächung der geldpolitischen Steuerungsmöglichkeiten.

Insgesamt ergibt sich also für die Geldpolitik das Dilemma, daß ihre Maßnahmen, je nach Situation in der sie getroffen werden, höchst unterschiedliche Auswirkungen auf monetäre Größen haben können. Zum einen kann nach einer Zinserhöhung durch die Bundesbank am Geldmarkt das gesamte Zinsspektrum bis hin zum Kapitalmarktzins nach oben in Bewegung geraten und

[24] Vgl. dazu Bofinger, Peter: Das Europäische Währungssystem und die geldpolitische Koordination in Europa, in: Kredit und Kapital, 21.Jg.1988, S. 317 - 345, insbes. S. 322f. Bofinger zeigt dort, daß die Bundesbank im Zeitraum vom 3.Quartal 1979 bis zum 4.Quartal 1987 eine weitgehende Sterilisation der Liquiditätswirkungen aller EWS- und Dollar-Interventionen vorgenommen hat.

zudem auf eine verhaltene monetäre Expansion hinwirken. Zum anderen ist es möglich, daß durch restriktive zinspolitische Maßnahmen am Geldmarkt Aufwertungserwartungen für die D-Mark erzeugt oder verstärkt werden, und es zu den geschilderten internationalen Einflüssen auf die nationale Geldpolitik kommt, also Verrringerung der langfristigen Zinsen und Erhöhung der monetären Expansion, gemessen an den Geldmengenaggregaten.

Vor dem Hintergrund solcher internationalen Einflüsse auf die nationale Geldpolitik ist die Eignung von monetären Zwischenzielen (z.B. Geldmenge oder Zins) für die geldpolitische Steuerung zu überdenken. Da es, in Abhängigkeit von der Ausgangslage, zu entgegengesetzten Einflüssen auf diese Zielgrößen kommen kann, verlieren monetäre Zwischenziele ihre Indikatoreigenschaften. Ein dominierender oder prognostizierbarer Einfluß der nationalen Geldpolitik auf diese Größen ist nicht (mehr) jederzeit gegeben bzw. gewährleistet. Versuche der nationalen Geldpolitik, die internationalen Einflüsse auf die nationalen monetären Aggregate vorausschauend und damit bewußt in ihr Steuerungskalkül einzubeziehen, um über diesen „Umweg" indirekt eine gewünschte monetäre Entwicklung im Inland zu erreichen, versprechen ebenfalls keinen Erfolg. Da Wechselkursänderungserwartungen nicht eindeutig von den Fundamentalfaktoren geprägt werden, üben monetäre Steuerungsmaßnahmen einzelner Notenbanken keinen gesicherten bzw. stabilen Einfluß auf dieses internationale Störpotential der nationalen Geldpolitik aus. Einen Ausweg aus diesem Dilemma verspricht jedoch eine intensive internationale Koordinierung der Geldpolitik. Dies hat mit dem Ziel zu geschehen, den Erwartungen am Devisenmarkt eine stärkere Führung zu geben, um auf diese Weise die stabilisierenden Elemente der Spekulation, die nur bei eindeutigen Erwartungen zum Tragen kommen, in den Dienst der Geldpolitik zu stellen.

Geldpolitik bei hoher Kapitalmobilität

Von Michael Carlberg, Hamburg

Welche Konsequenzen hat die Internationalisierung der Kapitalmärkte für die nationale Geldpolitik? Den Ausgangspunkt der Untersuchung bildet die Tatsache, daß der Umfang des internationalen Kapitalverkehrs in den letzten 10 bis 20 Jahren dramatisch gestiegen ist. Heute liegt das Volumen des internationalen Kapitalverkehrs weit über dem Volumen des Welthandels. Diese Entwicklung läßt sich auf eine Reihe von Ursachen zurückführen: Verbesserung von Kommunikation und Information (Satelliten, Computer), Aufhebung von Kapitalverkehrskontrollen, Einführung von Finanzinnovationen (vgl. Caves, Frankel, Jones 1990). Die Globalisierung der Kapitalmärkte hat ihrerseits unmittelbar zur Folge: Jeder Unterschied in der Rendite zwischen inländischen und ausländischen Wertpapieren wird von den Arbitrageuren sofort ausgenutzt und damit beseitigt.

Die theoretische Untersuchung findet implizit im Rahmen eines makroökonomischen Modells statt. Genaugenommen handelt es sich um eine IS-LM-Analyse mit internationalem Handel und Kapitalverkehr. Das (weiterentwikkelte) Mundell-Fleming-Modell ist m. E. das Beste, was die Wissenschaft derzeit zu bieten hat. Die Internationalisierung der Kapitalmärkte äußert sich im Modell als zunehmende Kapitalmobilität. Stilisiert geht es dabei um den Übergang von imperfekter zu perfekter Kapitalmobilität. Imperfekte Kapitalmobilität bedeutet erstens: Inländische und ausländische Wertpapiere sind imperfekte Substitute. Und zweitens: Zins und Wechselkurs passen sich nur langsam an. Perfekte Kapitalmobilität heißt dagegen: Perfekte Substitute und sofortige Anpassung. Es handelt sich dabei um einen theoretischen Grenzfall, dem indes die Realität immer näher kommt. Welche Konsequenzen hat nun die zunehmende Kapitalmobilität für die Wirksamkeit der Geldpolitik?

1. Kleine offene Wirtschaft

Wir beginnen mit einer kleinen offenen Wirtschaft. Es wird zunächst angenommen, daß die Wechselkurserwartungen statisch sind. Im Falle perfekter Kapitalmobilität stimmt der Inlandszins mit dem gegebenen Auslandszins überein. Es herrscht Unterbeschäftigung, so daß Nominallohn und Preis fest sind.

1.1. Flexible Wechselkurse

Als erstes betrachten wir den Fall imperfekter Kapitalmobilität. Am Anfang herrscht Unterbeschäftigung. Leistungsbilanz, Kapitalbilanz und Zahlungsbilanz sind ausgeglichen. In dieser Situation findet eine expansive Geldpolitik statt, die Zentralbank kauft inländische Wertpapiere. Daraufhin sinkt der Inlandszins, was die Investitionen anregt. Die Unternehmen fahren die Produktion hoch und stellen zusätzliche Arbeitskräfte ein. Wegen der Zinssenkung fließt darüber hinaus Kapital ab. Die Inlandswährung wertet sich ab, so daß der Export steigt. Die Unternehmen fahren deshalb die Produktion weiter hoch. Am Ende weist die Leistungsbilanz einen Überschuß auf, während die Kapitalbilanz defizitär wird. Die Zahlungsbilanz ist bei flexiblen Wechselkursen stets ausgeglichen.

Wir wenden uns jetzt der Frage zu, wie sich die Internationalisierung der Kapitalmärkte auswirkt. Die Antwort lautet kurz: Zunehmende Kapitalmobilität verstärkt den Kapitalabfluß und die Abwertung, so daß die Zunahme von Export und Produktion größer ausfällt. Genauer gesagt, mit zunehmender Kapitalmobilität geht der Einfluß der Geldpolitik auf den Zins und die Investitionen zurück. Dem steht gegenüber, daß der Einfluß auf folgende Größen wächst: Wechselkurs, Export, Produktion, Beschäftigung, Leistungsbilanz und Kapitalbilanz. In diesem Sinne gilt: Zunehmende Kapitalmobilität erhöht die Wirksamkeit der Geldpolitik.

Nun zu perfekter Kapitalmobilität. In diesem Fall hat die Zentralbank weder Einfluß auf den Zins noch auf die Investitionen. Sie hat dagegen großen Einfluß auf Wechselkurs, Export, Produktion, Beschäftigung, Leistungsbilanz und Kapitalbilanz. Bei perfekter Kapitalmobilität ist die Geldpolitik sehr wirksam.

1.2. Feste Wechselkurse

Als erstes wird wieder imperfekte Kapitalmobilität unterstellt. Zu Beginn herrscht Unterbeschäftigung. Leistungsbilanz, Kapitalbilanz und Zahlungsbilanz sind ausgeglichen. Vor diesem Hintergrund möge die Zentralbank inländische Wertpapiere kaufen, die Geldmenge expandiert. Infolgedessen fällt der Inlandszins, so daß mehr investiert wird. Die Unternehmen kurbeln die Produktion an und stellen zusätzliche Arbeitskräfte ein. Mit dem Einkommen steigt der Import, die Leistungsbilanz gerät in ein Defizit. Gleichzeitig löst die Zinssenkung einen Kapitalabfluß aus, auch die Kapitalbilanz gerät in ein Defizit. Die Zahlungsbilanz schreibt insgesamt rote Zahlen. Im System fester Wechselkurse muß die Zentralbank Devisen verkaufen, was die Geldmenge tendenziell verringert.

Mit zunehmender Kapitalmobilität schwächt sich der Einfluß der Geldpolitik auf die Variablen des Systems ab: Geldmenge, Zins, Investitionen, Produktion, Beschäftigung, Import, Leistungsbilanz und Kapitalbilanz. Anders ausgedrückt, die zunehmende Kapitalmobilität reduziert die Wirksamkeit der Geldpolitik. Eine eventuelle Sterilisierung wird immer schwieriger, weil der damit verbundene Reserveverlust wächst.

Bei perfekter Kapitalmobilität hat die Zentralbank überhaupt keinen Einfluß auf Geldmenge, Zins, Investitionen, Produktion, Beschäftigung, Leistungsbilanz und Kapitalbilanz. Die Geldpolitik erweist sich in diesem Fall als vollkommen unwirksam. Eine Sterilisierung ist nicht mehr möglich, denn der damit verbundene Reserverlust wäre unendlich groß.

1.3. Gemischte Wechselkurse

Im Anschluß an die reinen Fälle erörtern wir jetzt eine Kombination flexibler und fester Wechselkurse. Wir gehen dabei von perfekter Kapitalmobilität aus. Bei flexiblen Wechselkursen ist die Geldpolitik sehr wirksam, während sie bei festen Wechselkursen unwirksam ist, wie oben gezeigt wurde. Wie sieht es nun bei gemischten Wechselkursen aus? Wir betrachten drei Länder. Land 1 (das Inland) sei klein, die Länder 2 und 3 (das Ausland) sollen hinreichend groß sein. Zwischen den Ländern 1 und 2 ist der Wechselkurs flexibel, zwischen den Ländern 1 und 3 dagegen fest. In Land 1 herrscht am Anfang Unterbeschäftigung. Leistungsbilanz und Kapitalbilanz sind ausgeglichen. Unter diesen Umständen kauft die Zentralbank in Land 1 inländische Wertpapiere, was die Geldmenge ausweitet.

Im Verhältnis zu Land 2 kommt es zu einer Abwertung, die den Export stimuliert. Die Unternehmen steigern die Produktion und stellen zusätzliche Arbeitskräfte ein. Die Leistungsbilanz zeigt einen Überschuß, die Kapitalbilanz ist defizitär. So gesehen ist die Geldpolitik wirksam. Was Land 3 angeht, kaufen die Inländer ausländische Wertpapiere. Dieser Kapitalabfluß bringt eine Überschußnachfrage nach Devisen mit sich. Die Zentralbank verkauft Devisen, die Geldmenge schrumpft. Die Geldpolitik läßt Zins, Investitionen, Produktion und Beschäftigung unberührt. Leistungsbilanz und Kapitalbilanz sind am Ende wieder ausgeglichen. Im Verhältnis zu Land 3 ist die Geldpolitik unwirksam.

Fassen wir nun diese beiden Effekte zusammen. Die expansive Geldpolitik verbessert Produktion und Beschäftigung. Die Leistungsbilanz ist aktiv, die Kapitalbilanz passiv, die Zahlungsbilanz ausgeglichen. Insgesamt erweist sich die Geldpolitik als „halbwirksam".

Mit zunehmender Kapitalmobilität gilt (ausgehend von imperfekter Kapitalmobilität): Der Einfluß der Geldpolitik auf Geldmenge, Zins und Investitionen geht zurück, der Einfluß auf Wechselkurs und Export aber steigt. Der Einfluß auf Produktion und Beschäftigung bleibt unverändert. Als Ergebnis erhält man: Die Wirksamkeit der Geldpolitik ist tendenziell unabhängig vom Grad der Kapitalmobilität.

2. Zwei Länder (drei Länder)

Wir verlassen jetzt die kleine offene Wirtschaft und wenden uns einer Welt zu, die aus zwei gleichgroßen Ländern besteht. Land 1 sei das Inland und Land 2 das Ausland. Wir nehmen perfekte Kapitalmobilität an.

2.1. Flexible Wechselkurse

Am Anfang herrscht Arbeitslosigkeit, sowohl im Inland als auch im Ausland. Leistungsbilanz und Kapitalbilanz sind ausgeglichen. Das ist die standardisierte Ausgangssituation. In dieser Lage möge die inländische Zentralbank eine expansive Geldpolitik betreiben. Diese Maßnahme reduziert zunächst den Inlandszins. Daraufhin fließt Kapital vom Inland in das Ausland, so daß der Auslandszins ebenfalls fällt. Der Kapitalabfluß hat außerdem zur Folge, daß sich die Inlandswährung abwertet und die Auslandswährung aufwertet.

Im Inland fördert die Abwertung den Export, die Unternehmen weiten die Produktion aus. Die Leistungsbilanz zeigt einen Überschuß, die Kapitalbilanz wird defizitär. Im Ausland indes hemmt die Aufwertung den Export, die Unternehmen schränken die Produktion ein. Die Leistungsbilanz weist ein Defizit aus, die Kapitalbilanz einen Überschuß. Die monetäre Expansion im Inland erhöht die inländische Produktion und senkt die ausländische Produktion. Mit anderen Worten, die Geldpolitik ruft negative externe Effekte hervor.

Welche Rolle spielt hier die Globalisierung der Kapitalmärkte? Mit zunehmender Kapitalmobilität steigt der Einfluß der Geldpolitik auf den Wechselkurs, die inländische Produktion und die ausländische Produktion. Die zunehmende Kapitalmobilität verbessert in diesem Sinne die Wirksamkeit der Geldpolitik. Hinzu kommt, daß auch die negativen externen Effekte stärker werden.

2.2. Feste Wechselkurse

Im Inland und im Ausland herrscht zu Beginn Unterbeschäftigung. Leistungsbilanz und Kapitalbilanz sind ausgeglichen. Vor diesem Hintergrund findet im Inland eine expansive Geldpolitik statt. Diese Aktion der Zentralbank setzt im ersten Schritt den Weltmarktzins herab. Im Inland führt die Zinssenkung zu einer Anregung von Investitionen und Produktion. Leistungsbilanz und Kapitalbilanz sind am Ende wieder im Gleichgewicht. Das Ausland reagiert „identisch". Die Zinssenkung bewirkt eine Steigerung von Investitionen und Produktion. Leistungsbilanz und Kapitalbilanz sind nach wie vor ausgeglichen. Die Ausweitung der Geldmenge im Inland erhöht gleichermaßen die inländische und die ausländische Produktion. Das heißt, es treten positive externe Effekte auf.

Noch einmal zur Rolle der Kapitalmobilität. Mit zunehmender Kapitalmobilität geht der Einfluß der Geldpolitik auf die inländische Geldmenge und die inländische Produktion zurück. Der Einfluß auf die ausländische Geldmenge und die ausländische Produktion wächst indes. Die zunehmende Kapitalmobilität verschlechtert so gesehen die Wirksamkeit der Geldpolitik. Die positiven externen Effekte jedoch werden kräftiger.

Welche Konsequenzen hat die Internationalisierung der Kapitalmärkte für die nationale Geldpolitik? Zusammenfassend kann man sagen: Bei flexiblen Wechselkursen steigt die Wirksamkeit der Geldpolitik, und zwar zu Lasten des Auslands. Bei festen Wechselkursen dagegen verringert sich die Wirksamkeit der Geldpolitik, und zwar zugunsten des Auslands.

2.3. Gemischte Wechselkurse

Wir betrachten jetzt drei Länder mit gemischten Wechselkursen (vgl. Papadopoulou 1990). Zwischen Land 1 und Land 2 ist der Wechselkurs fest, zwischen Land 1 und Land 3 sowie zwischen Land 2 und Land 3 ist der Wechselkurs flexibel. Wir postulieren erneut perfekte Kapitalmobilität. Es herrscht Arbeitslosigkeit, Leistungsbilanz und Kapitalbilanz sind ausgeglichen.

Unter diesen Umständen weitet die Zentralbank in Land 1 die Geldmenge aus. Als erstes fällt deshalb der Zins in Land 1. Als Antwort darauf fließt Kapital von Land 1 nach Land 2 und Land 3, so daß auch dort der Zins sinkt. Der Kapitalabfluß verkleinert darüber hinaus die Geldmenge in Land 1 und vergrößert die Geldmenge in Land 2. Die Währungen von Land 1 und Land 2 werten sich ab, die Währung von Land 3 wird aufgewertet.

In Land 1 werden Export und Produktion durch die Abwertung stimuliert. Die Leistungsbilanz schreibt schwarze Zahlen, die Kapitalbilanz rote Zahlen. Auch in Land 2 regt die Abwertung den Export und die Produktion an. Die Leistungsbilanz wird aktiviert, die Kapitalbilanz passiviert. In Land 3 werden Export und Produktion durch die Aufwertung beeinträchtigt. Die Leistungsbilanz gerät in ein Defizit, die Kapitalbilanz in einen Überschuß. Die monetäre Expansion in Land 1 erhöht die Produktion in Land 1 sowie in Land 2 und senkt die Produktion in Land 3. Anders ausgedrückt, die Geldpolitik in Land 1 löst positive externe Effekte in Land 2 und negative externe Effekte in Land 3 aus.

Nicht zuletzt zur Kapitalmobilität. Der Einfluß der Geldpolitik auf die inländische Produktion variiert nicht mit der Kapitalmobilität. Mit zunehmender Kapitalmobilität verstärkt sich aber der Einfluß auf die Produktion in den Ländern 2 und 3. Das bedeutet, die Wirksamkeit der Geldpolitik ist unabhängig vom Grad der Kapitalmobilität.

3. Leitwährung

Wir beginnen mit einem System fester Wechselkurse. Es gibt ein Leitwährungsland, dem viele Nicht-Leitwährungsländer gegenüberstehen. Das Leitwährungsland setzt seine Geldmenge autonom fest. Das Nicht-Leitwährungsland paßt seine Geldmenge dergestalt an, daß sich der Wechselkurs zum Leitwährungsland nicht ändert. Zum Beispiel: Betreibt das Leitwährungsland eine expansive Geldpolitik, dann weiten die Nicht-Leitwährungsländer ihre Geldmenge ebenfalls aus. Das hat weitreichende Implikationen: Das Leitwährungsland entscheidet indirekt über die Weltgeldmenge. Das Leitwährungsland hat Einfluß auf den Weltzins, obwohl es klein ist. Das Leitwährungsland hat auf diese Weise Einfluß auf die Weltproduktion und das Weltpreisniveau. Die Geldpolitik des Leitwährungslandes verfolgt internationale Ziele: internationale Vollbeschäftigung und internationale Preisstabilität. Das qualifiziert dieses Land zum Leitwährungsland.

Wir kommen jetzt zu einem System gemischter Wechselkurse. Die Welt besteht aus zwei Währungsräumen, dem Festkursraum und dem Flexkursraum. Im Festkursraum gibt es ein Leitwährungsland, dem viele Nicht-Leitwährungsländer gegenüberstehen. Das Leitwährungsland fixiert seine Geldmenge. Das Nicht-Leitwährungsland paßt seine Geldmenge an, um den Wechselkurs zum Leitwährungsland zu stabilisieren.

Wir diskutieren nun eine monetäre Expansion im Leitwährungsland des Festkursraums. Diese Maßnahme zieht eine monetäre Expansion in den Nicht-Leitwährungsländern des Festkursraums nach sich. Die Geldmenge im Flexkursraum bleibt davon unberührt. Die Währungen des Festkursraums werten ab, die Währungen des Flexkursraums dagegen werten auf. Der Weltzins wird reduziert. In den Ländern des Festkursraums steigt die Produktion, in den Ländern des Flexkursraums fällt die Produktion. Das heißt: Das Leitwährungsland entscheidet über die Geldmenge im Festkursraum. Das Leitwährungsland hat Einfluß auf den Weltzins, obwohl es sehr klein ist. Und die Geldpolitik des Leitwährungslandes verfolgt internationale Ziele: Vollbeschäftigung und Preisstabilität im Festkursraum.

Mit zunehmender Kapitalmobilität gewinnt die Geldpolitik des Leitwährungslandes an Einfluß gegenüber folgenden Größen: dem Wechselkurs zwischen dem Festkursraum und dem Flexkursraum, der Produktion im Festkursraum und der Produktion im Flexkursraum. Kurz gesagt: Die Globalisierung der Kapitalmärkte verbessert die Wirksamkeit der Geldpolitik.

4. Ziele der Geldpolitik

In einem System flexibler Wechselkurse verfolgt die Geldpolitik diese Ziele (potentiell, alternativ): Vollbeschäftigung, Preisstabilität, Ausgleich der Leistungsbilanz (Ausgleich der Kapitalbilanz) und Wachstum. In einem System fester Wechselkurse dient die Geldpolitik zu einem guten Teil anderen Zielen: Stabilität der Wechselkurse, Vollbeschäftigung, Preisstabilität, Gleichgewicht der Zahlungsbilanz, Gleichgewicht der Leistungsbilanz (Gleichgewicht der Kapitalbilanz) und Wachstum.

Außerdem kann man zwischen Nahzielen, Zwischenzielen und Fernzielen der Geldpolitik unterscheiden. Nehmen wir zum Beispiel ein System flexibler Wechselkurse. In diesem Regime erstrecken sich die Nahziele auf Geldbasis und Geldmenge. Die Zwischenziele umfassen Wechselkurs und Zins. Fernziele sind schließlich Vollbeschäftigung, Preisstabilität, Ausgleich der Leistungsbilanz (Ausgleich der Kapitalbilanz) sowie Wachstum.

Inwiefern hat der Wechselkurs Zielcharakter in einem System flexibler Wechselkurse? Die Geldpolitik versucht, erratische Schwankungen der Wechselkurse zu verhindern und ordentliche Marktbedingungen zu gewährleisten. Wechselkurs und Zins besitzen hier natürlich keinen Eigenwert, sie sind vielmehr Mittel zum Zweck. Dabei ist zu bedenken, daß diese Größen auch Auswirkungen auf die Struktur der Güternachfrage haben. Und je größer die Volatilität der Wechselkurse, desto höher ist die Unsicherheit, was Export, Produktion und Investitionen bremst.

Als Beispiel betrachten wir eine kleine offene Wirtschaft mit flexiblen Wechselkursen und imperfekter Kapitalmobilität. In diesem Rahmen untersuchen wir die Geldpolitik als Antwort auf eine monetäre Störung bzw. eine Investitionsstörung. Als erstes erörtern wir eine monetäre Störung. Am Anfang herrscht Vollbeschäftigung, Leistungsbilanz und Kapitalbilanz sind ausgeglichen. Vor diesem Hintergrund möge die Geldnachfrage autonom steigen. Das treibt den Inlandszins nach oben, so daß weniger investiert und produziert wird. Die damit verbundene Aufwertung dämpft Export und Produktion. Es entsteht Arbeitslosigkeit, die Leistungsbilanz ist defizitär, die Kapitalbilanz weist einen Überschuß auf.

Die Zentralbank reagiert nun auf den kontraktiven Schock mit einer expansiven Geldpolitik. Der Zins fällt, was Investitionen und Produktion anregt. Die damit einhergehende Abwertung verbessert Export und Produktion. Am Ende wird der Arbeitsmarkt wieder geräumt, Leistungsbilanz und Kapitalbilanz sind erneut ausgeglichen.

Kurz gesagt, das Endgleichgewicht stimmt mit dem Anfangsgleichgewicht überein. Welche Ziele hat die Geldpolitik hier erreicht? Die Vollbeschäftigung wurde wiederhergestellt, die Preisstabilität war überhaupt nicht gefährdet, Leistungsbilanz und Kapitalbilanz sind ausgeglichen. Das Wachstum ist nicht beeinträchtigt, denn die Investitionen wurden wieder angehoben. Nicht zuletzt sind Wechselkurs und Zins stabil. In diesem Sinne herrscht Zielharmonie.

Anstelle der monetären Störung diskutieren wir jetzt eine Investitionsstörung. Am Anfang finden alle Arbeitskräfte einen Arbeitsplatz, Leistungsbilanz und Kapitalbilanz sind ausgeglichen. In dieser Situation mögen die Unternehmen die Investitionen einschränken, weil sich die Absatzerwartungen verschlechtert haben. Zunächst geht daraufhin die Produktion zurück. Mit der Geldnachfrage sinkt der Zins, so daß Kapital abfließt. Die Inlandswährung wertet ab, was den Export fördert. Es bildet sich Arbeitslosigkeit, die Leistungsbilanz wird aktiviert, die Kapitalbilanz passiviert.

Die Zentralbank antwortet nun auf diesen kontraktiven Impuls mit einer monetären Expansion. Diese Maßnahme reduziert den Zins und steigert sowohl Investitionen als auch Produktion. Gleichzeitig kommt es zu einer Abwertung, die Export und Produktion erhöht. Am Ende wird der Arbeitsmarkt wieder geräumt. Allerdings vergrößert die Geldpolitik den Überschuß in der Leistungsbilanz und das Defizit in der Kapitalbilanz.

So gesehen weicht das Endgleichgewicht vom Anfangsgleichgewicht ab. In welchem Umfang werden die Ziele der Geldpolitik hier erreicht? Die Vollbeschäftigung wurde restauriert, die Preisstabilität war nicht bedroht. Leistungsbilanz und Kapitalbilanz sind indes nicht ausgeglichen, im Gegenteil. Das Wachstumsziel wird nicht verletzt. Aber Wechselkurs und Zins haben sich geändert. Offenbar treten Zielkonflikte auf. Es stellt sich natürlich die Frage, ob Ausgleich der Leistungsbilanz, Stabilität des Wechselkurses und Stabilität des Zinses wirklich Ziele der Geldpolitik sind.

5. Time Lag der Geldpolitik

Zum Vergleich werfen wir einen kurzen Blick auf den Transmissionsprozeß der Geldpolitik in einer geschlossenen Wirtschaft. Eine Ausweitung der Geldmenge senkt den Zins, was die Investitionen stimuliert. Es ist wohlbekannt, daß die Zeitverzögerung auf diesem Wirkungskanal lang und variabel ist. Statt dessen studieren wir nun eine kleine offene Wirtschaft mit flexiblen Wechselkursen und perfekter Kapitalmobilität. Eine monetäre Expansion führt hier zu einer Abwertung, die den Export anregt. Heißt das, die Zeitverzögerung ist auf diesem Kanal kürzer?

An dieser Stelle kommt die J-Kurve ins Spiel. Dahinter steht, daß die Substitution ausländischer Güter durch inländische Güter Zeit erfordert. Kurzfristig gilt deshalb: Die genannte Abwertung verschlechtert die Leistungsbilanz und läßt die Produktion unberührt. Mittelfristig ergibt sich dann: Die Abwertung verbessert die Leistungsbilanz und erhöht die Produktion. Mit anderen Worten, die Zeitverzögerung der Geldpolitik ist lang und variabel, auch in der offenen Wirtschaft.

6. Wechselkurserwartungen

Wir betrachten in diesem Abschnitt eine kleine offene Wirtschaft mit flexiblen Wechselkursen und perfekter Kapitalmobilität. Bisher wurden statische Wechselkurserwartungen unterstellt: Der Inlandszins stimmt mit dem gegebenen Auslandszins überein. Unter diesen Umständen hat die Geldpolitik keinen Einfluß auf den Inlandszins. Jetzt gehen wir über zu dynamischen Wechselkurserwartungen: Der Inlandszins ist gleich dem Auslandszins plus der erwarteten Abwertungsrate. Das wirft als erstes die Frage auf, ob die Geldpolitik über die Wechselkurserwartungen den Inlandszins bewegen kann.

Eine expansive Geldpolitik ruft bekanntlich eine Abwertung hervor. Entscheidend ist nun, welche Erwartungen diese Abwertung erzeugt, Aufwertungserwartungen oder Abwertungserwartungen. Rechnen die Akteure für die Zukunft mit einer Aufwertung, dann sinkt der Inlandszins. Rechnen die Akteure jedoch mit einer weiteren Abwertung, so steigt der Inlandszins.

Eine tiefergehende Frage ist die nach den makroökonomischen Effekten der Wechselkurserwartungen. Im Falle von Aufwertungserwartungen wird ein Kapitalzufluß angelockt, der eine Aufwertung nach sich zieht. Aus diesem Grunde wirken die Aufwertungserwartungen kontraktiv, und das, obwohl der Inlandszins fällt. Im Falle von Abwertungserwartungen kommt es zu einem Kapitalabfluß, der eine Abwertung mit sich bringt. Die Abwertungserwartungen wirken entsprechend expansiv, und das, obwohl der Inlandszins steigt.

Nach diesen Überlegungen kehren wir zurück zu der expansiven Geldpolitik und der damit verbundenen Abwertung. Entstehen daraufhin Aufwertungserwartungen, dann ist der Sekundäreffekt kontraktiv. Das bedeutet: Regressive Wechselkurserwartungen dämpfen die Wirkung der Geldpolitik. Bilden sich andererseits Abwertungserwartungen, so ist der Sekundäreffekt expansiv. Anders ausgedrückt: Extrapolative Wechselkurserwartungen verstärken die Wirkung der Geldpolitik.

Angenommen, der Wechselkurs ist gestiegen. Dann können die Akteure erwarten, daß der Wechselkurs weiter steigt, auf dem höheren Niveau verharrt oder wieder fällt. Sagen wir, es gibt einen Normalkurs, der sich an der Kaufkraftparität orientiert. Steigt nun der Wechselkurs, so erwarten die Akteure, daß er wieder fällt. Nehmen wir anstelle des Normalkurses eine spekulative Blase. Steigt hier der Wechselkurs, so erwarten die Akteure, daß er weiter steigt. Welche Konsequenzen hat eine monetäre Expansion und die damit einhergehende Abwertung in der Realität? Werden Aufwertungserwartungen hervorgerufen oder Abwertungserwartungen? Die Antwort ist wohl ziemlich ungewiß.

Abschließend soll noch kurz der langfristige Aspekt angesprochen werden. Erwarten die Akteure eine inflationäre Geldpolitik, dann bilden sie Inflationserwartungen und Abwertungserwartungen. Daraufhin steigt der nominale Inlandszins, während der reale Inlandszins (tendenziell) unverändert bleibt. Es kommt in diesem Zusammenhang nicht auf die laufende Geldpolitik an, sondern auf die erwartete Geldpolitik. Dabei ist zu berücksichtigen, daß eine monetäre Expansion nicht notwendig inflationär wirkt. Bei Unterbeschäftigung wird die Produktion erhöht, bei Vollbeschäftigung wird das Preisniveau angehoben. Das heißt, die Geldpolitik sollte sich auf dem schmalen Pfad zwischen Arbeitslosigkeit und Inflation bewegen (soweit er konkret existiert).

7. Overshooting

Bei flexiblen Wechselkursen kommt es portfoliotheoretisch sehr kurzfristig zu einem Überschießen des Wechselkurses. Eine expansive Geldpolitik zum Beispiel bewirkt sehr kurzfristig eine starke Abwertung, die kurzfristig zu einem guten Teil zurückgenommen wird. Das gilt allgemeiner für jeden Impuls: reale Schocks (Investitionsstörung, Exportstörung), monetäre Schocks (Störungen in Geldangebot und Geldnachfrage), Spekulationen, Nachrichten. Alle diese Impulse verursachen ein Overshooting. Und mit zunehmender Kapitalmobilität verstärkt sich das Overshooting. Die Volatilität der Wechselkurse wird noch größer. Das sehr kurzfristige Überschießen der Wechselkurse ist indes zu flüchtig, als daß es (starke) reale Effekte auslösen könnte.

Welche Schlußfolgerungen sind daraus für die Geldpolitik zu ziehen? Kann die Geldpolitik Schocks absorbieren? Grundsätzlich ja. Kann die Geldpolitik die Volatilität der Wechselkurse auf Null bringen? Wohl kaum. Kann die Geldpolitik die Volatilität der Wechselkurse dämpfen? Ja. Kann die Geldpolitik die Volatilität der Wechselkurse verstärken? Auch das.

8. Bubbles

Nehmen wir an, der Dollar steigt. Dann kaufen die Spekulanten Dollars, um den Wertzuwachs des Dollar mitzunehmen. Das hat natürlich zur Folge, daß der Dollar weiter steigt. Wie sehen nun die makroökonomischen Implikationen dieser spekulativen Blase aus?

Die Untersuchung findet im Rahmen einer kleinen offenen Wirtschaft mit flexiblen Wechselkursen und perfekter Kapitalmobilität statt. Am Anfang herrscht Vollbeschäftigung, Leistungsbilanz und Kapitalbilanz sind ausgeglichen. In dieser Situation möge sich spontan eine spekulative Blase bilden. In der Sprache des Modells soll es sich dabei genauer um eine exogene Aufwertung handeln. Dieser Schock hemmt den Export und die Produktion. Die exogene Aufwertung erzeugt Aufwertungserwartungen, so daß Kapital zufließt. Es tritt Arbeitslosigkeit auf, die Leistungsbilanz schreibt rote Zahlen, die Kapitalbilanz schwarze Zahlen. Die Zahlungsbilanz weist einen Überschuß aus, der die Aufwertung weiter vorantreibt.

Unter diesen Umständen möge die Zentralbank auf eine monetäre Expansion umschalten. Es kommt zu einer Abwertung, Export und Produktion erholen sich. Am Ende werden wieder alle Arbeitskräfte beschäftigt, Leistungsbilanz und Kapitalbilanz sind im Gleichgewicht. Ziel der monetären Expansion ist es, die Aufwertungserwartungen zu überwinden. Sobald die spekulative Blase platzt, kann die monetäre Expansion rückgängig gemacht werden. Hier taucht ein schwieriges Problem auf: Ist die zu beobachtende Aufwertung das Resultat der Spekulation oder des Trends? Eine notwendige Bedingung für die Intervention der Zentralbank ist deshalb, daß die spekulative Blase hinreichend groß und langlebig ist.

9. Abwertungsspekulation

Im Gegensatz zu den vorhergehenden Abschnitten betrachten wir hier ein System fester Wechselkurse. Es wird erneut perfekte Kapitalmobilität unterstellt. Angenommen, es bilden sich Abwertungserwartungen: Dann können die Spekulanten nur gewinnen (nicht verlieren). Es kommt zu einer Überschußnachfrage auf dem Devisenmarkt, so daß die Zentralbank Devisen verkaufen muß. Bei perfekter Kapitalmobilität aber kann die Zentralbank dem Druck der Spekulation nicht standhalten. Das System fester Wechselkurse bricht zusammen, wie die Erfahrungen mit Bretton-Woods gezeigt haben. Die Ursache dafür ist die perfekte Kapitalmobilität oder, auf die heutige Situation gemünzt, die Aufhebung der Kapitalverkehrskontrollen. Den Anstoß dazu kann zum Beispiel eine expansive Geldpolitik geben, oder die Inflation.

Zur Lösung dieses Problems wird eine Reihe von Strategien diskutiert: 1. Disinflation. Divergierende Inflationsraten sind der Hauptgrund für Realignments. 2. Koordination der Geldpolitik (auch in Gestalt eines Leitwährungssystems). Gemeinsam sind die Zentralbanken stärker. 3. Sanfte Änderung der Paritäten mit überlappenden Bandbreiten. In diesem Fall können die Spekulanten bei einer Abwertung nicht gewinnen.

10. Zusammenfassung

Wir beginnen mit einem System flexibler Wechselkurse. Eine expansive Geldpolitik führt zu einer Abwertung, die Export und Produktion anregt. Und zunehmende Kapitalmobilität erhöht die Wirksamkeit der Geldpolitik. Nun zu festen Wechselkursen. Eine monetäre Expansion senkt den Zins, was Investitionen und Produktion fördert. Zunehmende Kapitalmobilität verringert in diesem Fall die Wirksamkeit der Geldpolitik. Als drittes betrachten wir ein Leitwährungssystem. Die Welt setzt sich aus zwei Währungsräumen zusammen, dem Festkursraum und dem Flexkursraum. Im Mittelpunkt steht hier die Geldpolitik des Leitwährungslandes im Festkursraum. Als wesentliches Ergebnis erhält man: Mit zunehmender Kapitalmobilität steigt die Wirksamkeit der Geldpolitik.

Anhang

An dieser Stelle soll das zugrundeliegende Modell kurz skizziert werden. Als erstes betrachten wir eine kleine offene Wirtschaft mit perfekter Kapitalmobilität:

(1) $$Y = C(Y) + I + B(e, Y)$$

(2) $$M = L(Y)$$

Der Konsum ist eine wachsende Funktion des Einkommens C(Y). Der Inlandszins stimmt mit dem gegebenen Auslandszins überein, deshalb sind die Investitionen I konstant. Der Netto-Export ist eine zunehmende Funktion des Wechselkurses und eine abnehmende Funktion des Einkommens B(e, Y). Die inländische Produktion Y entspricht der Nachfrage nach inländischen Gütern, siehe Gleichung (1). Je höher das Einkommen, desto größer ist die Geldnachfrage L(Y). Die Zentralbank fixiert die Geldmenge M. Der Geldmarkt ist im Gleichgewicht, siehe Gleichung (2).

Im System flexibler Wechselkurse ist die Geldmenge ein Datum, während Wechselkurs und Einkommen sich anpassen. Die Wirkung der Geldpolitik ergibt sich aus (2):

(3) $$dY/dM = 1/L_y$$

Das heißt, eine monetäre Expansion erhöht das Einkommen gemäß der Einkommensempfindlichkeit der Geldnachfrage. Im Regime fester Wechselkurse ist umgekehrt e gegeben, während M und Y gesucht werden. Der zugehörige Multiplikator lautet:

(4) $$dY/dM = 0$$

Mit anderen Worten, die Geldpolitik erweist sich hier als unwirksam.

Wir verlassen nun die kleine offene Wirtschaft und gehen über zu einem 2-Länder-Modell, wobei wieder perfekte Kapitalmobilität unterstellt wird. Das System flexibler Wechselkurse läßt sich durch folgende Gleichungen charakterisieren:

$$(5) \qquad Y_1 = C_1(Y_1) + I_1(i) + B_1(e_1, Y_1, Y_2)$$

$$(6) \qquad Y_2 = C_2(Y_2) + I_2(i) + B_2(e_2, Y_2, Y_1)$$

$$(7) \qquad M_1 = L_1(i, Y_1)$$

$$(8) \qquad M_2 = L_2(i, Y_2)$$

$$(9) \qquad e_1 B_2 = - B_1$$

$$(10) \qquad e_2 = 1/e_1$$

(5) und (6) repräsentieren die Gütermarktgleichungen für die Länder 1 und 2. Der Konsum ist eine wachsende Funktion des Einkommens, und die Investitionen sind eine fallende Funktion des Zinses. Es gibt nur einen Zins, den Weltmarktzins i. Der Netto-Export von Land 1 ist eine zunehmende Funktion des Wechselkurses, eine abnehmende Funktion des Einkommens von Land 1 und eine zunehmende Funktion des Einkommens von Land 2 (entsprechend für Land 2). Genaugenommen ist e_1 der Preis der Währung von Land 2, ausgedrückt in der Währung von Land 1 (e_2 dito). (7) und (8) enthalten die Geldmarktgleichungen. Die Geldnachfrage ist eine fallende Funktion des Zinses und eine wachsende Funktion des Einkommens. Der Netto-Export von Land 2 ist identisch mit dem Netto-Import von Land 1, siehe Gleichung (9). M ist hier exogen, e_1, e_2, i, Y_1 und Y_2 sind dagegen endogen.

Das Regime fester Wechselkurse läßt sich analog durch vier Gleichungen beschreiben:

$$(11) \qquad Y_1 = C_1(Y_1) + I_1(i) + B_1(Y_1, Y_2)$$

$$(12) \qquad Y_2 = C_2(Y_2) + I_2(i) + B_2(Y_2, Y_1)$$

$$(13) \qquad M = L_1(i, Y_1) + L_2(i, Y_2)$$

$$(14) \qquad B_2 = - B_1$$

(11) und (12) stellen die Gütermarktgleichungen dar. (13) besagt, daß die Geldnachfrage $L_1 + L_2$ mit der Weltgeldmenge M übereinstimmt. Gegeben ist hier M, gesucht werden i, Y_1 und Y_2.

Literatur

Bender, D.: Monetäre Transmissions- und Steuerungsprobleme in offenen Volkswirtschaften, in: H. J. Thieme, Hg., Geldtheorie, Baden-Baden 1987. – *Carlberg,* M.: Makroökonomik der offenen Wirtschaft, München 1989. – *Caves,* R. E., *Frankel,* J.

A., *Jones*, R. W.: World Trade and Payments, Glenview 1990. – *de Cecco*, M., *Giovannini*, A., Eds.: A European Central Bank?, Cambridge 1989. – *DeGrauwe*, P.: Macroeconomic Theory for the Open Economy, Aldershot 1983. – *Filc*, W.: Europäische Geldpolitik nach 1990, in: R. Hasse, W. Schäfer, Hg., Europäische Zentralbank, Göttingen 1990. – *Filc*, W., *Köhler*, C., Hg.: Kooperation, Autonomie und Devisenmarkt, Berlin 1990. – *Friedman*, B. M., *Hahn*, F. H., Eds.: Handbook of Monetary Economics, Amsterdam 1990. – *Giavazzi*, F., *Giovannini*, A.: Limiting Exchange Rate Flexibility: The European Monetary System, Cambridge 1989. – *Giavazzi*, F., *Micossi*, S., *Miller*, M., Eds.: The European Monetary System, Cambridge 1988. – *Harbrecht*, W.: Europa auf dem Wege zur Wirtschafts- und Währungsunion, Bern 1981. – *Hasse*, R., *Schäfer*, W., Hg.: Europäische Zentralbank, Göttingen 1990. – *Issing*, O., Hg.: Wechselkursstabilisierung, EWS und Weltwährungssystem, Hamburg 1988. – *Jarchow*, H. J., *Rühmann*, P.: Monetäre Außenwirtschaft, Göttingen 1989. – *Jones*, R. W., *Kenen*, P. B., Eds.: Handbook of International Economics, Amsterdam 1985. – *Kenen*, P. B.: The International Economy, Englewood Cliffs 1985. – *Köhler*, C.: Internationalökonomie, Berlin 1990. – *Köhler*, C., *Pohl*, R., Hg.: Aspekte der Geldpolitik in offenen Volkswirtschaften, Berlin 1987. – *Ohr*, R.: EWS: Gemeinsamkeiten und Unterschiede zum Bretton-Woods-System, in: R. Hasse, W. Schäfer, Hg., Europäische Zentralbank, Göttingen 1990. – *Padoa-Schioppa*, T. u. a.: Effizienz, Stabilität und Verteilungsgerechtigkeit, Wiesbaden 1988. – *Papadopoulou*, D. M.: Theorie gemischter Wechselkurse, unveröffentlichtes Manuskript 1990. – *Pohl*, R.: Möglichkeiten und Grenzen der Geldpolitik, in: W. Ehrlicher, D. B. Simmert, Hg.: Wandlungen des geldpolitischen Instrumentariums der Bundesbank, Berlin 1988. – Sachverständigenrat zur Begutachtung der gesamtwirtschaftlichen Entwicklung: Jahresgutachten 1989, 1990, Stuttgart 1989, 1990. – *Schäfer*, W.: Das EWS im Spannungsfeld zwischen Regionalisierung und Globalisierung, in: R. Biskup, Hg., Europa – Einheit in der Vielfalt, Bern 1988. – *Sherman*, H., Ed.: Monetary Implications of the 1992 Process, London 1990. – *Thieme*, H. J., Hg.: Geldtheorie, Baden-Baden 1987. – Wissenschaftlicher Beirat beim Bundesministerium für Wirtschaft: Europäische Währungsordnung, Bonn 1989.

Kapitalzuflüsse in den ostdeutschen Wirtschaftsraum
Hemmnisse und Anreize

Von Klaus Müller, Ursprung

1. Ursachen des Kapitalbedarfs

Den Rückstand der ostdeutschen Wirtschaft zu überwinden und einen anhaltenden Aufschwung auszulösen, erfordert einen breiten Zustrom von Kapital in allen seinen Formen. Neben mittel- und langfristigen Krediten, die nicht konsumtiv, sondern zur Finanzierung von Investitionen verwendet werden, spielen Portfoliotransaktionen eine Rolle, Anlagen also in börsengängigen, festverzinslichen Wertpapieren und Aktien, mit denen eine Einflußnahme auf unternehmerische Entscheidungen nicht bezweckt ist. Wichtig für den ostdeutschen Wirtschaftsraum, dem es neben Kapital auch an marktwirtschaftlichem know how mangelt, sind vor allem Direktinvestitionen. Im Gegensatz zu Portfolioinvestitionen, bei denen ausschließlich das Ertragsmotiv im Vordergrund steht und die allein wegen des unzureichenden Wertpapierangebots ostdeutscher Firmen von geringer Bedeutung sind, stellen sie eine Form der Kapitalanlage dar, mit der beabsichtigt ist, Einfluß auf die Führung eines Unternehmens zu erlangen. Der Erwerb von Majoritäts- oder Minoritätsbeteiligungen und die Ausstattung dieser Firmen mit Anlage und Finanzmitteln dienen diesem Ziel. Auch die Gründung und der Ausbau von Unternehmen im Ausland (bzw. von ausländischen Tochtergesellschaften und Produktionsstätten im Inland) zählen zu den Direktinvestitionen. Deren entscheidendes Merkmal ist die Kontrolle bzw. der unmittelbare, dauerhafte Einfluß des Investors auf den unternehmerischen Entscheidungsprozeß.[1]

Somit ist der Zusammenhang zwischen dem sich im Osten Deutschlands vollziehenden Privatisierungsprozeß und den Direktinvestitionen evident. Tatsächlich sind der Erwerb von Unternehmen und Unternehmensteilen, der Beteiligungserwerb und Neugründungen von Firmen durch westdeutsche oder ausländische Anleger für den ostdeutschen Wirtschaftsraum zu einer Schicksalsfrage geworden.Sie unterstützen die Privatisierung, ja ermöglichen sie erst im notwendigen Umfang, obgleich auch die Entstehung einer neuen privaten Unternehmerschaft in Ostdeutschland, sei es aus sich selbst heraus oder im

---

[1] Vgl. Schröder, J.: Internationale Kapitalbewegungen II, Theorie und Politik, Handwörterbuch der Wirtschaftswissenschaften, 1988, S. 391.

Gefolge multiplikativer Wirkungen westdeutscher und ausländischer Investitionen, wünschenswert ist.

Von Kapitalbewegungen anderer Art, wie den verschiedenen Krediten, vor allem den kurzfristigen, die eine möglichst risikolose Ausnutzung von Zins- und Dividendendifferenzen bezwecken oder spekulative Engagements aufgrund von Kursbewegungen darstellen, wird im Rahmen dieses Beitrags abgesehen.

Strukturwandel und Aufholprozeß in den neuen Bundesländern müssen überwiegend mit den Mitteln privater Investoren finanziert werden. Ein Realtransfer in die produzierenden Bereiche ist notwendig, um eine überholte Branchen- und Produktionsstruktur zu beseitigen, modernes Management einzuführen, veraltete durch neue Technik, moderne Technologie und Verfahren zu ersetzen. Nur so lassen sich Produktivitätsrückstände verringern und eine Produktion in Gang setzen, deren Erzeugnisse den Wettbewerb auf den Weltmärkten nicht scheuen müssen und die es ermöglicht, wenigstens allmählich die Zahl der neu eingerichteten Arbeitsplätze derjenigen anzunähern, die in den beiden zurückliegenden Jahren abgebaut wurden.

Unterbleibt dies, gibt es weder ein Aufholen noch ein wirkliches Zusammenführen der west- und ostdeutschen Wirtschaft. Das Ost-West-Gefälle bliebe mit all seinen sozialen Spannungen erhalten. Beschäftigungsprobleme im Osten wären unlösbar. Die innerdeutsche „Völkerwanderung" setzte sich fort.

Die Frage, ob die östlichen Teile Deutschlands zum Produktionsstandort entwickelt oder vorrangig Absatzmarkt bleiben, hat vor allem diesen sozialen Aspekt. Schon deshalb muß es auch politischer Anspruch sein, die Niveauunterschiede zwischen Ost und West schrittweise abzubauen, was sicher nicht heißen kann, im Osten des Landes genau das entstehen zu lassen, was im westlichen Teil schon vorhanden ist.

Wohl ließe sich der Kapitalbedarf der östlichen Bundesländer auch senken, indem man die Bevölkerung abwandern läßt. So wird in einer unter Verantwortung der Generaldirektion Wirtschaft und Finanzen der Kommission der Europäischen Gemeinschaften verfaßten Länderstudie mit Recht dem Kapitalzufluß in den Osten der Vorrang gegenüber der Arbeitskräfteabwanderung in den Westen eingeräumt. Beide Prozesse würden zwar eine tendenzielle Angleichung der Kapitalintensität im privaten Sektor herbeiführen. Arbeitskräftewanderungen aber könnten im Westen Engpaßprobleme, v.a. im Gesundheits- und Bildungswesen, entstehen lassen, im Osten den ökonomischen Rückstand konservieren.[2] Die Einrichtung eines weniger entwickelten

[2] Generaldirektion Wirtschaft und Finanzen der Kommission der Europäischen Gemeinschaften, Länderstudien, Nr. 1, Sept. 1990, "Bundesrepublik Deutschland", S. 15f.

Reservats im hochindustrialisierten Deutschland ist jedoch schwerlich eine vernünftige Alternative, obgleich es umgekehrt weder sinnvoll noch möglich ist, jegliche regionalen Unterschiede zwischen den Bundesländern einebnen zu wollen.

Da die Sparfähigkeit und die Kapitalbildung im Osten aus eigener Kraft infolge der maroden Wirtschaft und des niedrigen Einkommensniveaus unzureichend sind, ist ein Kapitalzufluß dringend erforderlich. Der monetäre Transfer zur Finanzierung konsumtiver Aufgaben muß dabei durch einen realen Sachkapitaltransfer in die produktiven Bereiche ergänzt werden.

Die Frage nach dem kurz- und langfristigen Schicksal der ostdeutschen Wirtschaft und damit auch die nach der Einordnung in die gesamtdeutsche Volkswirtschaft sowie in weltwirtschaftliche Beziehungen wird in entscheidendem Maße davon geprägt, ob und in welcher Weise es gelingt, die Region der früheren DDR zu einem Produktionsstandort auszubauen. Für den Wiederaufbau und die Modernisierung der ostdeutschen Wirtschaft spielen westdeutsche und ausländische Direktinvestitionen eine Schlüsselrolle.

Viele hoffen, daß die Gefahr, die fünf neuen Bundesländer könnten auf die Dauer zu einem Verbraucheranhängsel der EG verkümmern, nicht wirklich ernsthaft besteht. Doch Skepsis bleibt. Das schottische Hochland, der Alentejo in Portugal oder Mezzogiorno, der Süden Italiens, sind warnende Beispiele. Die Chance, daß die Kluft zwischen den wohlhabenden alten und den einkommensschwachen neuen Bundesländern ebenso überwunden wird wie die einst vorhandenen Wohlstands- und Leistungsunterschiede beseitigt werden konnten, die zwischen dem reichen Rhein-Ruhr-Gebiet einerseits sowie den ärmeren Schleswig-Holstein und Bayern andererseits bestanden, ist genauso vorhanden wie das Risiko, daß der Osten Deutschlands zum Mezzogiorno des Nordens wird.[3] Immerhin wird eine dauerhafte wirtschaftliche Unterentwicklung des deutschen Ostens nicht mehr völlig ausgeschlossen, auch wenn sich damit Erwartungen verbinden, mit geeigneten politischen Maßnahmen dieser Gefahr entrinnen zu können.[4] Jedenfalls hat die anfängliche Euphorie inzwischen Ernüchterung, bei vielen Menschen in der ehemaligen DDR sogar Betroffenheit weichen müssen.

Zu beachten dabei ist, daß auch Steuervergünstigungen, massive staatliche Finanzhilfen und Investitionsprogramme das italienische Nord-Süd-Gefälle nicht beseitigen konnten. Offensichtlich ist nicht nur wichtig, Investitionen zu begünstigen, sondern auch zu sichern, daß sie mit der Wirtschaft, auf die sie treffen, verwoben werden. Würde nicht gewährleistet, daß Kapitalzuflüsse

---

[3] Engels, W.: Deutschlands Mezzogiorno, Wirtschaftswoche, Nr. 25, 15. 6. 1990, S. 194.

[4] Kröger, J.: Integration problems of the East and West German economy, paper der Generaldirektion Wirtschaft und Finanzen der Kommission der Europäischen Gemeinschaften, Brüssel, 1990, S. 2/3.

sich in angemessener Weise in den Wirtschaftskreislauf der östlichen Region einordnen, sondern lediglich zu Ablegern westlicher Unternehmen führten, die weit mehr mit dem Westen verknüpft blieben, dann käme es wohl kaum zu einem in sich proportionalen und nachhaltigen Aufschwung in den weniger entwickelten Gebieten. So wie die großen Investitionen in Süditalien „Kathedralen in der Wüste" geschaffen haben,[5] entstünden sie nun auch in Deutschland: Industrieprojekte ohne vernetztes Hinterland, Unternehmen, die eher mit den Wirtschaftskreisläufen des Westens verbunden wären als mit denen der östlichen Bundesländer. Wie die Unterentwicklung des italienischen Südens nur die Kehrseite der Entwicklung des Nordens ist, so bliebe auf unabsehbare Zeit auch der wirtschaftliche Rückstand des Ostens die funktionelle Ergänzung des weiteren Fortschritts in Westdeutschland.

In welche Branchen sollte Kapital vor allem fließen? Der notwendige Kapitaltransfer läßt sich durchaus adressieren. Orientierungspunkt ist die fortgeschrittene Wirtschaftsstruktur im westlichen Teil Deutschlands. So ist auch für die neuen Bundesländer eine beschleunigte Entwicklung der Dienstleistungsbereiche zu Lasten der Land- und Forstwirtschaft, des Bergbaus, der Verbrauchsgüter-, v.a. der Textil- und Bekleidungsindustrien zu erwarten. Der Kapitalzufluß in die Dienstleistungssektoren ist sowohl verbunden mit der Privatisierung staatlicher Dienste (Bereiche des Gesundheitswesens, des Geld- und Kreditwesens, Forschung und Entwicklung) als auch mit der Auslagerung von Dienstleistungsfunktionen aus den Industriekombinaten (Vertriebs- und Transportleistungen, Wartungs-, Reparatur-, Instandhaltungs- und Reinigungsdienste, Engineering, Consulting). Ausbaufähig im verarbeitenden Gewerbe sind der Maschinen- und Fahrzeugbau sowie die Elektrotechnik/Elektronik-Branche. Dafür sprechen der erreichte Stand der Spezialisierung, die vorhandenen Ausbildungs-, Forschungs- und Entwicklungseinrichtungen, die traditionellen Beziehungen zu den Ländern Osteuropas und der zu erwartende Nachfrageanstieg im Zuge des wirtschaftlichen Umbaus in den anderen osteuropäischen Ländern. Von der Modernisierung der Wirtschaft und der Infrastruktur, sowie von der dringend erforderlichen Altbausanierung und dem hohen Bedarf an neuen Wohnungen werden das Baugewerbe, aber auch die Hersteller von Baumaterialien, Möbel und Heimtextilien profitieren. Auch die chemische Industrie (auf Ölbasis) und die Metallerzeugung – Produzenten der von den o.g. Bereichen benötigten Werkstoffe – besitzen Expansionschancen.[6]

---

[5] Altvater, E.: Kathedralen in der Wüste, Neues Deutschland, 22./23. 12. 1990, S. 1.

[6] Ifo-schnelldienst, 7/1990, S. 16.

2. Der empirische Befund – unvollständige Bemerkungen

An zuverlässigen statistischen Angaben mangelt es noch. Fest steht nur, daß im Jahre 1990 und auch danach der erhoffte breite Strom öffentlicher und privater Investitionen ausgeblieben ist, obgleich Umfragen und Prognosen darauf schließen ließen, daß die Bereitschaft der westdeutschen Unternehmen zu Direktinvestitionen und zu Kooperationen mit ostdeutschen Betrieben hoch ist. Dabei ist der Bedarf riesig. Schätzungen zufolge sind rund 1,5 - 1,9 Billionen DM in die Unternehmen der ehemaligen DDR zu investieren, um zur Jahrtausendwende an das Leistungs- und Einkommensniveau in Westdeutschland aufzuschließen. Hinzu kommen Milliardensummen für den Wohnungsbau und das Verkehrswesen.Nach Schätzungen des Instituts der deutschen Wirtschaft werden 391 Mrd.DM für die Infrastruktur und 230 Mrd.DM für den Wohnungsbau benötigt. Etwa 200 Mrd.DM sind für die Sanierung der Umwelt erforderlich. Zu beachten ist dabei allerdings auch, daß sich nach anderen Schätzungen rein technisch in der ehemaligen DDR nicht mehr als 80 oder 90 Mrd. DM im Jahr verbauen oder in neue Anlagen stecken ließen.[7] Danach wäre die Absorptionsfähigkeit der östlichen Wirtschaft zu gering, um den Aufholprozeß bis zum Jahre 2000 abschließen zu können.

Die Treuhand bietet ein Gesamtvermögen von schätzungsweise 500 Mrd. DM zur Privatisierung an, verkörpert in ca. 8000 vordem volkseigenen Betrieben.

Sicher ist verständlich, daß politische und rechtliche Instabilitäten des Herbstes 1989 kein Kapital anzulocken vermochten. Aber auch als die anfängliche Ausverkaufspsychose ausgestanden schien und die SED-PDS-Regierung westlichen Gesellschaften Mehrheitsbeteiligungen zugestand, kam das Kapital nicht.

Als die Ergebnisse der Volkskammerwahlen im März 1990 feststanden, sprach man bereits vom „DDR-Fieber“, das die Aktienbörsen erfaßt hätte: „Das Ergebnis der Volkskammerwahlen in der DDR kam bei vielen westdeutschen Unternehmen wie ein Startschuß an. Mit einem Schlag war die Ungewißheit über den komplizierten Prozeß der deutschen Wiedervereinigung beseitigt. Jetzt kann das Geschäft jenseits der Elbe konkrete Formen annehmen. Die Grundvoraussetzungen für Investitionen westdeutscher Firmen sind gelegt worden: Die Einführung der sozialen Marktwirtschaft, verbunden mit der Sicherung von Privateigentum, erscheint nur noch eine Formalität, die freie Transferierbarkeit von Gewinnen – in D-Mark -steht in Aussicht. Aus vagen Absichtserklärungen vieler Industriebosse, sich am Wiederaufbau der DDR-Wirtschaft zu beteiligen, können nun wasserdichte Verträge werden.“[8]

---

[7] Wirtschaftswoche, Ausgabe für die neuen Bundesländer, Nr. 9, 22. 2. 1991, S. 16.

[8] Wirtschaftswoche, Nr. 14/1990, 30. 3. 1990, S. 100.

Der Jubel – so sollte sich bald zeigen – war verfrüht. Zwar beurteilte nach den Ergebnissen einer bereits im Januar 1990 vom Ifo-Institut im Auftrag der Zeitschrift „Wirtschaftswoche“ durchgeführten Umfrage bei westdeutschen Unternehmen mehr als die Hälfte der interviewten Firmen die Standortqualitäten der DDR besser als die der EG-Niedriglohnländer (Irland, Portugal, Griechenland); 16 Prozent meinten, daß der Standort DDR gleich gut ist. Die anderen osteuropäischen Länder erhielten deutlich schlechtere Prädikate. Aber selbst wenn die DDR den anvisierten marktwirtschaftlichen Weg mit Konsequenz einschlüge – woran spätestens nach den Märzwahlen keinerlei Zweifel mehr bestehen konnten – blieb zunächst noch das Problem der Währungsinkonvertibiltät.[9]

Für den Lehrbuchweg zur vollständigen und freien Konvertibilität – die Erhöhung der Leistungs-, Wettbewerbs- und Weltmarktfähigkeit durch Organisation eines Realtransfers[10] – war keine Zeit mehr.

Mit der Einführung der D-Mark im Rahmen der deutschen Wirtschafts- und Währungsunion wurden Anfang Juli 1990 weitere wesentliche Risiken für westliche Investoren beseitigt. Doch das Kapital kam noch immer nicht. Nun hieß es, es benötige die Gewißheit und die Rechtssicherheit vollzogener deutscher Einheit. Tatsächlich verbesserten sich mit dieser die politischen und rechtlichen Bedingungen. So waren staatliche Eingriffe und Reglementierungen des Investitionsgeschehens, wie Beteiligungsquoten, Beschäftigungsgarantien u. ä. nun nicht mehr zu befürchten.

Aber auch seit Oktober vergangenen Jahres gleicht der Zustrom von Kapital in die Gebiete der einstigen DDR eher einem Rinnsal. Trotz optimistischer Absichtserklärungen kam es auch nach der Vereinigung nicht zum erhofften und wiederholt vorausgesagten Investitionsboom.

„Natura non facit saltum“ – die Natur macht keinen Sprung. Der radikale Umbau einer Zentralverwaltungswirtschaft in eine Marktwirtschaft, für den es weder theoretisch gesichertes Wissen noch Erfahrungen gibt, benötigt Zeit. Die Einführung der DM allein und die Errichtung einer marktwirtschaftlichen Ordnung – für das investorische Engagement in Ostdeutschland zweifelsohne von herausragender Bedeutung – reichen offenbar nicht, um dem Kapital die Tore zu öffnen.

Im Jahre 1990 richtete sich das westliche Engagement vorrangig auf den Ausbau von Vertriebsstrukturen und Servicenetzen. Auch Banken und Versicherungen ließen sich nieder. Man mutmaßte zwar, daß sich zahlreiche Unter-

---

[9] Ifo-schnelldienst, 4/1990, S. 9.

[10] Filc, W.: Devisenhilfe statt einer sofortigen Währungsunion, Wirtschaftsdienst, Hamburg, 3/1990, S. 133 - 138; ders., Den innerdeutschen Realtransfer gestalten, Devisenmarktanalyse für das 2. Halbjahr 1989, Institut für Empirische Wirtschaftsforschung, Berlin, Februar 1990; Müller, K.: Geld- und währungspolitische Aspekte der Wirtschaftsreform, Wirtschaftsdienst, 2/1990.

nehmen für größere finanzielle Transaktionen in der DDR vorbereiteten. Die kräftige Inanspruchnahme des Kapitalmarktes in der ersten Jahreshälfte 1990 – 13 Mrd. DM – widerspiegelte zu einem Teil auch Absichten in der DDR.[11] Doch der Investitionschub blieb aus. Die Folge war eine konjunkturelle Schere: Im Westen ging es nach oben, im Osten bergab. Produktionswachstum, rege Investitionstätigkeit, Beschäftigungszuwachs da, schrumpfende Industrieproduktion und Arbeitsplatzvernichtung dort. Während im Westen Unternehmen verstärkt investierten, um ihre Produktionsanlagen zu modernisieren und zu erweitern, ging in Ostdeutschland die Investitionstätigkeit abrupt zurück. Die Einführung der DM hatte im Zusammenhang mit den Altlasten die Mehrzahl der Unternehmen in Schwierigkeiten gebracht, die kapitalintensive Maßnahmen nicht zuließen und sich negativ auf das Investitionsgeschehen auswirken mußten.

Vor allem aber haben Produktions- und Investitionseinbrüche mit der Umlenkung der Güternachfrage auf westliche Märkte zu tun.

Die westdeutsche Industrie investierte im Jahre 1990 in den neuen Bundesländern nur etwa 3 Mrd. DM. Gemessen am riesigen Investitionsbedarf ist das wenig. 1991 könnte die Summe, wie eine Umfrage des Münchener Ifo-Institutes für Wirtschaftsforschung ergab, auf etwa 10 Mrd. DM ansteigen. Hatten sich für 1990 erst 17% der Unternehmen für den Bau von Fertigungsstätten und noch 70% für die Errichtung von Vertriebseinrichtungen interessiert, so wollen derselben Umfrage zufolge 1991 schon 40% der Befragten im Produktionsbereich investieren. Bevorzugte Regionen sind dabei die traditionellen Industriestandorte Sachsens und Thüringens. Schwerpunkte der Investitionstätigkeit werden Projekte „rund um das Auto", im Bauwesen, Maschinenbau, in der Elektrotechnik sowie in der Büro- und Datentechnik sein.

Während die schwache Konjunktur im Ausland, die zunehmenden Importe unter anderem zur Versorgung der neuen Bundesländer sowie die Aufwertung der DM gegenüber dem US-Dollar den Leistungsbilanzüberschuß zurückgehen ließen, ist die erwartete Umlenkung der Kapitalexporte nach Ostdeutschland vorerst nicht eingetreten. In den ersten 10 Monaten des Jahres 1990 war der langfristige Kapitalexport Deutschlands mit 71 Mrd. DM gut zweieinhalbmal höher als ein Jahr zuvor. Die deutschen Direktinvestitionen im Ausland wuchsen 1990 um mehr als die Hälfte und erreichten mit rund 30 Mrd. DM eine neue Rekordhöhe.[12]

---

[11] Döring, C.: Kapital auch für die DDR, Börsenzeitung, Frankfurt/M. 27. 7. 1990.

[12] Deutsche Sparkassenzeitung, 18. 12. 1990, Nr. 98, S. 2.

3. Rahmenbedingungen und Motive für Direktinvestitionen

Für private Unternehmer sind Gewinnerzielung, Risiko und Ertragserwartungen entscheidende Determinanten ihrer Kapitalanlage. Kosten-, Risiko- und Ertragsüberlegungen begründen Investitionen. Sie müssen, soll in den neuen Bundesländern der Investitionsprozeß einsetzen, vorteilhafter ausfallen als bei alternativen Kapitalanlagen.[13] Die Ertragserwartungen müssen sogar deutlich günstiger als bei vergleichbaren Investitionen „zu Hause" sein, weil in fremden Gebieten meist höhere Informations- und Kommunikationskosten entstehen und darüber hinaus im Ausland spezielle Risiken bestehen – so das Wechselkursrisiko bei der Patriierung im Ausland erzielter Gewinne –, ein Risiko, das für in Ostdeutschland investierende westdeutsche Firmen weggefallen ist.[14] Normalerweise fließt Kapital aus relativ kapitalreichen in relativ kapitalärmere Länder. Maßgeblich dafür ist das Ertragsgefälle, das nicht nur grenzproduktivitätstheoretisch, sondern auch arbeitswerttheoretisch für unterschiedliche Faktorintensitäten erklärt werden kann. Bedingt durch die attraktivere Verzinsung im kapitalärmeren Land wird Kapital angelockt. Ein Anstieg des Investitions- und Konsumgüterimports können die Folge sein. Ganz abgesehen davon, daß nicht nur Kapitalausstattung und Kapitalintensitätsunterschiede internationale Geld- und Güterströme begründen, läßt sich über die Bewertung des Sachkapitalbestands und über die Produktivität des Faktoreinsatzes in Ostdeutschland nur spekulieren. Die meisten im Osten erzeugten Wirtschaftsgüter werden durch den bereits eingetretenen Nachfrageausfall drastisch entwertet, zuweilen gar bis Null.

Hauptmotiv für Direktinvestitionen ist aber auch oft das Bestreben, sich an stark expandierenden Märkten „vor Ort" zu beteiligen, Marktpositionen zu festigen und auszubauen, vor allem dann, wenn der betreffende Markt durch Zollmauern oder andere Handelshemmnisse abgeschirmt ist. Die Erschließung des ostdeutschen Marktes erschien jedoch vielen Unternehmen zunächst auch ohne Errichtung von Produktionsstätten, unter Nutzung vorhandener Kapazitäten, möglich. Das Motiv der Absatzausweitung induzierte somit kaum Investitionen in den produzierenden Bereichen. Immense Umsatz- und Erlössteigerungen sowie beachtliche Gewinntransfers von Ost nach West waren auch ohne aufwendige und riskante Investitionen möglich.

Auch die Sicherung einer ausreichenden und/oder billigen Rohstoffversorgung – Grund investorischen Engagements in ressourcenreichen Ländern – spielt als Motiv für Investitionen auf dem Gebiet der früheren DDR keine Rolle.

---

[13] Filc, W.: Zins- und Wechselkurswirkungen der deutschen Währungsunion, Devisenmarktanalyse für das erste Vierteljahr 1990, Institut für Empirische Wirtschaftsforschung, Berlin, Mai 1990, S. 14/15.

[14] Schröder, J.: Internationale Kapitalbewegungen, a.a.O., S. 392.

Bleibt das Motiv der Produktionskostensenkung im Zusammenhang mit der Produktions- und Absatzausdehnung. Die Ausnutzung von Kostenvorteilen ist durchaus gegeben. Die Einsparung von Transportkosten und das noch vorhandene Niedriglohnniveau machen den Investitions- und Produktionsstandort Ostdeutschland durchaus attraktiv für westliche Unternehmen, die ihre internationale Wettbewerbsstellung festigen möchten.

Für die anhaltende Zurückhaltung bei Investitionen war letztlich aber entscheidend, daß das Verhältnis zwischen Risiko- und Ertragserwartung vielen potentiellen Investoren noch zu ungünstig schien. Konkurrierende Investitionsstandorte werden nicht nur an Kosten-Erlös-Relationen beurteilt. Eigentums-, Unternehmens- und Arbeitsrecht, Ausbildung und Qualifikation, die Besteuerung, wirtschaftliche und politische Stabilität, Wechselkurse und Wechselkurserwartungen, infrastrukturelle Voraussetzungen und die Qualität der öffentlichen Verwaltungen sind nicht minder wichtig. Daneben mögen altruistische, karitative und politische Erwägungen nicht bedeutungslos sein. Für private Investoren sind sie nicht ausschlaggebend. Ertrags- und Risikodeterminanten dominieren. Beim öffentlichen Kapitalexport können diese dagegen von untergeordneter Bedeutung sein.

Eine konkrete Analyse der Investitionsbedingungen im deutschen Osten muß also eine Vielzahl von Standortfaktoren berücksichtigen.

Für den Produktionsstandort Ostdeutschland sprechen nicht nur sprachliche, kulturelle und historische Bindungen westdeutscher Produzenten. Auch die bestehenden, zunächst jedoch im Mitleidenschaft gezogenen Handelsverbindungen zu anderen osteuropäischen Ländern machen Ostdeutschland als Sprungbrett für ein künftig verstärktes wirtschaftliches Auftreten in diesen Staaten, unterstützt durch die Tatsache, daß viele Ökonomen und Manager der ehemaligen DDR die russische Sprache beherrschen, anziehend. Zusammen mit der Möglichkeit, Kostenvorteile zu nutzen, der anhaltenden Konjunktur und der guten Kapitalbasis in den westlichen Bundesländern stellen sie günstige Bedingungen für Direktinvestitionen dar. Ausschlaggebend waren sie bislang offensichtlich nicht.

Kapitalanleger und Unternehmer wägen Stärken und Schwächen einer Region gründlicher ab.

Eine Umfrage unter 1740 Unternehmen über die Bedeutung von Standortfaktoren ergab dabei folgendes Ergebnis:

Standortfaktoren	Soviel Prozent hielten den Faktor für wichtig
Qualifizierte Arbeitskräfte	95
Umweltqualität	92
Autobahnnähe	92
Regionales Wachstumsklima	91
Staus auf Autobahnen	89
Kompetente Beamte	89
Hebesätze (Steuern)	87
Dauer der Auftragsbearbeitung	87
Finanzpolitik der Städte	86
Wirtschaftsfreundliches Klima	84
Freundlicher Behördenservice	84
Auflagen	83
Nähe zu Kunden und Lieferanten	81
Planungssicherheit	80
Freizeit- und Wohnwert	75
Nähe zu Forschern	67
Energiekosten	66
IC-Anschlüsse	66
Gewerbeflächen	65
Pünktliche Flugzeuge	57
Nähe zum Flughafen	55
Qualität der Arbeitsämter	51
Öffentliche Fördermittel	44
Kurze Wege zu Behörden	42
Niedrige Löhne	40
Unterstützung durch Wirtschaftsförderer	31

Quelle: Wirtschaftswoche, Ausgabe für die neuen Bundesländer, Nr. 46, 9. 11. 1990, S. 16

Von 100 Unternehmen, die in der ehemaligen DDR investieren wollen, gaben als Motiv an: Marktnähe 39%, Brückenkopf für Osteuropa 22%, Kapazitätserweiterung 14%, Investitionskosten 12%, Lohnkosten 12%, Qualifizierte Facharbeiter 11% und Rückkehr zum alten Standort 3%.[15]

Die Aufzählung dieser Faktoren macht mindestens zweierlei deutlich: Einmal hängen Investitionsentscheidungen vom wirtschaftlichen Gesamtklima ab, zum anderen spielen regionale Besonderheiten eine Rolle.

Zum ersten Problem: Eine Analyse in 23 Entwicklungsländern hat gezeigt, daß die Investitionen mit wesentlichen fundamentalen Faktoren der Ökonomie im Zusammenhang stehen.[16]

---

[15] horizont, Berlin, Nr. 6/1991, S. 47.

[16] Vgl. Greene, J. u. D. Villanueva: Bestimmungsgründe von Privatinvestitionen in Entwicklungsländern, Finanzierung & Entwicklung, Dez. 1990, S. 40 - 42.

So belebt die reale *Pro-Kopf-Wachstumsrate* die Investitionstätigkeit, wenn Ausbringungsmenge und der erwünschte Kapitalstock in relativ fester Beziehung stehen. Umgekehrt sind wie gegenwärtig im Osten Deutschlands Produktionseinbrüche mit Investitionsrückgangen verbunden. Einerseits ist das Wachstum gering, weil nicht investiert wird, andererseits wird nicht investiert, weil die Wachstumsbedingungen schlecht sind.

Hohe *Realzinssätze* erhöhen die Kapitalkosten und beeinträchtigen das Investitionsgeschehen. Zwar lassen hohe Realzinssätze Sparvolumen und Geldangebot steigen, so daß zumindest mittelfristig private Investitionen per saldo positiv mit den realen Zinssätzen verknüpft sein können.

Empirisch wird jedoch die kurzfristig negative Korrelation zwischen Zinsen und Investitionen belegt.

Das Niveau des *Pro-Kopf-Einkommens* ist positiv mit der privaten Investitionstätigkeit verbunden. Länder mit höherem Einkommen können sowohl eine höhere Ersparnis als auch eine höhere konsumtive Nachfrage bilden. Im Osten völlig ungenügend, bestehen im Westen aus dieser Sicht gute Voraussetzungen für Investitionen.[17]

Die Wirkung der *Investitionsquote des öffentlichen Sektors* ist umstritten bzw. unsicher. Staatliche Investitionen können komplementär sein. So fördern Basisinfrastrukturinvestitionen, im Osten des Landes dringend notwendig, private Investitionen.

Staatliche Investitionen können private auch substituieren, wenn in öffentlichen Unternehmen erzeugte Güter mit denen des privaten Sektors konkurrieren. Hohe Investitionsquoten des öffentlichen Sektors können private Investitionen auch dann verdrängen, wenn sie mit Kapitalaufnahmen, steigenden Zinssätzen oder steuerlichen Mehrbelastungen verbunden sind.

Die *inländische Inflationsrate* beeinflußt die privaten Investitionen ungünstig. Sie erhöht das Risiko langfristiger Investitionsprojekte, verkürzt die durchschnittliche Laufzeit kommerzieller Darlehen und verzerrt die durch die Preise gegebenen Informationen. Hohe Inflationsraten werden als Beleg wirtschaftlicher Unbeständigkeit und der Unfähigkeit der Regierungen angesehen, die Wirtschaftspolitik zu steuern. Beides trägt zu einem ungünstigen Investitionsklima bei.

Die *Schuldenlast* hemmt Investitionen.Je höher die Schuldendienstquote gegenüber dem Ausland, um so weniger Ressourcen stehen für private Investitionen im Inland zur Verfügung. Besonders wenn Schwierigkeiten bei der Erfüllung der Schuldendienstverpflichtungen eintreten, können die Kreditwürdigkeit und damit die Beziehungen zu den Auslandsgläubigern leiden. Das würde sich letztlich auch über Importrückgänge negativ auf die Investitionen

[17] Vgl. D. Duwendag in diesem Band.

auswirken, spielt für den Investitionsprozeß in Deutschland gegenwärtig und wohl auch in absehbarer Zeit keine Rolle. Aber auch eine hohe Inlandsverschuldung kann potentielle Investoren abschrecken. Das ist dann der Fall, wenn ein beträchtlicher Teil der künftigen Erträge aus Investionen zur Rückzahlung der laufenden Schuldenverpflichtungen verwendet werden muß. Auch aus diesem Grund ist angeraten, die ehemaligen DDR-Betriebe von ihrer Schuldenlast, die eine Folge zentraler Gewinnabführung, damit zusammenhängender geringer Eigenkapitalbildung und so erzwungener hoher Kreditfinanzierung ist, aber auch mit den Modalitäten der Währungsumstellung zu tun hat, zu befreien.

Schließlich sei auf die Vielzahl *außerökonomischer Faktoren* hingewiesen. Gerade im deutschen Einigungsprozeß waren und sind politische Stabilität und Vertrauen der Investoren, obwohl kaum quantifizierbar, durchaus von Bedeutung für die Verzögerung der Investitionen.

Das zweite Problem betrifft regionale Besonderheiten der ostdeutschen Wirtschaft. Selbst, da politische und rechtliche Rahmenbedingungen stimmen, eine solide Währung vorhanden ist, stellen Investoren ihr Kapital nicht bereit, wenn Nachteile des Standorts dessen Vorteile überwiegen.

Am Beispiel ausgewählter Standortfaktoren sei dies im folgenden angedeutet.

a) Arbeitskräfte

Qualifizierte Arbeitskräfte sind ein sehr wichtiges Kriterium für Investitionsentscheidungen. Auf das Leistungsvermögen der Menschen – wichtigster Produktionsfaktor –, mehr noch vielleicht auf deren überaus große Motivation, können Investoren bauen. Der Zustand des leistungsbereiten und leistungsfähigen Arbeitskräftepotentials ist regional und sektoral allerdings differenziert. Die jahrelange Ost-West-Wanderung hat am Bestand fähiger Fachleute gezehrt. Zu viele Un- und Angelernte, ältere Arbeiter, Beschäftigte insgesamt sind im produzierenden Gewerbe tätig, zu viele in der chemischen Industrie, zu wenig in den Dienstleistungsbereichen. Umschulungen, der Erwerb von neuen Qualifikationen sind notwendig. Unternehmen, die nicht nur verkaufen, sondern auch entwickeln und produzieren möchten, bevorzugen die Nähe zu Universitäten, technischen Hochschulen und Industrieforschungszentren. In Sachsen sind die Vorausetzungen dafür beispielsweise gut.

Ganz sicher mangelt es ostdeutschen Managern noch an Erfahrungen und Fertigkeiten, die für sachgerechte und schnelle Entscheidungen unter marktwirtschaftlichen Spielregeln notwendig sind. Lediglich 5 bis 10% der Betriebsleiter hielten den Anforderungen stand, wird vermutet.[18]

---

[18] Wirtschaftswoche, Nr. 9, 22. 2. 1991, S. 16.

b) Infrastruktur

Als Hemmnis für den Kapitalzufluß erweist sich vor allem die desolate Infrastruktur. Das Telekommunikationsnetz ist völlig unzureichend, obgleich Verbesserungen hier sehr schnell möglich sein dürften. Der Zustand der Straßen und Autobahnen ist schlecht, wichtige Streckenabschnitte der Reichsbahn baufällig, Verspätungen im Güterverkehr und Personenverkehr nicht außergewöhnlich. Das Kanalisationssystem ist überaltert, die Energiebereitstellung ökologisch bedenklich, Luft- und Wasserqualität in vielen Gebieten besorgniserregend. Dazu kommt, daß Städte, Gemeinden und Landkreise lange Zeit finanziell überfordert waren. Bis September 1990 war es ihnen untersagt, Kredite aufzunehmen. Vom 3. 10. bis 31. 12. 1990 wurde den Kommunen erlaubt, dies bis zu 60 DM je Einwohner zu marktüblichen Konditionen zu tun. Das vom Bund subventionierte Kreditprogramm über 10 Mrd. DM bis 1993 für kommunale Investitionen wurde erst Mitte September 1990 bekanntgegeben.

In diesem Monat wurden staatliche Zuschüsse von 1,5 Mrd. DM für kommunale Infrastrukturmaßnahmen (89 DM je Einwohner) gewährt. Aufgrund der auch weiterhin viel zu geringen Einnahmen sind die Kommunen auf höhere staatliche Zuweisungen angewiesen, um in ihrem Bereich notwendige Maßnahmen zur Verbesserung der Infrastruktur finanzieren zu können. Privatkapital eignet sich bekanntlich für derartige Projekte nur in begrenztem Maße. Infrastrukturelle Defizite begründen selbst bei Objekt-, Gewerbeflächen- und Grundstücksangeboten ein hohes Maß an investitionshemmender Unsicherheit: Weitgehend ungewiß sind die Erschließungskosten und die Möglichkeiten, das Objekt an das Straßennetz anzubinden sowie an die Entwässerungs-, Bewässerungs-, Fernwärme und Stromversorgungsnetze anzuschließen. Unbekannt ist oft auch, ob das Ortsbaurecht Einschränkungen für die Errichtung und Nutzung von Gewerbe- und Industriebetrieben vorsieht.

c) Kostenfaktoren

Ungenügende Produktivität, ein überalterter Maschinenpark, nichtkompatible Technik, lange Anlauf- und Bauzeiten, Überbeschäftigung in Verwaltung und Fertigung, mangelnde Produktqualität und Weltmarktfähigkeit vieler Erzeugnisse sowie ein unvollkommenes Netz von Zulieferern und Dienstleistungen behindern die Ansiedlung von Produktionskapazitäten.

Günstiger dagegen erscheint aus der Sicht des notwendigen Kapitaltransfers das Lohn- und Gehaltsgefälle zwischen Ost und West. Es gibt unterschiedliche Berechnungen, darunter auch die, daß der Abstand zwischen den Löhnen in den alten und neuen Bundesländern größer als der Unterschied in der Produktivität ist.[19] Für eine gewisse Zeit wird im Interesse der Investitionsstimulierung die soziale Ungleichheit in Deutschland in bezug auf die Lohn- und Gehaltsunterschiede hingenommen werden müssen. Der Einkommensanstieg, gekoppelt an die Produktivitätsentwicklung, kann aber schon rasch diese Unterschiede verringern. Dem Investitionsklima schadet es, wenn Lohnsteigerungen dem Produktivitätszuwachs vorauseilen. Lohn- und Gehaltsrückstände sollten schrittweise beseitigt werden, indem das Produktivitätsgefälle überwunden wird.

Der Lohn ist nicht nur Kostenfaktor. Die volkswirtschaftliche Lohn-und Gehaltssumme beeinflußt die Chancen der Unternehmen, ihre Erzeugnisse abzusetzen. Bleiben Lohnsteigerungen hinter dem Produktivitätszuwachs zurück, werden Kaufkraft und Marktaufnahmefähigkeit begrenzt, einmal abgesehen davon, daß Kapazitäten Ostdeutschlands nicht nur, ja wohl nicht einmal in erster Linie, zur Versorgung der Märkte dort, sondern für den Export entstehen und ausgebaut werden.

Dennoch ist zu bedenken, daß Lohnvorteile nicht allein über die Wahl der Investitions- und Produktionsstandorte entscheiden. Sonst wären die Direktinvestitionen in Hochlohnländern nur schwer zu erklären. Einerseits soll die Lohnentwicklung mit Blick auf die Ingangsetzung des Investitionsprozesses moderat verlaufen und an den Produktivitätsanstieg gekoppelt werden. Da aber andererseits letzterer der Investitionen bedarf, läßt sich ebenso behaupten, daß die Investitionen den Lohnsteigerungen vorausgehen müssen, um diese dadurch erst zu legitimieren.

Investitionen ermöglichen Lohnzuwachs. Lohnsteigerungen erzwingen Investitionen.

d) Eigentum

Die Eigentumsverhältnisse bei Immobilien sind weitgehend noch immer ungeklärt. Immerhin wurden schätzungsweise rund eine Million Grundstücke, Häuser und Betriebe in Ostdeutschland enteignet, umverteilt und verstaatlicht. 17.000 Alteigentümer von Betrieben hatten bis Ende 1990 Anträge auf Reprivatisierung gestellt. Bis zum 3. 10. 1990 war erst über 1750 entschieden worden.

Rechtsunsicherheiten in bezug auf Grund und Boden, unaktuelle Grundbücher, die Aussicht langwieriger Prozesse und bürokratischer Mühsal halten interessierte Investoren zurück. Zwar erhalten Firmen im Rahmen der Privatisierung seit Oktober 1990 unkomplizierter Land, doch gehen sie das Risiko ein, das ein Alteigentümer seine Ansprüche geltend macht. Dieses Risiko wurde im Oktober 1990 durch eine allgemeine Verwaltungsvorschrift des Bundesjustizministeriums dadurch gemildert, daß für veräußerte Grundstücke, bei

[19] Ebenda, Nr. 25/1990, 15. 6. 1990, S. 194.

denen noch offene Vermögensfragen bestehen, eine Rückübertragung ausgeschlossen werden soll. Der frühere Eigentümer sollte lediglich Entschädigungsansprüche gegenüber dem Veräußerer anmelden dürfen.

Die Arbeit der Treuhandanstalt, die die ehemaligen volkseigenen Betriebe der DDR privatisieren, verkaufen, sanieren und – handelt es sich um nicht überlebensfähige Unternehmen – auch liquidieren sollte, kam nur schleppend voran. Mehr als drei Monate nach ihrer Gründung hatte die Anstalt erst 170, Ende 1990 ganze 300 der 8000 Betriebe zu GmbHs und Aktiengesellschaften umgewandelt.[20] Bis Februar 1991 waren 700 Betriebe verkauft. Erlös: 45 Mrd. DM. Allein durch diesen Kauf (Übernahme) sind noch keine produktionswirksamen Investitionen getätigt, wohl aber eine bedeutsame Zahl von Arbeitsplätzen erhalten worden.

Die spätere Präzisierung und Ergänzung des Gesetzes zur Regelung offener Vermögensfragen hat ebenso wie die Erweiterung des Investitionsgesetzes den Zielkonflikt, dem sich die Treuhandanstalt bei der Erfüllung ihres Privatisierungsauftrages von vornherein ausgesetzt sah, etwas abgeschwächt: einerseits dem Alteigner des Recht auf Rückerwerb zu sichern, andererseits dem Erfordernis schneller Investionen zur Schaffung von Arbeitsplätzen Rechnung zu tragen. Beseitigt werden konnte dieser Widerspruch freilich nicht.

e) Bewertung

Ungeklärte Bewertungsprobleme und fehlende DM-Eröffnungsbilanzen erwiesen sich als weiteres Investitionshemmnis.[21] Entweder mangelt es Städten und Kommunen an der Bereitschaft, Investoren Grund und Boden zu verkaufen oder sie verlangen teilweise unangemessene Preise. Erst im Oktober 1990 wurde festgelegt, daß Grundstücke, die Unternehmen erwerben, auf der Grundlage der bis zum 31. Juli 1990 geltenden Preise zu bewerten sind. Mit dem Jahresabschluß 1990 erfolgt entsprechend den von einem unabhängigen Sachverständigen zu ermittelnden Marktpreisen eine Neubewertung. Im Kaufvertrag ist eine Kaufpreisnachforderung in Höhe der Neubewertung vorzusehen. Festzustellen, welche Gegenstände, Forderungen und Verbindlichkeiten in die Bilanz aufzunehmen und zu entscheiden, wie Grundstücke, Maschinen, Anlagen und Waren zu bewerten sind, ist kompliziert und erfordert Zeit. Anzusetzen sind Wiederbeschaffungspreise oder Wiederherstellungskosten, vermindert um einen Abschlag, der die zwischenzeitliche Nutzung und den technischen Fortschritt berücksichtigt.[22] Das Verfahren ist aufwendig und langwierig, zumal zu beachten ist, wie sich der Wert des Gegen-

[20] Ebenda, Nr. 30/1990, S. 13.

[21] Hoffmann, D.: Zur Umstrukturierung der DDR-Unternehmen, Zeitschrift für das gesamte Kreditwesen, 13/1990, S. 666 - 670.

[22] Ebenda, S. 668.

standes voraussichtlich künftig entwickeln wird. Maßgeblich ist nicht der Bilanz-, sondern der Ertragswert. Die DM-Eröffnungsbilanzen dürften daher ohne Schätzungen nicht zu erstellen sein. Bevor aber dieser Prozeß abgeschlossen ist und die Investoren Klarheit besitzen, welchen Preis sie zahlen müssen – die Eröffnungsbilanzen vor April/Mai 1991 zu erwarten, wäre utopisch[23] – ist es illusorisch, anzunehmen, der Verkauf von Unternehmen und Unternehmensteilen an westliche Investoren könne zügig vonstatten gehen. Schwierigkeiten bereiten v. a. die Unterschiede, die zwischen der Bilanzierung nach dem Handelsgesetzbuch und der Rechnung nach der Verordnung über Rechnungsführung und Statistik der DDR bestehen.[24] So erfolgte, um nur ein Beispiel zu nennen, die Umrechnung des Kaufpreises für aus dem westlichen Ausland importierte Anlagen mit dem Faktor 4,4. Daraus resulteren zwangsläufig Ungereimtheiten bei der Umstellung zur DM-Bilanz.

f) Verwaltung

In den Bereichen der Verwaltung, insbesondere auf der Ebene der Kommunen, mangelt es an „Planungs-Vergabe-know how". Nicht nur fehlende Investitionsmittel bremsen den Aufschwung. Auch die zum Teil mangelnde Leistungsfähigkeit der öffentlichen Verwaltungen behindern diesen. Die Bedeutung einer effizienten Administration für das Funktionieren der Marktwirtschaft und wohl besonders für den Weg von einer überzentralisierten zu einer dezentralen Ökonomie kann nicht hoch genug veranschlagt werden.

g) Lebensqualität

„Ohne entsprechende Ambiente taugt der beste Investitionsstandort nichts – denn kein Mitarbeiter zieht dorthin."[25] Umwelt, Luft-, Wasserqualität, Sport- und Freizeitmöglichkeiten, Kunst, Bildung, Wohnwert, ärztliche Versorgung usw. sind Kriterien, die bei Investitionsentscheidungen nicht unbeachtet bleiben. Sicher sind diese und andere Determinanten der Lebensqualität in den ostdeutschen Ländern und Städten differenziert, insgesamt aber wenig beeindruckend und verlockend.

---

[23] Ebenda.

[24] Vgl. dazu Schöneberger, P.: Probleme der Bilanzierung und der Bonitätsbeurteilung von Betrieben der früheren DDR, in: Finanzierung, Leasing, Factoring, Nr. 6/ 1990, S. 223 - 225.

[25] Wirtschaftswoche, Nr. 47/1990, 16. 11. 1990, S. 13.

4. Angebotsseitige Faktoren

Kapitalanlageentscheidungen sind nicht nur vom ostdeutschen Produktions- und Investitionsmilieu abhängig. Die gegenwärtige Zinsentwicklung erschwert den Kapitalzufluß, ist andererseits aber mitbewirkt worden durch den öffentlichen Kreditbedarf, der nicht zuletzt durch den notwendigen monetären Transfer in die ostdeutschen Gebiete gestiegen ist.

Der hohe Realzins, welche Ursachen er auch immer haben mag, jedenfalls ist Gift für private Investitionen. Die Anlage in Finanzaktiva ist lukrativer als die Anlage in risikoreichen Sachinvestitionen.[26] So kann angenommen werden, daß die zunehmende Staatsverschuldung – 1991 wird mit 140 bis 160 Mrd.DM gerechnet – den Zinsanstieg weiter stützen und sich trotz temporärer Entspannungsphasen für längere Zeit negativ auf die Investitionsbereitschaft privater Unternehmer auswirken kann.

Angesichts des multikausalen Standortdilemmas verzögern potentielle Investoren ihre Anlagen vor allem auch deshalb, weil sie warten, bis sich die Bedingungen verbessern.

Eine wirklich gründliche Standortanalyse im Detail kann im Rahmen dieses Beitrages nicht vorgelegt werden. Unumstritten aber ist, daß aus ihren Ergebnissen der Schluß für die Wirtschaftspolitik zu ziehen ist, mit geigneten Maßnahmen die Investitionstätigkeit im Osten Deutschlands anzuregen.

5. Wirtschaftspolitische Konsequenzen

Die auf dem ersten Blick scheinbar ausweglose Dialektik besteht darin, daß vieles von dem, was Investitionen in die ostdeutsche Wirtschaft verzögert und blockiert, nur über Investitionen aus dem Weg geschafft werden kann. Firmen-, Stadt-, Dorf- und Umweltsanierung, die Modernisierung des Straßen-, Schienen- und Telefonnetzes, der Kanalisation, die Gesundung des Gesundheitswesens sind Voraussetzungen und Ergebnisse gezielter Investitionen gleichermaßen. Den Teufelskreis zu durchbrechen, erfordert vor allem, die Bereitstellung von staatlichen Mitteln zur Finanzierung infrastruktureller Bereiche zu erhöhen und gezielte Maßnahmen der Wirtschaftsförderung einzuleiten. Der monetäre Transfer an die neuen Bundesländer im Rahmen des Finanzausgleichs entspricht gegenwärtig weder den Notwendigkeiten des Ostens noch den Möglichkeiten des Westens. Das Finanzierungsprogramm „Aufschwung Ost“ ist ein Schritt in die richtige Richtung, doch jeder weiß, daß die Bereitstellung und die Nutzung von finanziellen Mitteln zwei verschiedene Seiten sind. Es kommt jetzt darauf an, daß die Pferde auch das Saufen lernen.

---

[26] Ifo-schnelldienst, 7/1990, S. 8.

Private Investitionen könnten durch steuerliche Vorteile begünstigt werden, da eine zu hohe Steuerlast über unzumutbare Kapitalkosten die Investitionsbereitschaft unterdrückt. Mit der Senkung des Spitzensatzes der Einkommenssteuer indes wäre es nicht getan. Abgesehen vom nicht unbeträchtlichen Steuerausfall bliebe der Investitionseffekt gering. Bevorteilt würden die Bezieher hoher Einkommen, gleichgültig, ob sie investieren oder nicht. Überlegenswert ist aber eine solche steuerliche Entlastung, die riskante und produktive Investitionen in den östlichen Bundesländern lohnenswert macht. Es ist illusorisch, zu glauben, privates Kapital siedele sich in wünscheswertem Umfang im ostdeutschen Wirtschaftsraum an, solange nicht gesichert ist, daß die Relation der zusätzlichen Steuerbelastung zu den erwarteten, zusätzlichen Gewinnen – also die marginale Abgabenbelastung – nicht mindestens ebenso günstig wie im Ausland ist.[27] Vorbehalte gegenüber einer „Niedrigsteueroase" Ostdeutschland gründen sich nicht nur darauf, daß darin der Einstieg in die neue Unternehmenssteuerreform für das gesamte Deutschland gesehen wird. Steuerausfälle, die die Kommunen am allerwenigstens gebrauchen können, und Möglichkeiten des Steuerbetrugs – Unternehmen bräuchten nur Briefkastenfirmen im östlichen Teil des Landes einzurichten und könnten, ohne zu investieren und Arbeitsplätze anzubieten, kräftig Steuern sparen – sind weitere Einwände. Gewiß wäre mit entsprechenden internen Verrechnungspreisen und einem innerdeutschen Gewinntourismus nichts gewonnen.

Vorgeschlagen werden daher auch direkte Zulagen für konkrete Investitionsvorhaben. Sie scheinen wirksamer als pauschale Steuererleichterungen, hätten den Vorteil, Unternehmen bereits zu begünstigen, wenn das Investitionsvorhaben anläuft, nicht erst, wenn die Gewinne kommen. Doch auch gegenüber gezielten Investitionshilfen gibt es Skepsis. Sie seien kein marktwirtschaftlich konformes Instrument und besäßen außerdem nur eine ungenügende Anreizwirkung. Mitnahmeeffekte dominierten. Große und kapitalintensive Firmen würden bevorzugt und, solange nicht alle bürokratischen und rechtlichen Details geklärt und bekanntgemacht worden sind, die Investoren eher in eine Abwartehaltung gedrängt.[28]

Solange der Streit über Ausmaß und Art der zweifelsohne notwendigen Begünstigung von Investitionen in den neuen Bundesländern anhält, existiert ein weiteres Unsicherheitsmoment, das Investoren verständlicherweise zögern läßt.

Und beachtet werden sollte auch, daß Kapitalzufluß und Direktinvestitionen nicht nur Insellösungen bringen und eine überkommene Produktions-

---

[27] Engels, W.: Investitionsbedarf, Wirtschaftswoche, Ausgabe für die neuen Bundesländer, Nr. 29/1990, 13. 7. 1990, S. 54.

[28] Stihl, H. P.: Investitionshemmende Investitionszulage, Frankfurter Allgemeine Zeitung, 7. 6. 1990.

struktur zementieren dürfen, sondern helfen sollten, eine moderne, in sich verzahnte Wirtschaftsstruktur entstehen zu lassen.[29]

Von Direktinvestitionen muß erwartet werden, daß sie einen Beitrag zum Wirtschaftswachstum und zur Einkommensentstehung im östlichen Deutschland leisten. Multiplikative Wirkungen auf vor- und nachgelagerte Wirtschaftszweige, eine Verzahnung mit der bereits existierenden und neu entstehenden Wirtschaft lassen hoffen, daß sich wirtschaftlicher Aufschwung, die Beschleunigung des technischen Fortschritts mit einem maximalen Einsatz von Arbeitskräften verbinden.

6. Ausblick

Prognosen über das Schicksal der ostdeutschen Wirtschaft sind, da die Talsohle noch bevorsteht, gewagt. Vieles ist möglich. Zu vermuten ist, daß die Entwicklung aber zwischen der deprimierenden Vision eines deutschen Mezzogiorno und der euphorischen Voraussage eines zweiten deutschen Wirtschaftswunders liegen dürfte. Aber auch die abschließend kurz skizzierten, den komplexen Sachverhalt verkürzenden Extremvarianten sind keineswegs völlig unwahrscheinlich.

a) Das pessimistische Szenario

Blieben Investitionen in den östlichen Regionen auch künftig aus oder erreichten nicht den notwendigen Umfang, Folge der oben genannten Negativfaktoren, könnte ein unerfreuliches Szenario ablaufen: Niedrige Güterproduktion, ansteigende und anhaltend hohe Arbeitslosigkeit erzwingen hohe konsumtive Zuschüsse der öffentlichen Hand für eine noch lange Zeit. Ein weiterer Anstieg der staatlichen Haushaltsfehlbeträge wäre unvermeidlich. Dies käme einem finanzpolitischen Sündenfall gleich, der Preise und Zinsen in die Höhe treiben, den Ausfuhrüberschuß Deutschlands schrumpfen, das Vertrauen in die deutsche Währung erschüttern lassen müßte. Private Investoren hielten sich dann noch mehr zurück. Das Einkommen in Ostdeutschland stiege bis zum Jahr 2000 bestenfalls auf 60% des Westniveaus.[30] Aber auch Gesamtdeutschland müßte Wachstumsverluste hinnehmen.

---

[29] Vgl. Adebahr, H.: Währungstheorie und Währungspolitik, Einführung in die moderne Außenwirtschaftstheorie, Duncker & Humblot, Berlin 1978, S. 259; C. Köhler, Geldwirtschaft, 2. Bd., Zahlungsbilanz und Wechselkurs, Duncker &Humblot, Berlin 1979.

[30] IWF, German Unification – Economic Issues, Occasional Paper 75, 1990.

b) Das optimistische Szenario

Dominieren die aufgezeigten investionsfördernden Faktoren, könnte, so die Ergebnisse einer Studie des Internationalen Währungsfonds,[31] das Bruttosozialprodukt in den ostdeutschen Ländern im Jahre 2001 80% des westdeutschen Niveaus erreichen. Dazu wäre in den nächsten zehn Jahren ein durchschnittliches Wachstum des BSP von 10,5% und ein durchschnittliches jährliches Produktivitätswachstum von 11,5% nötig. Die dazu erforderlichen kräftigen Investitionen würden vor allem durch niedrige Grundstückspreise und ein gut qualifiziertes Arbeitskräftepotential gefördert. Institutionelle Rahmenbedingungen, so eine funktionsfähige Verwaltung, Rechtssicherheit sowie eine leistungsfähige Infrastruktur erleichtern den Investitionsprozeß. Die hohe Arbeitslosigkeit könnte abgebaut werden. Hohe Lohnsteigerungen, sofern sie hinter dem Produktivitätswachstum zurückbleiben, vermindern den Abwanderungsdruck und stabilisieren die Nachfrage.

c) Mögliche Zahlungsbilanzeffekte

Ausländische Kapitalzuflüsse in den ostdeutschen Wirtschaftsraum (von innerdeutschen Kapitalbewegungen kann jetzt abgesehen werden) könnten – der klassischen Transfertheorie zufolge – zu entsprechenden Güterkäufen im Ausland führen. Die Aktivierung der Kapitalverkehrsbilanz bewirkte dadurch eine Passivierung der Leistungsbilanz. Im besonderen Fall könnte der Kompensationseffekt vollständig sein. Dieser Automatismus des Zahlungsbilanzausgleichs – getragen durch Geldmengen-Einkommen-Nachfrage-Mechanismen – kann in der Realität durch vielfältige andere Einflußfaktoren gestört sein. So können beispielsweise das Ausmaß von Hortung, Geldschöpfung, Ex- und Importneigung und Sparquote die Tendenz zum Ausgleich unterdrücken. Zu beachten wären außerdem Multiplikatorprozesse, die im kapitalaufnehmenden und im kapitalabnehmenden Land durch Einkommensvariationen ausgelöst werden.[32]

Die tatsächliche Beeinflussung und Entwicklung der deutschen Zahlungsbilanz kann auch innerhalb eines Szenarios unterschiedlich sein. Sie hängt auch ab von der Aufbringungsart des Kredits bzw. der Direktinvestition (durch Geldschöpfung, Nachfrageminderung,Auflösung von Vermögenstitel bzw. Finanzaktiva[33]) und von der Verwendungsart im Kreditnehmerland (Nachfra-

---

31 Ebenda.

32 Vgl. dazu Köhler, C.: Geldwirtschaft, 2. Bd., a.a.O.; W. Filc, Devisenmarkt und Geldpolitik, Duncker & Humblot, Berlin 1981; R. Pohl, Regionale Leistungsbilanzsalden in integrierten Wirtschaftsräumen, Duncker & Humblot, Berlin 1971; Duwendag, D., Ketterer, K.-H., Kösters, W., Pohl, R., Simmert, D. B.: Geldtheorie und Geldpolitik, Bund-Verlag, Köln, 3. überarbeitete und erweiterte Auflage.

geerhöhung oder Horten). Bei Direktinvestitionen ist denkbar, daß im Empfängerland ein expansiver Multiplikatorprozeß einsetzt. In Abhängigkeit von der Sparquote und der marginalen Importquote ist damit ein unterschiedlich hoher Importzuwachs verbunden. Ist im Kapitalgeberland das Kapital vorrangig durch Geldschöpfung aufgebracht worden, führen daraus resultierende Exportzuwächse zu Einkommenssteigerungen, die auch im Geberland die Importe wachsen lassen. Der Realtransfer müßte deshalb relativ gering sein. Er wäre aber auch dann nicht vollständig (in Höhe des monetären Transfers), wenn im Geberland der Kredit oder die Direktinvestition durch die Verminderung der Nachfrage finanziert wird. Zwar führt die Nachfrageminderung im Kreditgeberland zu Rückgängen beim Import und zu verstärkten Exporten ins Kapitalaufnahmeland (Passivierung der Leistungsbilanz im Kreditnehmerland und Aktivierung der Leistungsbilanz im Kreditgeberland, also zum Realtransfer). Doch selbst wenn dieser Realtransfer vergleichsweise hoch ist, vollständig könnte er nur unter der sehr unwahrscheinlichen Annahme sein, daß die marginale Sparquote in einem der beiden Länder gleich Null ist.[34]

[33] Sinn, H.-W.: Verteilen statt verkaufen, Wirtschaftswoche, Nr. 7/1991, 8. 2. 1991, S. 43 - 46.

[34] Adebahr, H.: Währungstheorie – Währungspolitik, a.a.O., S. 252

Verzeichnis der Mitarbeiter

Prof. Dr. *Michael Carlberg,* Universität der Bundeswehr Hamburg, Institut für Theoretische Volkswirtschaftslehre, Hamburg

Prof. Dr. *Dieter Duwendag,* Hochschule für Verwaltungswissenschaften Speyer, Lehrstuhl für VWL, Speyer

Prof. Dr. *Hans-Joachim Heinemann,* Universität Hannover, Institut für Quantitative Wirtschaftsforschung, Hannover

Prof. Dr. *Otmar Issing,* Mitglied des Direktoriums der Deutschen Bundesbank, Frankfurt am Main

Dr. *Jürgen Kröger,* Kommission der Europäischen Gemeinschaften, Brüssel

Dr. *Klaus Masuch,* Deutsche Bundesbank, Frankfurt am Main

Dr. *Heinrich Matthes,* Stellv. Generaldirektor für Wirtschaft und Finanzen, Kommission der Europäischen Gemeinschaften, Brüssel

Prof. Dr. *Klaus Müller,* Technische Universität Chemnitz, Sektion Wirtschaftswissenschaften, Chemnitz

Dr. *Armin Rohde,* Institut für Volkswirtschaftslehre, Universität Hannover, Hannover

Prof. Dr. *Peter Spahn,* Fakultät für Sozialwissenschaften, Universität der Bundeswehr, München